"Soy prueba viva de que no  lo que le hayan enseñado, Dios desea ... ...edio de usted y por usted. John escog... ...emos de lograr todo lo que Dios ha p... ...esitamos saber que él desea mucho má... ... conocimiento de la Escritura que tiene John le guíe para descubrir la *extraordinaria* vida que Dios tiene para usted!".

—JOYCE MEYER, maestra de Biblia y
autora de *Una vida sin conflictos*

"¡Este es un mensaje de un héroe único! En su enfoque sin precedentes, John Bevere ha publicado un libro que desatará lo extraordinario dentro de usted. Oro para que su corazón sea receptivo y esté preparado para recibir *Extraordinario*".

—DARLENE ZSCHECH, líder de alabanza y autora de
Adoración sin reservas, El arte de ser un mentor

"John Bevere echa una mirada única a nuestros humanos deseos naturales en cuanto a una vida extraordinaria y proporciona un franco, sincero y penetrante tratamiento acerca de por qué —aun cuando anhelamos elevarnos como poderosas águilas— aceptamos, a menudo, terminar nuestra vida caminando entre gallinas. Este libro de John nos muestra cómo alcanzar ese individuo extraordinario que reside en todos nosotros".

—T. D. JAKES, pastor Potter´s House y autor de
¡Ayúdenme! Estoy criando a mis hijos sola

"En *Extraordinario*, John Bevere hace un trabajo maravilloso al mostrar aquello para lo cual nos creó Dios y cómo eso se aplica a todas las áreas de nuestras vidas. Como atleta profesional, constantemente manejo equilibradamente el hecho de ser extraordinario para Dios, al igual que en mi carrera. Este libro me ha mostrado que no existe separación entre nuestra vida espiritual y nuestra vida cotidiana. Dios nos ha llamado a vivir de modo extraordinario, cada minuto de cada día. ¡Este libro es lectura obligada para quienes están buscando vivir plenamente inmersos en la grandeza de Jesús!".

—KURT WARNER, defensa de la Liga Nacional de
Fútbol y dos veces Mejor Jugador de la Liga

"John Bevere es una de las personas más apasionadas que conozco y creo que ha entendido verdaderamente el significado de Juan 10:10: 'Yo he venido para que tengan vida, y para que la tengan en abundancia'. En esta obra, *Extraordinario*, él profundiza en la Palabra para mostrar lo que es agradar a Dios y utilizar los talentos que nos ha confiado. John impulsa a los creyentes para que se lancen a lo profundo. Él vive al máximo y, por medio de estas páginas, le inspirará a experimentar el gozo de servir a Cristo con pasión".

—JAMES ROBISON, LIFE Outreach International

"La perspicaz y práctica perspectiva de John Bevere de 'lo que hace que la vida funcione' vuelve a resplandecer desde estas páginas. En una época en que se buscan arreglos rápidos para solucionar los problemas y los comentarios fútiles se califican como sabiduría, surge la necesidad de este tipo de franqueza en cuanto a los requisitos para que haya base para edificar una vida. John muestra que la vida extraordinaria está al alcance de cada persona, pero no en términos ordinarios".

—JACK W. HAYFORD

"*Extraordinario* señala hacia ese punto en el horizonte, donde podría ser nuestra morada. En este libro, John nos da un destello de lo que Dios tiene para nosotros en ese lugar, a fin de que vayamos tras ello y permitamos que el Espíritu de Dios nos lleve allí".

—CHRIS TOMLIN, líder de alabanza

"En *Extraordinario*, mi amigo John Bevere guía a los lectores a descubrir una vida de más: más entendimiento, más éxito, más emoción. Y nos muestra, exactamente, lo que necesitamos para ir más allá de una existencia ordinaria y aferrarnos a una vida extraordinaria".

—ED YOUNG, pastor principal, Fellowship Church

"John Bevere muestra por la Palabra que todo aquel que quiera, puede tener una vida impactante. Este libro golpea fuerte con la verdad. Ya no más vida espiritual aburrida, endeble y débil para el cuerpo de Cristo. ¡Decidámonos! ¡Todos podemos liberar el poder de Dios y hacer lo extraordinario!".

—SHAUN ALEXANDER, ex Mejor Jugador
de la Liga Profesional de Fútbol

"Lo que más me gusta de los libros de John Bevere es que están llenos de Escrituras, desafiándole a profundizar en su caminar con Jesús, y *Extraordinario* no es distinto. John transita por la Biblia atento a la pasión de Dios por hacer que usted se aleje de 'lo ordinario' y entre en 'lo extraordinario'. Prepárese para ser desafiado y cambiado a medida que lee".

—AARON BADDELEY, golfista de la Asociación
Profesional de Golfistas, Scottsdale, Arizona

"Con *gracia* y con *agallas*, John Bevere nos desafía a experimentar una vida superior en Dios, la que siempre debimos vivir. En este poderoso y nuevo libro, John nos muestra cómo puede —la gracia de Dios— convertirse en el trampolín hacia 'una vida menos ordinaria'".

—MATT REDMAN, compositor de canciones

"En *Extraordinario*, John Bevere examina el corazón y lo inspira a entender que Dios nos ha llamado a una vida abundante. Cada uno de nosotros sabe que somos creados para más. Este libro le ayudará a dejar atrás la mediocridad y disfrutar de las grandes aventuras que Dios tiene para usted".

—TOMMY BARNETT, pastor, Phoenix First Assembly y
Dream Centers: Phoenix, Los Ángeles, Nueva York

"Tanto adolescentes como adultos pasan demasiado tiempo deambulando en busca de valía o de algo por lo cual valga la pena trabajar. En este libro, John Bevere nos desafía a todos con la sencilla respuesta a preguntas sobre el significado de la vida. ¡Solo aquellos que estén listos para los cambios han de apuntarse!".

—RON LUCE, presidente y fundador de Teen Mania Ministries

"John Bevere habla y escribe apasionadamente para que nos convirtamos en lo que Dios quiere que seamos. *Extraordinario* es otro poderoso paso en ese proceso, que nos insta a maximizar nuestro potencial como creyentes y a vivir de una manera que agrade a aquel que nos creó".

—LOUIE GIGLIO, Conferencias Passion/Passion City Church

EXTRA
ORDINARIO

Viva una vida de excelencia

JOHN BEVERE

CASA
CREACIÓN
Para vivir la Palabra

Para vivir la Palabra

MANTÉNGANSE ALERTA;
PERMANEZCAN FIRMES EN LA FE;
SEAN VALIENTES Y FUERTES.
—1 CORINTIOS 16:13 (NVI)

Extraordinario por John Bevere
Publicado por Casa Creación
Miami, Florida
www.casacreacion.com
©2010-2023 Derechos reservados

ISBN: 978-1-616380-88-5
E-book ISBN: 978-1-960436-11-5

Desarrollo editorial: *Grupo Nivel Uno, Inc.*
Adaptación de diseño interior y portada: *Grupo Nivel Uno, Inc.*

Publicado originalmente en inglés bajo el título:
 Extraordinary
 Publicado por WaterBrook Press
 The Crown Publishing Group,
 una division of Random House, Inc.,
 12265 Oracle Boulevard, Suite 200,
 Colorado Springs, Colorado 80921 USA
 © 2009 John Bevere
 Todos los derechos reservados.

Nota de la editorial: Aunque el autor hizo todo lo posible por proveer teléfonos y
páginas de internet correctos al momento de la publicación de este libro, ni la editorial
ni el autor se responsabilizan por errores o cambios que puedan surgir luego de
haberse publicado.

Impreso en Colombia

23 24 25 26 27 LBS 9 8 7 6 5 4 3 2 1

Dedico este libro a mi hijo...
Austin Michael Bevere

Dios te ha bendecido.
Eres digno de confianza, fiel y sincero.
Eres fuerte, agudo e ingenioso.
Ha sido una delicia educarte.
Es un gozo observar cómo se despliega
tu extraordinaria vida.
Te amaré siempre, hijo...

ÍNDICE

RECONOCIMIENTOS

MI MÁS PROFUNDO AGRADECIMIENTO a...

Lisa. A mi preciosa esposa, mejor amiga, amante, increíble madre, mi más fiel apoyo y colaboradora en el ministerio. Eres verdaderamente el regalo de Dios para mí y para su amada iglesia. Te amo y te valoro.

A mis cuatro hijos. Addison, Austin, Alexander y Arden. Cada uno de ustedes aporta gran deleite a mi vida. Cada uno es un especial tesoro. Gracias no solo por su aliento sino también por su participación. ¡Su recompensa es grande!

Al personal y a los miembros de la junta directiva de Messenger International. Gracias por su inquebrantable apoyo y fidelidad. Es un placer trabajar con cada uno de ustedes y un honor servir juntos a Dios. Lisa y yo los amamos a cada uno de ustedes.

A todos nuestros amigos en el ministerio en todo el mundo. El espacio no me permite escribir todos sus nombres. Gracias por las invitaciones y el honor de hablar y ministrar en sus iglesias y sus conferencias. Los amo a ustedes, pastores y ministros que sirven a Dios con fidelidad.

A Tom Winters y Steve Cobb. Gracias por su ánimo y su creencia en el mensaje que Dios ha grabado en mi corazón.

A Bruce Nygren. Gracias por tus habilidades editoriales en este proyecto. Pero más que nada, gracias por tu apoyo.

A todo el personal de WaterBrook Multnomah y de Casa Creación. Gracias por apoyar este mensaje, y por su ayuda profesional y amable. Son un estupendo grupo con quien trabajar.

Lo más importante, mi sincera gratitud a mi Señor. ¿Cómo pueden las palabras reconocer adecuadamente todo lo que tú has hecho por mí y por tu pueblo? Te amo profundamente y más de lo que las palabras puedan expresar.

1

EXTRAORDINARIO

"Cosas que ojo no vio, ni oído oyó, ni han subido en corazón de hombre, son las que Dios ha preparado para los que le aman" (1 Corintios 2:9).

Estas palabras pintan un cuadro de una existencia inimaginable y extraordinaria, una existencia que está por encima de lo que cualquier mero mortal haya conocido o experimentado. Puede que haya oído estas palabras antes y las haya relacionado solamente con la gloria del cielo pero, en realidad, ¡fueron escritas para este tiempo!, ya que el escritor —Pablo— continúa diciendo: "Pero Dios nos las reveló a nosotros por el Espíritu" (v. 10).

El apóstol Pablo, que vivió durante el inicio de la iglesia, fue divinamente movido a sacar a la luz lo que previamente había estado oculto para nuestros ojos, oídos e imaginación. Él también escribió lo siguiente para describir el mandato de su vida:

> Y de hacer entender a todos la realización del plan de Dios, el misterio que desde los tiempos eternos se mantuvo oculto en Dios, creador de todas las cosas. El fin de todo esto es que la sabiduría de Dios, en toda su diversidad, se dé a conocer ahora, por medio de la iglesia, a los poderes y autoridades en las regiones celestiales.
>
> —Efesios 3:9-10 NVI

Hay una Persona por encima de todas las demás que desea una vida extraordinaria para usted. Es un Padre que se deleita, como cualquier progenitor bueno, en los logros y la felicidad de sus hijos. ¡Su nombre es Dios! Y nada le agradará más que verle a usted alcanzar su mayor potencial.

El extraordinario plan de Dios es revelado cuando vivimos extraordinariamente. Juntos, ¡demos a los ángeles algo de lo cual hablar!

EXTRAORDINARIO

Extraordinario. Solo oír esta asombrosa palabra hace surgir el deseo de superar la norma, de salir del *statu quo.* Su definición es: "por encima de lo que es normal, excepcional, que sobrepasa la medida común". Sinónimos de una sola palabra incluyen: *notable, sorprendente, maravilloso* e *inimaginable.* Para entender mejor el pleno significado de esta inspiradora palabra, consideremos sus antónimos: *común, normal* y *usual.*

Piense en esto por un momento: ¡lo contrario de extraordinario es *normal!* Si somos sinceros, creo que todos queremos que nuestras vidas signifiquen más o sean más de lo que hemos conocido y visto. A menos que sea suprimido, existe un deseo innato en cada uno de nosotros de elevarnos por encima de lo común. Anhelamos lo extraordinario.

Las películas populares más queridas que han captado los corazones y la atención del público tienen que ver con poderes extraordinarios. Ejemplo de ello son *Spider-Man, Superman, El increíble Hulk,* la saga de Star Wars, la trilogía de *El señor de los anillos, Las crónicas de Narnia, Matrix, Los cuatro fantásticos, Los increíbles, X-Men, Harry Potter, Piratas del Caribe,* y estos no son todos. Añadamos a esta mezcla las películas con extraordinarios héroes que realizan hazañas increíbles y llevan vidas excepcionales, personajes como Batman, Iron Man, Indiana Jones, el Zorro, William Wallace, Robin Hood o Espartaco, solo por nombrar a unos cuantos. De hecho, en cuanto al año 2009, diecisiete de las principales veinticinco películas que han sido grandes éxitos de taquilla de todos los tiempos encajan en esas categorías. Eso supone casi un setenta por ciento y el porcentaje varía solo ligeramente si ampliamos el sondeo a las principales cincuenta.

Cuán fascinante es que la mayoría de las películas más populares de todos los tiempos no sean historias de amor, asesinatos misteriosos, suspenso, espionaje, guerras, hechos de la vida real, deportes, vaqueros del oeste, historias policíacas, dramas de amistad, familia o la vida en general. No, las principales atracciones de taquilla son películas que se centran en personajes extraordinarios que realizan excelentes hazañas, con un buen número de ellos que poseen capacidades o poderes por encima de lo humano. ¿Por qué? Porque el modo en que Dios ideó que viviéramos es "extraordinario". Ese fue su plan desde el principio.

LA IMAGEN DEL CRISTIANISMO

El plan de Dios y la ejecución que el hombre ha hecho del mismo, a menudo —y lamentablemente— no son iguales. Una de las principales razones por las que evité el cristianismo durante años fue por la forma en que lo representaban. Yo, al igual que muchos otros, veía a los hombres de Dios como críticos muy celosos de la Biblia listos para juzgar los errores de los demás. O eran pasivos, tímidos e ignorantes. Creer que los cristianos eran pioneros que vivían y pensaban contra la corriente, comportándose de maneras extraordinarias, nunca me pasó por la mente. ¿Y la idea de las mujeres cristianas? Bueno, era aún peor. Yo percibía que ellas no tenían ni voz ni voto en los asuntos importantes, que se vestían con ropas pasadas de moda y que descuidaban su aspecto físico. Se desaprobaba que una mujer piadosa se aventurara más allá de sus obligaciones domésticas y, sin duda alguna, no se oía nada sobre que ella liderara de ninguna manera. Siendo joven, no quería que a mi esposa se le prohibiera pensar y se le limitara a la hora de unirse a mí en las aventuras de la vida. Yo no quería una mujer que estuviera reprimida; ¡quería una que fuera enérgica y llena de vida!

Yo veía el cristianismo como algo inerme. Convertirme en creyente significaría perder mi individualidad y renunciar a la creatividad, la excelencia, la pasión y la capacidad de tener éxito en los negocios, los deportes, la política, la educación y otros ámbitos de la vida. Yo no lo sabía entonces, pero mis puntos de vista eran lo contrario al modo en que Dios ideó que viviésemos cuando nos creó, porque él es el que sopló en nosotros el deseo por lo extraordinario. Lea lo que dice el propio Dios:

> Y dijo: "Hagamos al ser humano a nuestra imagen y semejanza. Que tenga dominio sobre los peces del mar, y sobre las aves del cielo; sobre los animales domésticos, sobre los animales salvajes, y sobre todos los reptiles que se arrastran por el suelo". Y Dios creó al ser humano a su imagen; lo creó a imagen de Dios. Hombre y mujer los creó, y los bendijo con estas palabras: "Sean fructíferos y multiplíquense; llenen la tierra y sométanla".
>
> —Génesis 1:26-28 NVI

Fuimos creados para reflejar la naturaleza de Dios. Él habló tanto al hombre como a la mujer, diciendo: "Sean fructíferos y multiplíquense; llenen la tierra y sométanla". Adán, el primer hombre, puso nombre a todas las especies de animales en la tierra (estoy seguro de que su esposa habría participado, ¡pero ella no había sido creada aún!). Dios llevó a los animales ante Adán y le dio la responsabilidad de ponerles nombre. Hay más de un millón de especies de animales en la tierra. Adán no solo tenía la creatividad para ponerles nombres a todos, sino también la capacidad de recordar a cada uno. ¡Eso sí fue un hombre extraordinario realizando una estupenda hazaña!

Puede que usted se pregunte: "Pero desde que Adán cayó, ¿no se perdieron esas capacidades debido a su desobediencia?". No, Jesús le dio la vuelta al desastre que Adán creó para la humanidad. Pablo escribió: "Por tanto, así como una sola transgresión causó la condenación de todos, también un solo acto de justicia produjo la justificación que da *vida* a todos" (Romanos 5:18 NVI). La palabra *vida* no describe meramente el modo en que viviremos en el cielo; también significa "aquí y ahora". Jesús no solo recuperó lo que Adán perdió, sino que también proporcionó mucho más: ¡el potencial de una vida extraordinaria!

La verdad es que *Dios no solo desea que usted viva extraordinariamente, sino que también le ha equipado para hacerlo.* Nunca olvide estas palabras. Inscríbalas en la tabla de su corazón. Una vida estupenda, asombrosa y extraordinaria no está restringida a ciertos individuos o profesiones. No importa quién sea usted o cómo sirva en la vida. Si es usted maestro de escuela, una persona de negocios, un líder del gobierno, una mamá que no trabaja fuera de casa, un deportista, un obrero en una fábrica, una peluquera, un estudiante, un pastor (la lista es interminable), eso no importa, porque usted fue creado para lograr éxitos extraordinarios en ese papel. El poder para realizar estupendas hazañas y llevar una vida excepcional no tiene que ver con una ocupación sino con una disposición del corazón. Esto no solo es voluntad de Dios sino también un gran placer para él.

Hollywood, las personas religiosas y nuestra cultura habían pintado para mí una imagen pervertida y limitada del pueblo de Dios. ¿Por qué tenía yo esa distorsión? Dios, usted y yo tenemos un enemigo común llamado Satanás, a quien se le llama "el gobernador de este mundo", "el príncipe de la potestad del aire" y "el dios de este mundo". Él controla los sistemas del mundo e influencia las mentes de aquellos que no pertenecen a Dios. Tiene a miles de millones de ángeles caídos y demonios para llevar a cabo su gran estrategia. Lo triste es que con demasiada frecuencia la iglesia ha limitado la principal estrategia de Satanás a ciertas conductas, como tratar de que las personas beban alcohol o vean sucias escenas de sexo en las películas. Él es mucho más astuto que eso, por lo que utiliza una amplia variedad de trampas y desviaciones. Hemos pasado por alto su principal propósito. Porque lo que él más teme es que los cristianos descubran aquello para lo cual Dios los creó: personas extraordinarias con capacidades para realizar estupendas e inusuales hazañas. Esa debería ser la imagen que la sociedad tenga de los cristianos.

En contraste con la actual reputación de los cristianos, una de las mayores luchas con la que se encontró la iglesia primitiva fue la de convencer a la gente de que los creyentes no eran superhéroes ni dioses. Cornelio, un oficial del ejército más poderoso del mundo, se inclinó para adorar a Pedro y a sus acompañantes. Anonadado, Pedro de inmediato respondió: "Levántate, pues yo mismo también soy hombre" (Hechos 10:26).

En una ciudad llamada Listra, la turba, "visto lo que Pablo había hecho, alzó la voz, diciendo en lengua licaónica: Dioses bajo la semejanza de hombres han descendido a nosotros" (Hechos 14:11). Cuando Pablo estaba en Malta, recogiendo leña, una serpiente venenosa lo mordió. Él la apartó de una sacudida y los habitantes anticiparon su muerte. "Mas habiendo esperado mucho, y viendo que ningún mal le venía, cambiaron de parecer y dijeron que era un dios" (28:6).

Los incrédulos decían de la iglesia primitiva: "Estos que trastornan el mundo entero también han venido acá" (17:6). Los cristianos eran tenidos en alta estima por su sociedad. Está registrado que la actitud de toda la ciudad de Jerusalén hacia la iglesia era que "el pueblo los alababa grandemente" (5:13). Que en nuestra generación, cada uno de nosotros vivamos de tal manera que recuperemos ese tipo de respeto por la iglesia.

UN VIAJE

En las páginas que siguen, nos embarcaremos en un viaje para entender plenamente la manera extraordinaria en que Dios quiere que vivamos. Le insto a no hojear el material ni a saltarse partes, porque cada capítulo se edifica sobre el anterior.

No quiero que usted experimente lo que yo viví varias veces cuando estaba creciendo. Periódicamente, llegaba tarde a una película que toda mi familia había estado viendo. Una noche entré en nuestra sala justo cuando estaba terminando *West Side Story*. El principal personaje masculino se estaba muriendo mientras decía sus últimas y peculiares palabras. Mi mamá, mi papá, mis hermanas y yo habíamos visto juntos esa escena, pero el impacto que causó en mí fue completamente diferente. Yo no podía entender por qué mi madre y mis hermanas estaban llorando; hasta mi papá se veía melancólico y triste. Sin embargo, como yo había entrado tarde, pensé: *Pero, ¿por qué es para tanto?* La misma escena que fascinaba a mis padres y mis hermanas no tuvo efecto alguno en mí porque yo no había estado en el trayecto con ellos durante toda la película.

No quiero que lo mismo le ocurra a usted con el mensaje de este libro. Es una revelación progresiva que tiene el potencial de arruinarlo para siempre y mantenerlo en lo ordinario. Hablo por experiencia, porque a medida que busqué a Dios, estudié, escribí y oré por este libro, ¡fui cambiado para siempre!

A medida que haga este viaje conmigo, no solo sabrá que usted fue creado para lo extraordinario, sino que también entenderá realmente cómo vivirlo. Antes de comenzar, oremos juntos para que Dios revele su deseo y avive el de usted.

> *Querido Dios, te pido —al leer este libro— que tu Espíritu Santo me enseñe. Oro para que llegue a conocer cuál es la abundancia y la enormidad del llamado que has hecho a mi vida. También quiero conocer el poder que has puesto en mi interior para lograr ese llamado y para dar gloria a tu nombre y gozo a tu corazón. Tú me has puesto aquí para un momento como este. Oro que este mensaje me equipe para realizar todas las maravillosas obras que has planeado que yo haga en esta tierra. En el nombre de Jesús hago esta petición. Amén.*

2

USTED ES AMADO

MI ESPOSA LISA Y yo tenemos cuatro hijos que, al momento de escribir este libro, tenían entre catorce a veintidós años de edad. Hace algunos años, mientras disfrutábamos juntos de una comida, hice esta afirmación: "Chicos, no hay nada que puedan hacer para que su mamá o yo los amemos más de lo que ya los amamos. Y, por el contrario, no hay nada que puedan hacer para que su mamá o yo los amemos menos de lo que ya los amamos".

Pude ver cómo mis palabras alegraron y afirmaron sus sentimientos de seguridad. ¿Quién no quiere sentirse amado por su mamá y su papá? Aunque, lo que dije después, los agarró fuera de guardia. "Sin embargo, muchachos, ustedes tienen las riendas de ese agrado que sentimos por ustedes su mamá y yo". Sus sonrisas se convirtieron en expresiones más sombrías. Entendieron que nuestro agrado con ellos no era incondicional, al igual que nuestro amor, sino que estaba basado en su conducta.

Sé que esto, en cierta manera, puede resultarle perturbador, pero es lo mismo que ocurre en nuestra relación con Dios. No podemos hacer ni una sola cosa para que él nos ame más de lo que ya nos ama y, por el contrario, no podemos hacer ni una sola cosa para que nos ame menos. Pero ¿cuánto agrado sentirá él con nosotros? Eso es otra historia.

En años recientes hemos oído mucho acerca del amor incondicional de Dios: una discusión muy útil y necesaria. Sin embargo, muchas personas han llegado de modo subconsciente a la conclusión de que, como Dios los ama, él también se agrada de ellos. Sin embargo, eso —sencillamente— no es cierto.

Por tanto, ¿qué implica agradar a Dios? Yo creo que todos anhelamos agradarlo, de la misma manera que los hijos desean agradar a sus padres. Durante décadas he orado apasionadamente así: "¡Padre, quiero agradarte de la mejor manera que un humano pueda hacerlo!". Esta oración coincide con lo que escribió el apóstol Pablo a todos los creyentes: "Por tanto procuramos también, o ausentes o presentes, serle agradables" (2 Corintios 5:9).

La frase clave es "serle agradables". ¿En qué forma o medida somos "agradables" a Dios? ¿Y cómo responde él cuando le agradamos de esa manera?

Emplearé gran parte de este libro explicando la respuesta a ello. Pero antes, asegurémonos de entender la asombrosa profundidad del amor de Dios por nosotros.

Lo explicaré.

EL AMOR INCONDICIONAL DE DIOS POR CADA UNO DE NOSOTROS

El amor de Dios por nosotros es incondicional e inmutable. Lo vemos claramente en las palabras de la oración de Jesús la noche antes de su crucifixión: "Para que el mundo conozca que tú me enviaste, y que los has amado a ellos como también a mí me has amado" (Juan 17:23).

¿Entendió eso? ¡Dios le ama a usted *tanto como* a Jesús! Eso es casi demasiado para comprenderlo.

Quizá esté pensando: *Jesús debió haberse referido solamente a los discípulos que estaban sentados alrededor de la mesa en la Última Cena ya que, después de todo, ellos difundieron el evangelio por el mundo conocido y todos, excepto uno, fueron mártires por su fe.* Si usted está pensando eso, simplemente está creyendo que el amor de Dios se basa en la conducta humana, lo cual no es cierto. Su amor por nosotros no tiene nada que ver con lo que hicimos, hacemos o hagamos por él.

Otra objeción a la profundidad de ese amor podría plantearse de la siguiente forma: *Ese fue un grupo de hombres especiales escogidos por Dios y puestos en la tierra en aquel momento para que él los amara más que al resto de la humanidad.* Eso, sin duda alguna, tampoco es cierto, ya que en la misma oración Jesús también dijo: "Mas no ruego solamente por estos, sino también por los que han de creer en mí por la palabra de ellos" (Juan 17:20). Si usted cree en Jesucristo, lo hace de forma directa o indirecta a causa del testimonio de aquellos discípulos. Esos hombres escribieron las palabras del Nuevo Testamento, las cuales usted mismo ha leído o ha oído repetirlas a alguien que le habló del evangelio a su persona. No sería usted un creyente en Jesucristo sin el testimonio de ellos.

Otra objeción común a la magnitud de este amor se expresa de este modo: *Sí, hasta podría creer que es probable que Dios me haya amado de esa manera incondicional pero, desde entonces, le he fallado en formas tan terribles que él, sin duda, ya no puede amarme como lo hizo al principio.*

¡Otra mentira! La Escritura dice que el amor de Dios "todo lo cree, todo lo espera, todo lo soporta. El amor jamás se extingue" (1 Corintios 13:7-8 NVI). Su amor por usted nunca puede debilitarse ni ser obsoleto. Eso es imposible, puesto que su amor por usted no está basado en la conducta suya sino en el carácter fiel de él.

El amor de Dios por nosotros abarca tanto que, sencillamente, no podemos comprender su alcance. Documentemos algunos hechos acerca de ese amor. Por ejemplo, el hecho de que envió a Jesús a morir por nosotros cuando aún éramos sus enemigos (ver Romanos 5:10). El apóstol Juan escribe: "Porque de tal manera amó Dios al mundo, que ha dado a su Hijo unigénito, para que todo aquel que en él cree, no se pierda, mas tenga vida eterna" (Juan 3:16). ¿Por qué *dio* Dios a Jesús? La respuesta es sencilla: para adquirirnos de nuevo. Nuestro antepasado Adán se entregó, y por tanto a todos sus descendientes (incluidos usted y yo), a un nuevo señor cuando prestó atención a las palabras de Satanás en el huerto de Edén. Adán desobedeció patentemente a Dios y se separó él mismo —y a sus descendientes con él— de su Creador.

Sin embargo, como Dios amaba tanto a la humanidad, no estuvo dispuesto a darnos el mismo destino que a Satanás y sus ángeles (el infierno o el lago de fuego eterno). Dios requirió de un plan ingenioso para obtener nuestra libertad, cosa que hizo al enviar a Jesucristo, la segunda persona de la Deidad, que fue engendrado por el Espíritu Santo —en su condición de hombre— y que nació de una virgen. Jesús era todo hombre y todo Dios, y vivió una vida perfecta (el único hombre que jamás haya andado en la tierra sin pecado). Él fue a la cruz y pagó el precio de nuestra desobediencia a Dios. Tomó sobre sí nuestro juicio para que nosotros no tuviéramos que enfrentarlo.

Ninguna otra cosa podría habernos comprado, puesto que Dios dice: "Los que confían en sus bienes, y de la muchedumbre de sus riquezas se jactan, ninguno de ellos podrá en manera alguna redimir al hermano, ni dar a Dios su rescate (porque la redención de su vida es de gran precio...)" (Salmos 49:6-8). El precio de nuestra alma es tan costoso que ninguna otra cosa podría habernos adquirido además del propio Jesús. La Escritura afirma: "Porque habéis sido comprados por precio" (1 Corintios 6:20). Después, dice del Padre: "en quien tenemos redención por su sangre, el perdón de pecados según las riquezas de su gracia" (Efesios 1:7).

Nada ni nadie es más valioso para Dios que Jesús. Sin embargo, él vio que nosotros tenemos un valor igual al de aquel que él más valoró. Ahora bien, esto es lo asombroso: si usted y yo hubiéramos valido un centavo menos para Dios que lo que vale Jesús para él, no nos habría adquirido, porque Dios nunca haría un trato injusto. Dios no efectúa malas compras (recuerde el versículo que mencionamos antes: "Porque habéis sido comprados por precio"). Una mala compra es cuando usted entrega algo de más valor por algo de menos valor. A los ojos de Dios, ¡el valor de Jesús es el mismo que el de usted!

Así que ¿ve lo importante que es usted para Dios? Por eso Jesús ora: "Los has amado a ellos como también a mí me has amado" (Juan 17:23). ¡Ese es un amor extraordinario!

EL AMOR DE JESÚS POR USTED

No mucho tiempo después de entregar mi vida a Cristo, mantuve un sorprendente y fascinante diálogo con el Señor. No oí ninguna voz audible, pero quedé abrumado por un mensaje que surgió en mi corazón: *¿Sabes que te estimo más que a mí mismo?*

Es probable que se imagine cómo me alarmaron esas palabras. ¿Era el enemigo que trataba de sembrar un pensamiento blasfemo u orgulloso en mi mente? ¿Cómo podía aquel que creó el universo y todo lo que en este hay decirme, a mí, un simple peón, que él me consideraba más valioso que a sí mismo? Casi dije: "Sal de aquí, Satanás. ¡Me eres ofensivo!". Pero de algún modo, en lo profundo de mi espíritu, sabía que esa era la voz de Jesús. Sin embargo, aún tenía que estar seguro, porque aunque era un nuevo creyente, yo sabía que la Palabra de Dios nos ordena que probemos los espíritus (1 Juan 4:1).

Al pensar bien en ello, respondí: "Señor, sencillamente, no puedo creer eso a menos que tú me des tres versículos de evidencia que confirmen esto en el Nuevo Testamento". Decirle eso a Dios me hizo temblar, pero yo sabía que eso era lo que tenía que hacer. Y enseguida sentí en mi corazón que el Señor no tenía problema alguno con mi petición. De hecho, sentí que le agradaba el hecho de que se lo pidiera.

Casi de inmediato, me respondió: *¿Qué dice Filipenses 2:3?*

Yo me sabía de memoria ese versículo, así que se lo recité: "Nada hagáis por contienda o por vanagloria; antes bien con humildad, estimando cada uno a los demás como superiores a él mismo".

Ahí está tu primer versículo, me informó el Señor.

A lo que contesté enseguida: "No, Señor, ¡Pablo no estaba hablando de ti! Estaba enseñando a los creyentes filipenses a estimarse los unos a los otros como superiores a ellos mismos. No estaba hablando de cómo me tratas y me estimas tú".

La respuesta llegó de inmediato: *Yo no les digo a mis hijos que hagan ninguna cosa que yo mismo no haga.*

Guau. Me quedé desconcertado. El Señor tenía aun más.

Esa es la dificultad con tantas familias, continuó el Señor. *Los padres les dicen a sus hijos que hagan cosas que ellos mismos no hacen, o les dicen que no hagan cosas que ellos hacen. Muchos padres les dicen a sus hijos que no peleen y, sin embargo, ellos usualmente lo hacen delante de sus criaturas. Después los padres se preguntan por qué sus hijos se pelean. Yo no hago eso. Yo hago lo que les digo a mis hijos que hagan.*

Yo seguía estando un poco receloso, así que dije: "Ese es solo un argumento. ¡Aún necesito otros dos!".

Entonces lo oí preguntar en mi corazón: *¿Quién colgó de la cruz, tú o yo?*

Quedé anonadado.

Yo fui el que colgué de esa cruz llevando tus pecados, tus enfermedades, tu pobreza y tu juicio, para finalmente morir porque te estimaba mejor que yo.

Recordé las palabras de Pedro: "quien llevó él mismo nuestros pecados en su cuerpo sobre el madero" (1 Pedro 2:24). Entonces entendí que sin duda había oído palabras del Señor. Él sí me estimaba más que a sí mismo; de otro modo, no habría tomado mi juicio ni habría muerto en mi lugar.

Supe que la confirmación final estaba en camino y, sin tener que preguntar, oí en mi corazón: *El tercer versículo es: "Amaos los unos a los otros con amor fraternal; en cuanto a honra, prefiriéndoos los unos a los otros"* (Romanos 12:10). *Yo soy el primogénito entre muchos hermanos* [ver Romanos 8:29], *y prefiero en amor a mis hermanos y hermanas antes que a mí mismo,* concluyó el Señor.

Desde luego, esta información que recibí se aplica a cada hijo de Dios, de modo que también es verdad para usted. ¡Él literalmente nos estima a cada uno de nosotros más que a sí mismo! Ese es un amor extraordinario que es casi demasiado maravilloso para comprenderlo. Por tanto, no solo Dios Padre le ama tanto como ama a Jesús, sino que Jesús le ama igual y, sí, ¡aun más que a sí mismo!

EL ESPÍRITU SANTO

La tercera persona de la Deidad, el Espíritu Santo, le ama a usted con el mismo amor también, porque él es aquel que derramó el amor de Dios en su corazón cuando usted entregó su vida a Jesucristo (ver Romanos 5:5). Por eso Pablo dice: "Pero os ruego, hermanos, por nuestro Señor Jesucristo y por el amor del Espíritu" (15:30).

Observemos que el amor del Espíritu Santo por nosotros se identifica en este pasaje. Por eso él estará con nosotros para siempre; es su amor por nosotros el que le hace permanecer. Él es el Espíritu de amor, porque Dios es amor.

El amor de Dios por usted y por mí es ciertamente incondicional, inmutable, y perdurará para siempre. Él nos ama a cada uno de nosotros individualmente tanto como ama a Jesucristo. Eso es casi demasiado maravilloso para entenderlo, pero es verdad, porque Dios no puede mentir. Siempre que usted no se sienta amado, identifique el sentimiento o pensamiento como una mentira, recházelo y traiga a su mente el precio supremo pagado para llevarle de regreso a los brazos de su Padre. Él le anhela con un amor inagotable.

No quiero que olvide ni dude nunca del amor que Dios tiene por usted. No es condicional: no se basa en lo que usted haga ni en lo bueno que haya sido. Es un amor constante que nunca se debilita ni termina. Debería ser el fundamento de su vida en Cristo.

Reflexiones para un viaje extraordinario

¿Cree realmente que Dios le ama incondicionalmente? ¿Por qué?

Si no lo cree, ¿está su creencia basada en sentimientos o en lo que Dios ha hablado? Si está basada en sus sentimientos, ¿cree que estos pueden ser erróneos?

Tome la firme decisión de creer la Palabra de Dios por encima de lo que usted sienta. ¡Alabe y dé gracias a Dios por su extraordinario amor!

3

AGRADAR A DIOS

CON EL AMOR DE Dios como fundamento, avancemos y hablemos de agradarle. Para reiterar lo que escribí anteriormente, no podemos hacer una sola cosa para que Dios nos ame más de lo que nos ama ya y, por el contrario, no podemos hacer una sola cosa para que nos ame menos. Sin embargo, siempre les digo a mis cuatro hijos que *somos responsables de cuánto se agrada Dios de nosotros*. Su agrado se basa en las decisiones que tomamos en la vida. Por eso Pablo escribe en términos muy claros: "Por tanto *procuramos* también... serle *agradables*" (2 Corintios 5:9).

Examinemos de cerca las palabras de Pablo. El término *procuramos* sencillamente significa que tenemos como meta. La Nueva Versión Internacional dice exactamente: "Nos esforzamos...". ¡Nuestra meta en la vida como hijos de Dios debería ser agradar a nuestro Papá!

La palabra *agradables* viene de la expresión griega *euarestos*. La Nueva Concordancia Strong define este vocablo precisamente como está traducido: "agradables". La palabra que utiliza Pablo significa agradar mucho. "Promedio" no debería ser nuestra meta a la hora de deleitar a Dios. Deberíamos ser apasionados en nuestra búsqueda para agradarle mucho.

Examinemos la afirmación de Pablo en la Nueva Traducción Viviente: "nuestro objetivo es agradarlo a él". Esa debería ser la fuerza motivadora en la vida de cada uno de nosotros. Ninguna otra cosa debería tener preeminencia sobre este propósito. Si vivimos con esta meta suprema como estándar de vida, entonces se producirán dos cosas: *gozo abundante y satisfacción completa.*

Como seres humanos tenemos un deseo innato de agradar a nuestro padre y a nuestra madre. Esto es solo un reflejo de un deseo más verdadero, que es agradar a nuestro Padre celestial. Nuestro motivo principal para agradar a Dios es impulsado por nuestro amor por él. ¡Lo adoramos porque él nos amó primero y llenó nuestros corazones con su amor! Como hijo de Dios verdadero, su mayor satisfacción llega cuando usted sabe que: *Dios se agrada de mí.* Si caminamos en este conocimiento, nada puede sofocar ese gozo.

El segundo beneficio de buscar esa meta suprema es que seremos grandemente recompensados. ¿Le parece eso cuestionable; quizá egoísta? Sin embargo, lograr una gran recompensa es la razón exacta por la que Pablo nos exhorta a agradar a Dios, lo que desarrolla en el versículo siguiente. Pero antes de examinarlo, regresemos al versículo anterior para saber a quién le está escribiendo Pablo:

Pero confiamos, y más quisiéramos estar ausentes del cuerpo, y presentes al Señor.

—2 Corintios 5:8

Sabemos, por este versículo, que Pablo no le está hablando a toda la humanidad sino solo a los creyentes en Jesucristo, porque cuando una persona —que no está comprometida con el señorío de Jesucristo— parte de este mundo por muerte física, *no* está en la presencia del Señor sino en el infierno. La Palabra de Dios deja eso muy claro: solo hay dos lugares donde la persona puede ir después de abandonar el cuerpo: el cielo o el infierno. No hay ningún paraíso de vírgenes, purgatorio, limbo, reencarnación, estado superior, ni cosas parecidas. Solo hay un cielo muy real y un infierno muy verdadero.

Al decir esto no es mi intención ser duro ni crítico, solamente afirmo los hechos. Debemos recordar que Jesús dijo: "Porque no envió Dios a su Hijo al mundo para condenar al mundo, sino para que el mundo sea salvo por él", porque el mundo "ya ha sido condenado" (Juan 3:17-18). ¡Gracias a Dios! Jesús nos salvó de aquello a lo que nos habíamos condenado a nosotros mismos.

Sé que muchas personas se inquietan preguntándose: "¿Por qué un Dios amoroso iba a enviar a hombres y mujeres al infierno?". Hay varias facetas en esta pregunta. En primer lugar, tenga presente que el infierno no fue creado para los hombres y las mujeres sino para Satanás y sus huestes. Jesús lo dejó muy claro cuando dijo a los que no vivían para él: "Apartaos de mí, malditos al fuego eterno, preparado para el diablo y sus ángeles" (Mateo 25:41). Este importante hecho aclara por qué Dios tuvo que comprarnos de nuevo. Dios ciertamente es amor, pero también es justo. Él nunca miente ni tuerce las reglas, por así decirlo. Si lo hiciera, no sería Dios, porque Dios "no miente" (Tito 1:2).

El hombre fue legalmente condenado al infierno porque se entregó a sí mismo al señor del pecado, Satanás, en el huerto de Edén. Al hacer eso, se convirtió en esclavo del pecado y fue condenado a sus consecuencias: el mismo destino de su nuevo amo. Si Dios mitigara el castigo por el pecado por causa del hombre, entonces no sería justo con Satanás. Este podría, entonces, acusar con razón a Dios de torcer las reglas para la humanidad, comportándose así de manera injusta. Dios no puede ser parcial en el juicio porque su carácter es el fundamento de lo que él es. Como resultado, la humanidad tuvo que recibir exactamente el mismo juicio que Satanás y sus ángeles.

Por ese motivo, Dios tuvo que trazar un plan para salvar a la humanidad de lo que ella provocó sobre sí y sobre su descendencia. Por eso Jesús tuvo que morir por nosotros. Jesús nació siendo cien por ciento Dios, por lo que fue libre de la maldición del pecado. Pero debido a que también nació siendo cien por ciento hombre, pudo pagar el precio del mayor pecado del hombre contra Dios. Solamente otro ser humano podía sacarnos del juicio que habíamos provocado sobre nosotros mismos. Por ese motivo, cuando Jesús se hizo pecado en la cruz por causa de nosotros, clamó: "Dios mío, Dios mío, ¿por qué me has desamparado?" (Mateo 27:46). Él tomó nuestro castigo. Él tomó nuestro lugar con respecto al juicio.

Por tanto, fue por un hombre —Adán— como el pecado recayó sobre toda la humanidad, pero fue por un Hombre

—Jesucristo— como la salvación de esa muerte quedó a disposición de todos. La Escritura lo dice con claridad:

> Así que, como por la transgresión de uno vino la condena-
> ción a todos los hombres, de la misma manera por la justi-
> cia de uno vino a todos los hombres la justificación de vida.
> —Romanos 5:18

Así, cuando hombres y mujeres entregan sus corazones y sus vidas al señorío de Jesús, la propiedad legal de Satanás es deshecha, y el juicio contra ellos por parte de Dios queda totalmente satisfecho. Dios Padre puede justamente otorgarnos entrada a su reino sin violar su integridad. ¡Qué extraordinario plan preparado por nuestro asombroso Dios!

¿Ha entregado usted su vida a Jesucristo como Señor? Si no lo ha hecho y desea hacerlo en este momento, vaya a la página 267 para leer instrucciones sobre cómo tomar esta decisión: el compromiso más importante que usted hará jamás.

EL JUICIO DEL CREYENTE

Volvamos al tema de por qué se nos dice que seamos agradables a Dios. Sabemos por las palabras de Pablo que él se está dirigiendo a quienes son hijos de Dios mediante la fe en Jesucristo, no a toda la humanidad. Él escribe:

> Por tanto procuramos también, o ausentes o presentes, serle
> agradables. Porque es necesario que todos nosotros compa-
> rezcamos ante el tribunal de Cristo, para que cada uno reci-
> ba según lo que haya hecho mientras estaba en el cuerpo,
> sea bueno o sea malo.
> —2 Corintios 5:9-10

Se nos dice que agrademos a Dios porque algún día él nos juz-gará. Puede que usted diga: "Pero yo pensaba que Jesús me había salvado de eso". Sí, si usted le ha recibido como Señor, él es su Sal-vador, pero un día usted estará delante de él como Juez.

Muchos no son conscientes de que en algún día futuro cada creyente estará individualmente delante del trono de juicio de Cristo y se darán recompensas según lo que hicimos en nuestra breve estancia en la tierra. La Nueva Versión Internacional afirma: "para que cada uno reciba lo que le corresponda" (v. 10).

Nuestros pecados no serán juzgados, porque la sangre de Jesús erradicó el castigo eterno atribuido al pecado. Sin embargo, seremos recompensados, o sufriremos pérdida, por nuestra labor como creyentes en Jesucristo. Pablo lo deja claro en su primera carta a la iglesia en Corinto: "Porque nadie puede poner otro fundamento que el que está puesto, el cual es Jesucristo" (1 Corintios 3:11). Una vez más, está hablando solamente a los son hijos de Dios, porque todo el fundamento de la vida del creyente es Jesucristo. Pablo escribe en otra de sus cartas: "Por tanto, de la manera que habéis recibido al Señor Jesucristo, andad en él; arraigados y *sobreedificados* en él" (Colosenses 2:6-7). Hemos de *edificar* nuestras vidas en Jesús.

Con esto presente, sigamos leyendo:

> Y si sobre este fundamento alguno edificare oro, plata, piedras preciosas, madera, heno, hojarasca…
> —1 Corintios 3:12

El oro, la plata y las piedras preciosas representan cosas de valor eterno. La madera, el heno y la hojarasca representan cosas que son temporales, que no perduran. Usted tiene una elección que hacer día a día, hora a hora, momento a momento: puede *edificar* su vida sobre lo eterno o *edificarla* sobre lo temporal; es decisión de usted. Este pasaje continúa:

> La obra de cada uno se hará manifiesta; porque el día la declarará, pues por el fuego será revelada; y la obra de cada uno cuál sea, el fuego la probará (v. 13).

Cuando usted prende fuego a la madera, el heno o la hojarasca, son devorados y dejan de existir; pero si prende fuego al oro, la plata o las piedras preciosas, son purificados y perdurarán. Hay más:

Si permaneciere la obra de alguno que sobreedificó, recibirá recompensa. Si la obra de alguno se quemare, él sufrirá pérdida, si bien él mismo será salvo, aunque así como por fuego (vv. 14-15).

Observemos las palabras *recompensa* y *pérdida*. Recuerdo la primera vez que leí estos pasajes. Quedé perplejo. No coincidían con lo que otras personas me habían relatado. Yo tenía la impresión de que todos iríamos al cielo y seríamos igualmente recompensados debido a lo que Jesús hizo por nosotros. Yo no había oído que las recompensas de un creyente estaban basadas en lo que hace.

Me crié en una denominación en la que muchos pensaban que nuestras buenas obras nos salvaban. Después de entregar mi vida a Jesús, me alegré mucho de saber que yo no tendría que ir a un purgatorio para pagar por mis pecados. Era salvo solo por la sangre derramada de Jesús. La salvación era un regalo de Dios y no estaba basada en mis obras o en guardar sus leyes.

Sin embargo, yo había confundido salvación con las recompensas o las pérdidas eternas. Yo había unido ambas cosas, cuando las Escrituras muestran algo muy diferente. Observemos que Pablo escribe que habrá personas que son verdaderamente salvas por la gracia de Dios debido a que recibieron a Jesucristo como su Señor y Salvador pero, sin embargo, llegarán al trono del juicio y perderán todas las recompensas que Dios deseaba para ellas. Esos santos no perderán el cielo, pero sí perderán sus recompensas. ¿Por qué? La respuesta de la Escritura es que *ellos sencillamente no hicieron lo que agradaba a Dios.*

La Escritura también muestra que estarán los que serán recompensados grandemente debido a cómo edificaron sus vidas en Jesucristo e hicieron lo que agradaba a Dios. Ellos serán recompensados hasta el punto de reinar al lado de Jesucristo para siempre jamás. ¡Asombroso!

Las decisiones que Jesús tomará con nuestras vidas el día del juicio se denominan "juicios *eternos*" (ver Hebreos 6:1-2), lo cual significa que nunca habrá ninguna revisión, alteración, enmienda o cambios en ellos. ¡Las decisiones de él permanecerán para siempre! Haga una pausa y piense en lo siguiente: *La conclusión sencilla y verdadera es que* aquello que *nosotros hagamos con la cruz determina* dónde *pasaremos la eternidad. Sin embargo, la* manera *en que vivamos como creyentes determina* cómo *la pasaremos.*

Al hablar a iglesias por todo el mundo, me sorprende —especialmente en culturas occidentales— lo ignorantes que son muchos cristianos de estas verdades. Este conocimiento es descrito como una enseñanza "elemental" de Cristo (ver Hebreos 6:1-2).

Deténgase y piense en la palabra *elemental*. Se define como "implicando o englobando solo los hechos o principios más sencillos y básicos". Otra definición que da el diccionario es "perteneciente a una escuela elemental o primaria". ¿Qué se obtiene en una escuela primaria? El fundamento para el resto de su educación, cosas tales como: aprender a leer, escribir, sumar, restar, etc. ¿Puede imaginarse intentar edificar su educación universitaria sin saber leer, escribir, o sumar y restar? Sería imposible. Sin embargo, hay demasiados creyentes que intentan edificar su vida cristiana sin tener ese conocimiento elemental o fundamental de Cristo. No es sorprendente que el aspecto de la iglesia en la actualidad esté lejos del que observamos en el Libro de Hechos. No es sorprendente que no vivamos de modo extraordinario.

RECOMPENSAR A NUESTROS HIJOS

He descubierto que muchos creyentes poseen una falsa humildad con respecto a las recompensas eternas. Su gratitud por ser salvos, es algo bueno y correcto, pero la idea de trabajar por una recompensa de Dios parece presuntuosa. Esto está lejos de la verdad. Lea lo que el apóstol Juan dijo sobre el tema, considerando que Dios nos está hablando por medio de él: "Mirad por vosotros mismos, para que no perdáis el fruto de vuestro trabajo, sino que recibáis galardón completo" (2 Juan 1:8).

Y no es solo una recompensa lo que Dios desea que poseamos, ¡sino un "galardón completo"! Lisa y yo hemos desafiado a nuestros cuatro hijos prometiéndoles hermosas recompensas por su trabajo. Nos deleita cuando ellos se muestran a la altura de la situación y cumplen con esos desafíos. Y nos emociona recompensarlos por su trabajo. A veces, sin embargo, nos decepcionan porque no hacen lo que les pedimos y, por tanto, no les recompensamos su trabajo. Uno quiere pero no puede, porque un padre que recompense a los hijos cuando no se lo merecen ni se lo ganan, elimina el incentivo, lo cual es muy importante.

Mi hijo mayor, Addison, se graduó de bachillerato con honores y fue aceptado en una de las mejores universidades de Estados Unidos. Unas semanas antes de irse a su casa de estudio, me sorprendió al preguntarme:

—Papá, ¿debo ir a la universidad el mes que viene?

Yo, realmente, no supe qué decirle aparte de:

—¿Por qué no querrías ir?

—Papá, en realidad, quiero trabajar para el ministerio a tiempo completo y ayudarlos a mamá a ti y a extender la Palabra que Dios les ha confiado —respondió.

¿Qué podía decir yo?

—Claro, hijo —le dije.

Addison empezó en una posición inicial en la que hizo un buen trabajo, por lo que unos seis meses después nuestro director de personal me llamó y me pidió que ascendiera a Addison a gerente de un importante departamento.

Yo tenía mis dudas.

—¿Está capacitado o haces esto solo porque es nuestro hijo? —le dije.

—John, tu hijo es un líder —me respondió.

Así que después que Addison se encargó del departamento, comenzó a crear nuevas maneras de motivar a su equipo y de aumentar la eficacia de su cometido. Un día de enero, me acorraló en la oficina y me preguntó:

—Papá, ¿qué harías si duplicáramos nuestra productividad del año pasado?

Yo casi me reí de su pensamiento casi utópico, pero dichosamente me refrené. El año anterior, ese departamento había hecho un trabajo excelente, por eso pensé que las expectativas de Addison eran muy elevadas, lo cual admiraba, pero su meta parecía poco real. Como creí que su petición era "inalcanzable", le planteé una importante recompensa consciente de que no tendría que cumplirla.

—Hijo —dije con confianza—, si logras esa meta, los llevaré a todo tu equipo y a ti a un crucero de siete días.

Addison sonrió.

—Estupendo, papá —dijo, y se fue.

Lo que yo no había entendido era que su visión y su fe en ese aspecto excedían las mías. Ese año me llamaba a menudo para pedir oración por su equipo a fin de que pudiera lograr ciertas metas mensuales. De forma que orábamos juntos por todo eso y empecé a notar que su departamento se desempeñaba muy bien. Después de seis meses me di cuenta de que podrían lograrlo. Quedé sorprendido (qué triste por mi parte).

Al final, doce meses después, los esfuerzos del departamento de Addison habían producido resultados casi *tres* veces superiores al año anterior. Yo estaba totalmente sorprendido por lo que Dios había hecho. Su rendimiento fue extraordinario.

Lisa y yo llevamos a todo su equipo a un crucero a final de año. Me dio mucha alegría recompensar a cada miembro de su departamento y a Addison por su ferviente trabajo. Fue una situación en la que todos ganamos.

La primera ganancia, y la más importante, fue que cientos de miles de personas más oyeron la Palabra de Dios. ¿Cuántas vidas fueron salvas, matrimonios restaurados, iglesias fortalecidas y personas sanadas que no hubieran sido tocadas por la Palabra de Dios si Addison y su equipo no hubieran perseguido esa meta?

La segunda ganancia fue que Addison y el equipo disfrutaron de la satisfacción de que sus esfuerzos contribuyeron a un buen cambio y a dar fruto eterno en muchas vidas. También se beneficiaron de un tiempo estupendo como grupo, ya que el crucero fue divertido, lleno de risas y diversión, algo que quedaría siempre en sus memorias.

La tercera ganancia fue que tuve el placer de recompensarlos. Lisa y yo disfrutamos mucho al verlos a ellos disfrutar del fruto de su trabajo. El equipo se decía una y otra vez: "¿Estás consciente de cuántas personas más oyeron la Palabra de Dios porque nosotros creímos en el objetivo y lo perseguimos?". Yo estaba sorprendido por su madurez. Ellos disfrutaron del crucero, pero no perdieron el enfoque con respecto a lo pertinente.

Ahora, unos años después, ninguno de ellos ha perdido su pasión y siguen pidiéndome metas elevadas; las cuales persiguen con todo su corazón. Ellos saben que cuanto más éxito tengan, más vidas son cambiadas eternamente. Para todos nosotros, esa es la mayor recompensa.

LAS METAS DE DIOS PARA SU VIDA

¿Cómo se aplica esto a su relación con su Padre celestial? Dios ha establecido metas para cada uno de nosotros. De hecho, las registró en un libro antes de que comenzase el tiempo. David escribe:

> Tus ojos vieron mi cuerpo en gestación:
> todo estaba ya escrito en tu libro;
> todos mis días se estaban diseñando,
> aunque no existía uno solo de ellos.
> —Salmos 139:16 NVI

¡Eso es fenomenal! ¿Sabía que se escribió un libro sobre usted? No solo las personas famosas tienen biografías. La historia de usted también está en un libro y el Autor no es otro que Dios. Él escribió ese libro antes de que usted fuese concebido en el vientre de su madre. Qué pensamiento tan asombroso: cada día de su vida está registrado en ese libro. Y aún más sobrecogedora es la verdad de que no es solo cada día sino cada instante.

Al igual que mi hijo mayor persiguió una tarea concreta que yo aprobé, así Dios ha diseñado logros para usted en su libro. Sí, Dios ha establecido metas para usted. El apóstol Pablo también revela que nuestra labor se registró de antemano:

> Porque somos hechura suya, creados en Cristo Jesús para buenas obras, las cuales Dios preparó de antemano para que anduviésemos en ellas.
> —Efesios 2:10

Dios planeó sus caminos de antemano, pero notemos que Pablo escribe "para que *anduviésemos*" en ellos. El Espíritu Santo no dijo por medio de Pablo "por si quisiéramos andar en ellos". Hay una diferencia abismal en eso. El libre albedrío tiene efecto aquí porque realizar esas tareas no es algo automático. Nosotros tenemos que cooperar en nuestro trabajo. Dios ha establecido las metas, pero nos corresponde a nosotros descubrir —mediante la oración, la lectura de su Palabra y otros medios espirituales— lo que está registrado para nuestras vidas. Entonces, por la gracia de él, lo llevaremos a cabo. Por esa razón Pablo ora:

> Por lo cual también nosotros, desde el día que lo oímos, no cesamos de orar por vosotros, y de pedir que seáis llenos del conocimiento de su voluntad en toda sabiduría e inteligencia espiritual, para que andéis como es digno del Señor, agradándole en todo, llevando fruto en toda buena obra, y creciendo en el conocimiento de Dios.
> —Colosenses 1:9-10

Conocer la voluntad de Dios para nuestras vidas nos da la capacidad de agradarlo a él siempre. Sin embargo, no es inevitable. Dios ha establecido metas extraordinarias para nosotros, las cuales no se lograrán sin oración, fe y ferviente labor. Por ese motivo somos llamados "colaboradores" de Dios (1 Corintios 3:9). Debemos descubrir cuáles son nuestras tareas personales y avanzar hacia ellas, como hicieron Addison y su departamento. Si ellos no hubieran orado, creído y trabajado con diligencia, el equipo no habría llegado a la meta.

Algunas personas no se contentan cuando les hablo sobre las metas de Dios. Su percepción de la vida cristiana es: "Tómalo como llega y vive todo lo mejor que puedas", en lugar de buscar cumplir los planes concretos de Dios para sus vidas. Piensan: *Uno nace de nuevo, asiste a una iglesia, trata bien a la gente, tiene un trabajo, se jubila, muere de algún tipo de enfermedad y se va al cielo.* Con esa mentalidad, ¿qué se pierden esos queridos santos? ¡Qué triste intercambiar un destino divinamente asignado por una existencia tan prosaica!

La Escritura afirma que cada momento de nuestra vida está planeado. ¿Y si mi hijo solo lo hubiera tomado como llegaba? Su equipo y él nunca habrían experimentado el gozo de alcanzar una meta elevada. Nuestro Padre afirma concretamente: "Porque yo sé los pensamientos que tengo acerca de vosotros, dice Jehová, pensamientos de paz, y no de mal, para daros el fin que esperáis" (Jeremías 29:11). Dios espera de nosotros que busquemos y encontremos su voluntad para nuestra vida. Pablo escribe: "Por tanto, no seáis insensatos, sino entendidos de cuál sea la voluntad del Señor" (Efesios 5:17). La versión de la Biblia en Lenguaje Sencillo lo dice de modo más directo: "No sean tontos, sino traten de averiguar qué es lo que Dios quiere que hagan".

¿No es estupendo saber que Dios no planeó solamente las vidas de Billy Graham, Oral Roberts, Abraham Lincoln, Corrie ten Boom, y otras personas famosas? Él también planeó la vida de usted —cada día, cada hora, cada momento— y la escribió en un libro. Su vida es única, especial y de ninguna manera un accidente; ni tampoco está perdida entre la multitud de detalles de las vidas de otras personas "corrientes". Nadie es común o trivial. Todos fuimos creados para un camino único, el cual es extraordinario.

Reflexiones para un viaje extraordinario

En este momento, ¿cómo está agradando a Dios? ¿Cómo podría agradarlo más?

¿Cuáles cree que son los planes especiales de Dios para usted?

4

REVELADOS TAL COMO SOMOS

En el juicio final del creyente, Jesús no solo examinará nuestra labor, nuestros actos y las palabras que pronunciamos, también efectuará un profundo y detallado sondeo del núcleo de nuestro ser para incluir nuestros pensamientos, motivos, propósitos e intenciones. Es en lo recóndito de nuestro ser donde, en primer lugar y sobre todo, agradamos a Dios y —como descubriremos en capítulos posteriores— es en nuestro ser más profundo donde comienza la vida extraordinaria.

Con respecto a los creyentes, leemos: "Pues él sacará a la luz nuestros *secretos más oscuros* y revelará nuestras *intenciones más íntimas*" (1 Corintios 4:5 NTV). Piense en las frases siguientes: *secretos más oscuros e intenciones más íntimas.* Está claro: no hay nada oculto que no vaya a ser revelado. Con esto presente, oigamos otra vez la Palabra de Dios con respecto al juicio del creyente:

> Por tanto procuramos también, o ausentes o presentes, serle agradables. Porque es necesario que todos nosotros comparezcamos ante el tribunal de Cristo, para que cada uno reciba según lo que haya hecho mientras estaba en el cuerpo, sea bueno o sea malo.
>
> —2 Corintios 5:9-10

Notemos que hemos de comparecer ante el tribunal de Cristo tal como somos. Todos los seres humanos tienen tres imágenes: su imagen *proyectada*, su imagen *percibida* y, desde luego, su imagen *real*. La imagen *proyectada* es el modo en que uno desea que los demás lo vean. La imagen *percibida* es cómo lo ven los otros. La imagen *real* es lo que realmente es la persona.

Medite en Jesús, que fue rechazado por muchos, calumniado por los influyentes, los gobernantes mintieron sobre él y la clase dirigente lo consideraba un hereje o hasta inspirado por el demonio. Su imagen *percibida* no era favorable a los ojos de muchos, especialmente a los de las personas notables. Sin embargo, su imagen *real* era bastante distinta, porque la Escritura afirma que él es la imagen expresa del Padre (ver Hebreos 1:3). Él dijo expresamente en la Última Cena: "El que me ha visto a mí, ha visto al Padre" (Juan 14:9).

Muchos de los que poseían cierta reputación o influencia se centraban en la imagen *percibida* de Jesús, mientras que Dios solo veía su imagen *real*. Por ese motivo el Todopoderoso dijo con voz audible, en más de una ocasión: "Este es mi Hijo amado, en quien tengo complacencia" (Mateo 3:17; 17:5; 2 Pedro 1:17).

La complacencia de Dios en la primera ocasión aquí no se basó en los logros de Jesús, porque aún no había realizado ni un solo acto ministeriales (ver Mateo 3:17). La afirmación del Padre provenía del hecho de que Jesús había permanecido fiel a lo que era en lugar de ceder a la tentación de querer "ser alguien". Piénselo: sus medio hermanos y hermanas probablemente eran muy conscientes de quién era Jesús mucho antes de que fuese revelado en poder durante el bautismo. Su madre y su padre adoptivos habían sido visitados por ángeles, Por lo que es probable que compartieron esas historias con el resto de la familia. Estoy seguro de que sus hermanos hasta lo acosaban: "Vamos, Jesús. ¡Haz algo asombroso!". Aun después de que Jesús fuese bautizado, sus hermanos lo presionaron para que viviera una imagen *proyectada*: "Sal de aquí, y vete a Judea, para que también tus discípulos vean las obras que haces. Porque ninguno que procura darse a conocer hace algo en secreto. Si estas cosas haces, manifiéstate al mundo" (Juan 7:3-4). Si siendo hombres maduros lo acosaban de esa manera, ¿puede imaginarse el trato que ellos, sus vecinos y otros le dieron antes que iniciara su ministerio a los treinta años de edad?

La imagen *percibida* de Jesús no es la que enfatiza la Escritura sino, al contrario, quién es él realmente. Si usted ve a Jesús, ve al Padre. Por eso Jesús le dijo a Felipe: "¿Tanto tiempo hace que estoy con vosotros, y no me has conocido, Felipe?" (Juan 14:9). Jesús era una persona íntegra: era igual con las personas que conocía que cuando estaba con su Padre. Él no trataba de elevar su reputación ni buscaba los elogios ni la aprobación de los hombres. Solo le interesaba lo que era importante para su Padre. ¡Nosotros no deberíamos ser diferentes! Deberíamos ser igual a Jesús. Esa es la meta de nuestro Padre para nosotros, y también debería ser la nuestra.

Sin embargo, para muchos cristianos, la imagen *percibida* es la que vale. Dicho en términos sencillos, su reputación tiene mayor importancia para ellos que los verdaderos motivos de sus corazones. Eso les hace proyectarse a sí mismos de la manera en que desean ser percibidos. Sus esfuerzos se enfocan en las apariencias, el estatus, los títulos, en guardar las apariencias, etc. Pero debemos recordar que nuestra imagen proyectada o percibida no es la que será revelada delante de toda la asamblea de los cielos. Al contrario, será nuestra imagen *real*, es decir, los verdaderos motivos e intenciones de nuestro corazón. Para repetir las palabras de Pablo: "Porque es necesario que todos nosotros comparezcamos ante el tribunal de Cristo" (2 Corintios 5:10).

USTED SERVIRÁ A QUIEN TEMA

Por esta razón, después de informarnos concretamente del trono del juicio, Pablo escribe:

> Conociendo, pues, el temor del Señor, persuadimos a los hombres.
>
> —2 Corintios 5:11

Observemos las palabras de Pablo: "el temor del Señor". Esta frase nos mantiene en contacto con nuestra imagen *real*. Lo contrario también es cierto: cuanto más carezcamos del temor del Señor, más nos apoyaremos en nuestra imagen *proyectada*.

Usted servirá a quien tema. Si teme a Dios, obedecerá a Dios. Si teme al hombre, finalmente obedecerá los deseos del hombre. Muchas veces nos resulta más difícil ofender a la persona a la que vemos, especialmente si deseamos su amor o su amistad, que ofender a aquel a quien no vemos.

El apóstol Pablo temía a Dios. Por tanto, estaba más interesado en su imagen *real*, la que Dios ve, que en su imagen proyectada. Esto lo mantenía en obediencia a Cristo, aun cuando recibía el desengaño, la desaprobación o el rechazo de otros. Pablo escribió: "Pues, ¿busco ahora el favor de los hombres, o el de Dios? ¿O trato de agradar a los hombres? Pues si todavía agradara a los hombres, no sería siervo de Cristo" (Gálatas 1:10).

Estoy seguro de que el fuego de Pablo fue avivado para escribir esas palabras por lo que él había pasado hacía poco, porque en el segundo capítulo de su carta escribe de una confrontación con Pedro y algunos de los otros apóstoles:

> Pero cuando Pedro vino a Antioquía, le resistí cara a cara, porque era de condenar. Pues antes que viniesen algunos de parte de Jacobo, comía con los gentiles; pero después que vinieron, se retraía y se apartaba, porque tenía miedo de los de la circuncisión. Y en su simulación participaban también los otros judíos, de tal manera que aun Bernabé fue también arrastrado por la hipocresía de ellos. Pero cuando vi que no andaban rectamente conforme a la verdad del evangelio, dije a Pedro delante de todos: Si tú, siendo judío, vives como los gentiles y no como judío, ¿por qué obligas a los gentiles a judaizar?
>
> —Gálatas 2:11-14

Recuerde: usted servirá a quien tema. Pedro temía a sus amigos conservadores de Jerusalén; él deseaba profundamente la aprobación de Jacobo y de los otros líderes, lo cual lo condujo a una conducta hipócrita. Estaba enfocado en su imagen *proyectada* porque deseaba con desesperación que la imagen *percibida* que ellos tenían de él fuese favorable. Por ese motivo, Proverbios nos dice: "Temer a los hombres resulta una trampa" (Proverbios 29:25 NVI).

Pablo vio el problema y tuvo la valentía de reprender a Pedro en su cara, junto con Bernabé y los demás que habían cedido a la presión de grupo. Pablo le dijo a Pedro que él vivía en verdad, en su imagen *real*, mientras que los líderes judíos conservadores estaban ausentes. Por tanto, Pedro fue capacitado para ser un verdadero representante de Jesucristo aceptando, amando y disfrutando la comunión con aquellos nuevos creyentes gentiles. Pero cuando los hombres a los que Pedro quería impresionar aparecían, él cambiaba y vivía una imagen *proyectada*. Tal conducta era un mal ejemplo para los nuevos creyentes gentiles y Dios no se agradaba de eso.

Sabemos lo santo que era Pedro y que ahora está en el cielo. Sin embargo, ese es el tipo de mal motivo y conducta que serán examinados en el trono del juicio. Pedro tendrá que responder por ese incidente, al igual que nosotros por todas las veces en que hemos escogido ser controlados por cómo queremos que otros nos perciban.

Ahora leamos con atención estas palabras del libro de Hebreos:

Ciertamente, la palabra de Dios es viva y poderosa, y más cortante que cualquier espada de dos filos. Penetra hasta lo más profundo del alma y del espíritu, hasta la médula de los huesos, y juzga los pensamientos y las intenciones del corazón. Ninguna cosa creada escapa a la vista de Dios. Todo está al descubierto, expuesto a los ojos de aquel a quien hemos de rendir cuentas (4:12-13 NVI).

¡Qué garra tienen estas palabras! Si ha echado una ojeada a estos versículos porque los ha leído antes, regrese ahora y medite serenamente en cada frase.

Observe que la Palabra de Dios penetra hasta nuestros pensamientos y deseos más profundos. Nos expone tal como realmente somos, no como nosotros nos proyectamos. Si la escuchamos y la obedecemos, la Palabra nos protege del engaño.

Prestar atención a la Palabra de Dios mantiene activo el temor del Señor en nuestros corazones. Nos mantiene plenamente conscientes de que nada en toda la creación puede ocultarse de él. Todo está desnudo y expuesto ante sus ojos. Al oír y entender esto, ahora usted puede comprender más perfectamente por qué el Espíritu Santo clama: "Hijo mío, si recibieres mis palabras, y mis mandamientos guardares dentro de ti, haciendo estar atento tu oído a la sabiduría; si inclinares tu corazón a la prudencia, si clamares a la inteligencia, y a la prudencia dieres tu voz; si como a la plata la buscares, y la escudriñares como a tesoros, entonces entenderás el temor de Jehová, y hallarás el conocimiento de Dios" (Proverbios 2:1-5).

Si escudriñamos su Palabra en lo más profundo de nuestro ser como el mayor tesoro que puede encontrarse y si estamos buscando conocer sus caminos como si no hubiera recompensa o placer mayor, entonces conoceremos el temor del Señor. No nos engañaremos a nosotros mismos con una imagen proyectada, sino que viviremos en verdad.

¿QUÉ ES EL TEMOR DEL SEÑOR?

Entonces, ¿qué es el temor del Señor? Primero, y sobre todo, no es tenerle miedo a Dios. ¿Cómo podemos tener intimidad con alguien que nos da miedo? Sin embargo, esa es la pasión de Dios: tener una íntima relación con nosotros.

Cuando Moisés sacó a los hijos de Israel de Egipto, los llevó directamente al monte Sinaí, la zona donde Dios se había revelado a Moisés en una zarza. Muchos piensan que su destino era la tierra prometida, lo que no es cierto. Moisés le dijo a Faraón varias veces que la palabra del Señor era: "Deja ir a mi pueblo, para que me sirva en el desierto" (Éxodo 7:16). ¿Por qué querría Moisés llevarlos a la tierra prometida antes de presentarles antes a aquel que hizo tal promesa?

Yo veo un asombroso contraste entre Moisés y el pueblo al que dirigía. Los israelitas habían recibido abusos en Egipto: fueron golpeados, sus hijos asesinados, trabajaban toda una vida para construir la herencia de Egipto, vivían en casuchas, ingerían mala comida y usaban harapos como vestido. Sin embargo, después de salir de Egipto, ¡se quejaban constantemente y deseaban regresar!

Luego observo a Moisés: vivió en la casa del hombre más rico del mundo, había probado la mejor comida, usaba la mejor ropa, tenía ayudantes personales a su disposición y gozaba de la mejor educación, sin embargo, ¡salió de Egipto y ni siquiera una vez quiso regresar! ¿Por qué esa diferencia? Moisés había tenido un encuentro íntimo con Dios en la zarza; a los israelitas se les ofreció lo mismo, pero ellos no quisieron. Dios ofreció descender en el monte y presentarse a sí mismo ante los hebreos, lo cual hizo tres días después. Pero el pueblo, en vez de aceptar su presencia, huyó de él. Cuando Moisés vio eso, le dijo a Israel:

> *No temáis*; porque para probaros vino Dios, y para que *su temor esté delante de vosotros,* para que no pequéis.
> —Éxodo 20:20, énfasis añadido

En otras palabras: "*No teman,* porque Dios ha venido para ver *si el temor de* él *está delante de ustedes*". Es probable que parezca que Moisés se estaba contradiciendo pero, en realidad, estaba diferenciando entre tenerle *miedo a Dios* y tener un *temor reverencial por el Señor.* La diferencia es que la persona que le tiene *miedo a Dios* tiene algo que ocultar, por ejemplo, el modo en que Adán y Eva se comportaron en el huerto de Edén después de su acto de desobediencia. Se ocultaron de la presencia del Señor porque habían pecado y pensaban que podían engañar a Dios haciendo eso.

La persona que *teme a Dios* no tiene nada que ocultar. De hecho, a lo que le tiene miedo es a estar lejos de Dios. El rey David tenía un santo temor de Dios, pero aun así corrió hacia él y dijo: "Examíname, oh Dios, y conoce mi corazón; pruébame y conoce mis pensamientos; y ve si hay en mí camino de perversidad" (Salmos 139:23-24).

Como puede ver ya, el "temor del Señor" es un tema amplio, aunque no es el enfoque de este libro, así que seré breve. (He escrito otros dos libros sobre este tema —*El temor de Dios* y *Un corazón de fuego*— si quiere aprender más). Temer a Dios implica respetarlo, pero es más que eso. Es darle a él el lugar de gloria, honor, reverencia, acción de gracias, alabanza y preeminencia que se merece. Él asume esa posición con nosotros cuando lo estimamos y ponemos sus deseos por encima de los nuestros o los de otras personas. Cuando aborrecemos lo que él aborrece y amamos lo que él ama.

Cuando buscamos apasionadamente la verdad en nuestro "interior". El temor santo se manifiesta por nuestra obediencia incondicional a él, ya sea que entendamos lo que él hace o no.

Cuando tememos a Dios adecuadamente, sabemos que no podemos ocultarle nada a nuestro Creador y que estaremos delante del Señor tal como somos, no como nuestro yo proyectado. El resultado, de algún modo sorprendente, es que *nos sentimos muy seguros*.

EL PELIGRO DEL ENGAÑO

El peligro de vivir con nuestra imagen proyectada y no con la real es que ¡podemos ser engañados! Y hay un inmenso problema con el engaño: *es falaz*. Las personas que son engañadas creen con todo su corazón que tienen razón cuando, en realidad, están equivocadas. ¡Eso asusta! Santiago nos dice:

> Pero sed hacedores de la palabra, y no tan solamente oidores, engañándoos a vosotros mismos. Porque si alguno es oidor de la palabra pero no hacedor de ella, este es semejante al hombre que considera en un espejo su rostro natural. Porque él se considera a sí mismo, y se va, y luego olvida cómo era. Mas el que mira atentamente en la perfecta ley, la de la libertad, y persevera en ella, no siendo oidor olvidadizo, sino hacedor de la obra, este será bienaventurado en lo que hace (1:22-25).

Nos engañamos a nosotros mismos cuando solo escuchamos la Palabra de Dios, en vez de permitir que penetre en lo profundo de nuestro corazón, para juzgar nuestros procesos de pensamiento, actitudes, percepciones, intenciones, etc., cambiando así la manera en que nos comportamos. Si la Palabra no penetra en nuestro interior, entonces tendremos el conocimiento intelectual de Dios y de sus caminos, pero solamente en el momento (cuando estemos mirando en el espejo). Sin embargo, cuando no estamos conscientes de nuestra fe (cuando nos alejamos del espejo), actuamos de manera totalmente contraria a lo que profesamos.

Permita que ponga un ejemplo. Mi familia ha ido de vacaciones a Hawái una semana en cada uno de los últimos quince años. Hemos podido hacer eso a bajo costo debido a todos los puntos que Lisa y yo acumulamos en las líneas aéreas como viajeros frecuentes que somos.

Uno de los beneficios que disfruto en Hawái es que mi reloj corporal sigue el horario continental, lo cual significa que me despierto temprano y tengo más tiempo para orar antes de que comience el día. Me gusta caminar por la playa y tener comunión con el Espíritu Santo en esas primeras horas.

En uno de esos viajes, recuerdo que andaba caminando por la playa cuando me encontré con un hombre que también se había levantado temprano debido a la diferencia de horario. Era un tipo extrovertido y me contó, muy entusiasmado, su emoción por Hawái y lo mucho que le gustaban los beneficios de la isla. Presumió de las muchachas que estaba conociendo, lo estupendas que eran las fiestas, etc. Cada una de sus frases eran blasfemas y al fin, después de hacerle algunas preguntas, me enteré —tristemente— de que estaba casado y tenía dos hijas.

Como mi tiempo devocional con el Señor ya había sido interrumpido, decidí hablarle de Jesús, por lo que esperaba la oportunidad para hacerlo. Él me preguntó qué hacía para ganarme la vida y yo le dije que trabajaba para Dios como ministro del evangelio.

Cuando dije eso, su cara se iluminó y dijo aún con más entusiasmo: "¡Eso es maravilloso! Yo soy cristiano, nacido de nuevo, y asisto a una iglesia estupenda en Nueva York". Habló de su pastor y me dijo que él era parte de uno de los ministerios de la congregación; que estaba muy feliz de encontrarse con un ministro del evangelio y que no podía dejar de hablar sobre "su fe".

A medida que hablábamos, me sorprendía cada vez más por lo engañado que estaba aquel hombre. Ya no utilizaba blasfemias mientras hablaba de las fiestas y las chicas, sino que ahora se estaba mirando en el "espejo". Él conocía la jerga cristiana, podía citar pasajes bíblicos, y hablaba con entusiasmo sobre Dios. Pero si yo no hubiera levantado el espejo al mencionar que era ministro, podría haber hablado con él con igual facilidad de lascivias y fiestas. De hecho, solamente habría alimentado sus pasiones carnales. Él no sentía convicción: la Palabra de Dios no estaba juzgando sus profundas intenciones, deseos ni pensamientos.

Mientras él se miraba en el "espejo del cristianismo" hablando de su "fe" y de su iglesia, sabía cómo se veía, pero en el momento en que se alejaba del espejo, surgía su imagen real. Es bastante probable que él no conociera verdaderamente a Jesucristo, como era evidente por su fruto (ver Mateo 7:20-23). Cuando estaba cerca de otro cristiano, *proyectaba* una imagen de lo que creía que era en lugar de lo que *realmente* era.

Este es un caso extremo, pero ilustra perfectamente lo que Santiago nos comunica. El mismo principio se aplica a otros niveles. ¿Cuántas personas, repetidas veces, luchan y pelean, hablan con rudeza a sus familiares, son poco éticos en algunas áreas de sus vidas, y viven para el placer y el lucro, pero van a la iglesia y proyectan una imagen de que son amorosos, amables, pacientes, honestos y devotos en su fe? Se ve a una persona diferente en la iglesia (cuando está delante del espejo) que el resto de la semana. Puede que sean verdaderos santos, pero están más preocupados por su imagen proyectada que por su imagen real. También ellos están engañados y quedarán pasmados delante del juicio en el trono de Cristo.

UNA FIRME DECISIÓN DEL CORAZÓN

El triste hecho es que si escogemos enfocarnos en nuestra imagen proyectada, renunciaremos a la bendición de ser cambiados a la imagen de Jesucristo. Seremos engañados y no podremos agradar a Dios ni gozar de una vida extraordinaria. Debemos preguntarnos: *¿Viviré para agradar a Dios o para ser popular entre la gente?* Debemos ser sinceros con nuestra decisión. No podemos engañar a Dios obteniendo un conocimiento superficial de la importancia de agradarlo, pero alejándonos de él cuando no nos sea conveniente. Debe ser una decisión firme e inmutable, porque de ella depende si podemos crecer a la imagen de Jesucristo o a una imagen que tiene la forma del cristianismo, pero está distante del corazón de Dios.

Es así de sencillo. Usted puede leer muchos libros cristianos, escuchar numerosos mensajes en YouTube o en su computadora, asistir a cada servicio de la iglesia en su zona, reunirse a menudo con los creyentes y hasta participar en campañas evangelísticas, pero si no teme verdaderamente a Dios y está más enfocado en su reputación, se distanciará de él. Por esa razón se nos dice:

El principio de la sabiduría es el temor de Jehová.

—Salmos 111:10

Y otra vez:

La comunión íntima de Jehová es con los que le temen, y a ellos hará conocer su pacto (25:14).

El Señor no se revelará a sí mismo ni manifestará su verdadera sabiduría a quienes carezcan de temor santo. Él debe tener la preeminencia en la vida de la persona. No solo en palabras o formas, sino con una firme decisión profundamente arraigada, de modo que pueda decir: "Mi vida no es mía; le pertenece a mi Señor, Jesucristo".

Una de las grandes tragedias en la iglesia occidental es que le ofrecemos a la gente las bendiciones del poder de la resurrección sin la obediencia relacionada con la cruz. Muchos líderes han trabajado diligentemente para presentar a un Jesús que es Salvador, pero no es Señor en la vida de la persona. Se exponen muchos mensajes, domingo tras domingo —en las iglesias— que comunican "la buena vida" basada en principios bíblicos, pero no dicen nada de la abnegación que se requiere para que el evangelio avance.

Muchos pastores se enfocan más en ser entrenadores que en ser auténticos siervos en el ministerio quíntuple. Sus mensajes se formulan en base a principios de liderazgo secular o de psicología, buscando pasajes de la Biblia que se adapten a esos puntos de vista. En vez de creer, de manera sencilla y enfática, lo que la Biblia dice, se le agrega esa otra información a la Biblia como la base de la fe. Oiga de nuevo estas poderosas palabras:

Porque la palabra de Dios es viva y eficaz, y más cortante que toda espada de dos filos; y penetra hasta partir el alma y el espíritu, las coyunturas y los tuétanos, y discierne los pensamientos y las intenciones del corazón.

—Hebreos 4:12

Muy parecido a lo que hace un experimentado cirujano, la verdadera Palabra de Dios corta hasta lo profundo de nuestros más íntimos pensamientos y deseos, y revela el estado del corazón a fin de que podamos estar verdaderamente sanos delante de Dios. ¿Estamos oyendo mensajes de acuerdo a este estándar en nuestras iglesias occidentales? Si no es así, ¿estamos oyendo la verdadera Palabra de Dios? ¿Está saliendo de nuestros púlpitos la verdadera sabiduría de Dios?

¿Nos hemos preguntado sinceramente por qué tenemos tanto egoísmo y envidia en nuestras iglesias? ¿Podría ser un resultado de no temer al Señor? Santiago pregunta a los miembros de la iglesia: "¿Quién es sabio y entendido entre vosotros?" (Santiago 3:13). El meollo de la pregunta es: "¿Quién entre ustedes teme verdaderamente a Dios?". (La sabiduría no existe fuera del temor del Señor). Por eso continúa diciendo:

Muestre por la buena conducta sus obras en sabia mansedumbre. Pero si tenéis celos amargos y contención en vuestro corazón, no os jactéis, ni mintáis contra la verdad; porque esta sabiduría no es la que desciende de lo alto, sino terrenal, animal, diabólica (vv. 13-15).

La Palabra de Dios nos protegerá de las trampas del engaño, ya sean mensajes que apelen a los hombres o que acaricien nuestros oídos. Se nos dice: "Temer a los hombres resulta una trampa" (Proverbios 29:25 NVI). Lo que asusta de una trampa es que uno no sabe que hay en ella hasta que es demasiado tarde. Ningún ave o animal se metería nunca en una trampa si supiera de antemano lo que le esperaba. Proverbios muestra claramente que enfocarnos en nuestra imagen *proyectada* es una trampa y usted no sabrá que está en ella hasta que sea demasiado tarde.

Hace poco, mientras estaba ayunando, el Espíritu Santo clamó en mi corazón: *¿Dónde están las personas que se fortalecen para la* *verdad en la tierra?* (ver Jeremías 9:3). Yo sentí la tristeza del Señor por cómo muchos en nuestras iglesias occidentales han caído en la trampa del temor del hombre y han perdido su pasión por la Palabra de Dios.

Siento la tristeza de él por los líderes cristianos que no confrontarán a los perdidos para que puedan ser salvos. Hay congregaciones que colocan unas cajas en la parte trasera de sus edificios multimillonarios para que los asistentes interesados pongan sus tarjetas indicando que les gustaría convertirse en cristianos. Eso se hace para que nadie se sienta incómodo ni señalado a la hora de tomar una decisión por Cristo. Queremos "que entren fácilmente a la fe". Sin embargo, hemos olvidado la afirmación de nuestro Señor: "Porque el que se avergonzare de mí y de mis palabras, de este se avergonzará el Hijo del Hombre cuando venga en su gloria, y en la del Padre, y de los santos ángeles" (Lucas 9:26).

¿Está, ese tipo de ministerio, en consonancia con el modo en que Jesús planteaba las cosas? Veamos al joven rico, por ejemplo. Él llegó con un gran deseo de ser salvo, con pasión por llegar al cielo (ver Marcos 10:17). Jesús le dijo que vendiese lo que tenía, lo diese a los pobres, tomara la cruz y le siguiera. ¡Qué palabras tan fuertes para ese interesado en la salvación! ¿Cuál fue el resultado? Ese hombre rico, que estaba emocionado por encontrar la salvación, se alejó de la presencia de Jesús "triste". Se fue "afligido" (v. 22) después de oír la Palabra de Dios, que llegó hasta su corazón y discernió sus pensamientos e intenciones. Él no pudo soportar ese examen de su vida.

Medite en esto con atención: el hombre llegó anhelando oír y se fue sintiéndose decepcionado después que Jesús le predicó. ¿Cómo se comparan nuestros métodos ministeriales actuales en Occidente? Al joven rico no se le ofreció una tarjeta para que la llenara y la metiera en una caja que llevaba Mateo. No, él fue confrontado con la verdad y esa verdad no se refrenó cuando fue recibida de modo desfavorable.

Jesús entonces les dijo a los demás lo difícil que es entrar en el reino de Dios: "Más fácil es pasar un camello por el ojo de una aguja, que entrar un rico en el reino de Dios" (Marcos 10:25). También podría decirse: "Es igualmente difícil que entren en el reino los hombres y las mujeres que confían en sus imágenes *proyectadas* y *percibidas*". Las riquezas en las que ellos confían no son dinero, sino cómo los ve la gente. ¿Cómo le iría a Jesús siendo invitado especial en algunas de esas iglesias que tienen cajas en la parte de atrás del auditorio? ¿Cómo le iría en esas iglesias que dan solamente palabras alentadoras y bonitas para ayudar a la gente en el trayecto de su vida? ¿Qué harían los líderes de esas iglesias al ver a muchas personas yéndose de su edificio tristes y afligidas después de que Jesús las confrontara en cuanto a su estilo de vida egoísta y las llamara a una vida entregada?

La buena noticia es que no es demasiado tarde y podemos cambiar. ¡Levántese, líder! ¡Levántese, cristiano! Nuestro Dios nos llama a marcar una tremenda diferencia en nuestra generación. Hemos sido llamados a confrontar al espíritu de la época, al espíritu que obra en los hijos de desobediencia, al espíritu de este mundo. ¡Hemos sido llamados a traer el cielo a la tierra!

Reflexiones para un viaje extraordinario

¿En qué áreas ve usted una particular tensión entre su imagen proyectada y su imagen real?

¿Cómo podría mejorar su relación con Dios un entendimiento más preciso de "el temor del Señor"?

5

¡USTED PUEDE HACERLO!

CUANDO SE TRATA DE agradar a Dios, la gran pregunta es: "¿Podemos hacerlo?". ¿Tenemos lo que se necesita para hacer que él sonría? ¿Podemos nosotros, que vivimos en un mundo imperfecto, deleitar a un Dios perfecto?

Mis primeros años en el ministerio se enfocaron en los adolescentes. Como pastor de jóvenes, aprendí mucho sobre la paternidad y las dinámicas de familia. Una cosa que observaba repetidas veces, y que me rompía el corazón, era cómo algunos jóvenes sencillamente no podían agradar a sus padres. No importaba lo que hicieran o lo mucho que lo intentaran, esos muchachos nunca estaban a la altura de las expectativas de sus progenitores (sobre todo con las del padre).

Pronto descubrí un patrón. Aquellos jóvenes frustrados seguían intentando agradar hasta que, finalmente y después de repetidos fracasos, se rendían y se precipitaban por una espiral descendente hacia una vida descuidada y libertina. Desilusionados de todo, terminaban por sentirse desesperanzados. Si los padres les hubieran dado a sus hijos un apoyo más positivo, se podrían haber evitado muchos descarrilamientos.

¿Y con respecto a nuestro Padre celestial? ¿Podemos realmente agradar a alguien que no tiene errores? Veamos lo que afirma el apóstol Pedro:

Su divino poder, al darnos el conocimiento de aquel que nos
llamó por su propia gloria y potencia, nos ha concedido todas
las cosas que necesitamos para vivir como Dios manda.

—2 Pedro 1:3 NVI

Ahí está nuestra respuesta: tenemos todo lo necesario para vivir
de una manera que agrade a nuestro Padre celestial. Por tanto, desde el principio, establezca esto en su corazón y no deje nunca que
este conocimiento lo abandone. Dios es aquel que habló estas palabras por medio de Pedro. Su Palabra es verdad y es inmutable. Nunca, en ningún momento, acepte la mentira de que usted no tiene lo
necesario para agradar a Dios. ¡Lo cierto es que sí lo tiene!

Muchos creyentes miran a algunos cristianos, especialmente
grandes líderes, y piensan que ellos nunca podrían estar a su altura ni que podrían deleitar a Dios como el apóstol Juan, el apóstol
Pablo, Billy Graham, Oral Roberts, la madre Teresa o cualquier
otra persona a la que admiran. ¡Lo cierto es que nadie tiene mayor
capacidad de agradar a Dios que usted!

Dicho eso, quiero que nunca olvide tampoco esta afirmación:
ciertamente, usted tiene la capacidad de agradar a Dios, pero tiene
que usar ese poder y ejercerlo.

Lisa y yo tenemos cuatro hijos. El tercero, Alexander, tiene
desafíos en la educación convencional. De hecho, estuvo en educación especial durante algunos años. Es un joven brillante que, sin
duda, tiene el potencial para sobrepasar los logros de sus padres.
Alexander es muy creativo, piensa fuera del molde, tiene ideas sor-
prendentes, y sostiene una conversación inteligente con cualquiera.
Sin embargo, en la escuela batallaba con la lectura puesto que es
más visual en su proceso de pensamiento y de aprendizaje.

Su hermano mayor, Addison, es muy dotado para la educación convencional. Puede leer un libro de quinientas páginas en una
cuarta parte del tiempo que me llevaría a mí, y después puede reci-
tar y procesar con precisión la información del libro.

Los dos hijos tienen lo necesario para llegar lejos en la vida y
estoy muy orgulloso de cada uno de ellos.

Cuando los dos muchachos estaban en la escuela, Lisa y yo
aprendimos a tener expectativas diferentes para cada uno. Recuerdo

muchos semestres en que todas las calificaciones de Addison eran sobresalientes, en su cartilla de notas. Lisa y yo rara vez teníamos que ayudarlo con sus tareas o sus estudios. Por lo general, trabajaba hasta que entendía las cosas y obtenía muy buenas calificaciones en sus exámenes. Estábamos encantados.

En uno de esos semestres, Alexander estaba en la escuela secundaria y estábamos pasando un periodo difícil con él. Olvidaba hacer sus tareas muy a menudo y las que terminaba no las hacía bien. Sacó malas calificaciones, por lo que no nos agradó su rendimiento en ese lapso.

Unos semestres después, Alexander cambió la tendencia y trabajó con diligencia. Nunca olvidaré cuando abrí su cartilla de notas y vi buenas calificaciones, no malas. ¡Nos agradamos mucho! Aunque no llegó a las calificaciones de Addison, Lisa y yo sabíamos que había trabajado diligentemente. Lo elogiamos una y otra vez por el trabajo que había realizado. Él supo sin duda alguna que sus padres se deleitaron. Y, finalmente, por medio de mucho trabajo, Alexander llegó a ser también un alumno de notas sobresalientes.

Otro semestre, en particular, Addison llegó a casa con algunas calificaciones sobresalientes y otras no mucho. Aquello no nos agradó, no porque no hubiera sacado todo sobresaliente, sino porque habíamos observado sus hábitos de estudio aquel semestre y vimos que estaba más enfocado en los amigos y los eventos sociales que en las tareas de la escuela. Aunque en ese momento él había obtenido mejores calificaciones que las de Alexander, sabíamos que Addison no lo había dado todo. (Eso sucedió solo una vez. Addison se graduó con honores y usualmente ha sido un buen trabajador en todas las áreas de la vida).

El punto es el siguiente: Dios espera que nosotros seamos fieles en lo que nos ha dado, pero él no capacita por igual a cada uno de sus hijos. Ah, qué estupendo sería si los creyentes creyeran firmemente esta verdad. Está clara en la parábola de los talentos. A un servo se le dieron cinco talentos, a otro se le dieron dos y al otro se le dio uno. La Escritura dice concretamente que se nos han otorgado dones "a cada uno conforme a su capacidad" (Mateo 25:15). Al igual que nuestros hijos, cada servo de la parábola tenía diferentes niveles de capacidades. Al pensar en eso debemos también considerar las palabras de Pablo:

Porque ¿quién te distingue? ¿o qué tienes que no hayas recibido? Y si lo recibiste, ¿por qué te glorías como si no lo hubieras recibido?

—1 Corintios 4:7

Siempre debemos prestar atención a lo que nos ha sido dado por Dios. La capacidad de una persona para escribir, enseñar, predicar, cantar, componer música, diseñar, administrar, organizar, liderar, relacionarse bien con la gente, y otras muchas, es un regalo dado por Dios. Si lo tengo presente, eso me guarda de las mortales trampas del orgullo o la envidia: orgullo al pensar que soy mejor que otros y envidia al codiciar lo que otra persona tiene.

De vuelta a la parábola de los talentos, el hombre al que se le dieron cinco trabajó con diligencia y terminó con diez. El hombre al que se le dieron dos talentos trabajó con la misma diligencia, pero terminó solo con cuatro. Aunque el primer hombre terminó con seis talentos más que el otro (resultado mucho mejor), ambos fueron recompensados igualmente. Puede usted captar el agrado en la voz de su señor:

Bien, buen siervo y fiel; sobre poco has sido fiel, sobre mucho te pondré; entra en el gozo de tu señor.

—Mateo 25:21 y 23

Observemos la inusual referencia del pasaje aquí: *versículos* 21 *y* 23. Los dos versículos son idénticos. Yo no creo que eso sea un accidente ni una coincidencia. Dios está haciendo hincapié en un punto muy importante: el versículo 21 fue para el hombre que ganó diez talentos; el versículo 23 fue para el hombre que terminó con cuatro, menos de la mitad del total del primer hombre. Sin embargo, el deleite y el agrado del señor por los resultados de ambos siervos fueron idénticos. Jesús dice:

Porque a todo aquel a quien se haya dado mucho, mucho se le demandará; y al que mucho se le haya confiado, más se le pedirá.

—Lucas 12:48

Si usted se compara con un líder admirado, un familiar o un amigo, puede que se quede corto. El hecho es que Dios probablemente le da a esa persona más dones, más capacidad, más talentos que a usted. Oiga las palabras de Pablo:

> Digo, pues, por la gracia que me es dada, a cada cual que está entre vosotros, que no tenga más alto concepto de sí que el que debe tener, sino que piense de sí con cordura, conforme a la medida de fe que Dios repartió a cada uno. Porque de la manera que en un cuerpo tenemos muchos miembros, pero no todos los miembros tienen la misma función, así nosotros, siendo muchos, somos un cuerpo en Cristo, y todos miembros los unos de los otros. De manera que, teniendo diferentes dones, según la gracia que nos es dada, si el de profecía, úsese conforme a la medida de la fe.
>
> —Romanos 12:3-6

Usted fue perfectamente creado por Dios para funcionar en el reino, y tiene los dones y las capacidades para cumplir su tarea concreta. Por tanto, con respecto a lo que tenemos, no podemos comparar nuestros resultados con los de otros. Sin embargo, con respecto a lo que *hacemos* con lo que tenemos seremos juzgados, y en esto damos deleite, o falta de él, a nuestro Padre celestial.

Permítame decirlo de otro modo. Si el siervo que recibió los dos talentos hubiera comparado sus dos talentos con el que tenía cinco, se habría quedado corto. Sin embargo, ambos siervos duplicaron aquello con lo que comenzaron. Ambos fueron igualmente fieles con lo que se les había dado y deleitaron igualmente a su señor.

UNA PARÁBOLA SIMILAR CON UN ÉNFASIS DIFERENTE

Después de haber dicho todo esto, veamos una parábola similar con un énfasis muy diferente. En la parábola de las diez minas (ver Lucas 19:11-26), Jesús habla de diez sirvientes en lugar de tres. A cada uno de ellos se le dio una mina. En esta parábola, la mina no representa nuestros diferentes niveles de llamado o dones especiales, como lo hacían los talentos. Más bien, la mina representa la gracia, la fe fundamental, el amor de Dios y otros dones que él da igualmente a todos los creyentes.

Permita que lo aclare con un ejemplo. Si Dios ha llamado concretamente a una persona a guiar a multitudes a la presencia de Dios por medio de la alabanza y la adoración, a ese individuo se les han dado talentos musicales. Sin embargo, esos dones estarán por encima de la esfera natural, porque el talento también hace entrar a los adoradores en la presencia de Dios.

Yo puedo decir con sinceridad que este talento concreto no me fue dado a mí. Cada vez que intento cantar delante de mi familia, es un desastre. Se ríen, salen de la habitación o, en broma, me lanzan algo y con razón. Por tanto, no sería sabio para mí tratar de ocupar la posición de líder de alabanza en la iglesia. Los talentos que Dios me ha confiado para cumplir con lo que yo soy llamado concretamente a hacer están en otras áreas, como la predicación, escribir y liderar. Cada uno tenemos talentos que están en consonancia con nuestras tareas concretas.

Sin embargo, en las áreas generales de la vida, todos hemos recibido lo mismo. La Escritura nos dice que cada uno de nosotros tiene la mente de Cristo, la armadura de Dios, el nombre de Jesús, una fe básica, las promesas de Dios, el amor de Dios…y la lista continúa. Todas ellas están representadas en la historia de las minas. En esa parábola, el primer sirviente multiplicó su mina por diez. En el juicio fue recompensado generosamente y se le dio autoridad sobre diez ciudades. El segundo multiplicó su mina por cinco. No fue recompensado tan espléndidamente, pero se le dio autoridad sobre cinco ciudades. Su recompensa fue menor porque él tomó lo que se le había dado y lo multiplicó la mitad que el primer hombre. El tercero enterró su mina, fue firmemente corregido por su pereza y no recibió recompensa.

Estas dos parábolas revelan cómo nos equipa Dios a cada uno de nosotros igualmente en las situaciones generales de la vida (la parábola de las diez minas), mientras que somos equipados de modo diferente en lo que respecta a llamados o tareas específicos (la parábola de los talentos). En el resto de este libro hablaré de lo que Dios nos ha dado igualmente a cada uno de nosotros. Sin embargo, el material es también el fundamento que precisamente se requiere para operar triunfantes en nuestras tareas específicas.

Lo fundamental es que usted nunca puede funcionar a pleno potencial —a nivel extraordinario— sin la revelación de lo que estoy a punto de abordar.

Reflexiones para un viaje extraordinario

¿Qué dones y talentos cree que Dios le ha dado para realizar el trabajo de su reino?

¿Qué, si es que hay algo, le está impidiendo que utilice plenamente sus dones y talentos para que el reino de Dios avance?

6

LA CAPACIDAD DE AGRADAR

A RIESGO DE PARECER redundante, permítame que vuelva a enfatizar el principal punto del capítulo anterior, porque si usted y yo no "comprendemos" plenamente esta verdad, nuestras vidas consistirán de esfuerzo, duda y frustración.

Usted y yo tenemos lo necesario para dar deleite a nuestro Padre celestial. La Biblia en Lenguaje Sencillo dice: "Dios utilizó su poder para darnos todo lo que necesitamos, y para que vivamos como él quiere" (2 Pedro 1:3).

Sé cuál es la siguiente pregunta: "¿Cuál es el *poder* que se nos ha dado milagrosamente y que nos capacita para agradar a Dios?". La respuesta es: su gracia.

Gracia. Se ha dicho bastante sobre la gracia en tiempos recientes y, sin embargo, muchos siguen sin entenderla totalmente. La gracia es, sin duda alguna, una de las verdades más importantes, si no la más relevante, que el creyente del Nuevo Testamento debería entender, ya que es el fundamento de nuestra *salvación* y nuestra *vida* en Cristo.

Con respecto a la *salvación*, desde luego que somos salvos por gracia. Es un regalo, el mayor obsequio a disposición de la humanidad. No somos llevados a una relación con Dios guardando sus leyes, porque entonces la salvación podría ganarse y, por consiguiente, merecerse. La gracia es, ciertamente, favor de Dios inmerecido. Se nos dice:

Porque por gracia sois salvos por medio de la fe; y esto no de vosotros, pues es don de Dios; no por obras, para que nadie se gloríe.

—Efesios 2:8-9

Eso resume nuestra salvación en pocas palabras. Por la gracia de Jesucristo nuestros pecados han sido erradicados y eliminados para siempre, al punto que yacen tan lejos como el oriente del occidente. Cuando estemos delante del trono del juicio, si Dios pregunta por qué deberíamos entrar en su reino, seguro que *no* será debido a nuestra buena conducta, a nuestra asistencia semanal a la iglesia, a nuestro fiel servicio, a nuestra vida ministerial ni a ninguna otra bondad por parte de nosotros. Tendremos la aceptación de Dios debido a lo que Jesús hizo en la cruz hace dos mil años al derramar su propia sangre real, sufriendo una muerte atroz y resucitando tres días después por nuestra libertad. Él es el rescate que Dios pagó para liberarnos de nuestra esclavitud. ¡Ninguna otra cosa podría habernos liberado! Al creer en el sacrificio de Jesús y entregar nuestras vidas a su señorío, podemos estar delante de Dios con confianza.

GRACIA PARA VIVIR

Sin embargo, ¿qué papel desempeña la gracia desde el momento en que recibimos la salvación hasta que estemos delante de nuestro Rey? En primer lugar, nunca debemos olvidar que la *gracia para vivir* sigue siendo el favor de Dios, no podemos ganarlo. Ni cambia después que comencemos una relación con Dios.

Por desdicha, muchos ven su vida en Cristo después de la conversión con los lentes de la ley. En vez de depender de la gracia de Dios para recibir favor y bendiciones, se apoyan en sus propios esfuerzos. En su frustración, Pablo pregunta: "¿Tan necios sois? ¿Habiendo comenzado por el Espíritu, ahora vais a acabar por la carne?" (Gálatas 3:3).

Más adelante, Pablo es más mordaz, por lo que le enfatizó a esa misma iglesia: "De Cristo os desligasteis, los que por la ley os justificáis; de la gracia habéis caído" (5:4). Si intentamos mantener nuestra correcta relación con Dios guardando las leyes, regulaciones y requisitos de las leyes del Antiguo Testamento, ¡realmente nos arriesgamos a perder nuestra comunión con Cristo y los beneficios de la gracia! Eso es lamentable. Siempre debemos recordarnos que somos salvos por gracia y que por gracia continuamos recibiendo los beneficios de la salvación.

Por ese motivo, Pablo escribe en casi todas sus cartas del Nuevo Testamento: "La gracia de nuestro Señor Jesucristo sea con vosotros". Tenga presente que sus cartas fueron escritas a hombres y mujeres que ya eran salvos, no a personas que estaban perdidas y que tenían necesidad de la gracia *salvadora*.

El apóstol Santiago, por su parte, escribió a los creyentes: "Pero él da mayor gracia" (Santiago 4:6). En otras palabras, ¡hay más gracia a nuestra disposición de la que ya tenemos!

El apóstol Pedro lleva esto a otro nivel escribiendo: "Gracia y paz os sean multiplicadas" (2 Pedro 1:2). Estas son noticias aun mejores: no solo puede ser añadida gracia a nuestras vidas, ¡sino que puede ser multiplicada! Si los apóstoles deseaban más gracia y oraban fervientemente por ella, también debe ser crucial para nuestra vida diaria en Cristo.

Por tanto, en lo referente a nuestra vida en Cristo, no solo somos salvos inicialmente por gracia, sino que también nos mantenemos salvos. Sé que muchos creyentes batallan con sus pensamientos en cuanto a que han cometido errores tan graves después de hacer un compromiso con Jesucristo, que Dios podría haberles retirado su salvación. ¡Eso no es cierto! Se nos dice:

Si confesamos nuestros pecados, él es *fiel* y *justo* para perdonar nuestros pecados, y limpiarnos de toda maldad.
—1 Juan 1:9, énfasis añadido

Observe que el versículo no dice *la mayoría* de nuestros pecados. La sangre de Jesús limpia *toda maldad* o pecado. Él nos perdona y nos limpia de todo lo que nos aleje de su presencia.

Él es *fiel* y *justo* para perdonarnos y limpiarnos. *Fiel* significa cada vez; *justo* significa que él siempre será fiel a su promesa del pacto. Él nunca dirá: "A otros les perdono una ofensa, pero no a ti".

¿Sigue sin estar convencido? ¿Está pensando: *Yo he pecado demasiadas veces como para ser perdonado. He agotado la misericordia de Dios?*

No, la Escritura dice: "Alabad a Jehová, porque él es bueno, porque para siempre es su misericordia" (Salmos 136:1). Su misericordia continúa eternamente y es inagotable. De hecho, la frase "para siempre es su misericordia" ¡se repite veintiséis veces solamente en este salmo!

Está usted en buena compañía si batalla con la enormidad del perdón de Dios. Hasta el apóstol Pedro tenía problemas para entenderlo; por eso, un día le preguntó a Jesús: "Señor, ¿cuántas veces perdonaré a mi hermano que peque contra mí? ¿Hasta siete?" (Mateo 18:21). Pedro pensaba que sus "siete veces" era algo magnánimo porque la ley del Antiguo Testamento estipulaba "ojo por ojo" (ver Éxodo 21:23-24). Pedro estaba acostumbrado a que las personas pagasen por sus errores, pecados y transgresiones.

La respuesta de Jesús lo sorprendió: "No te digo hasta siete, sino aun hasta setenta veces siete" (Mateo 18:22). ¡Eso son 490 veces! Sin embargo, Jesús no estaba dando a entender que el perdón se limita a 490 veces, porque en el Evangelio de Lucas él afirma: "Mirad por vosotros mismos. Si tu hermano pecare contra ti, repréndele; y si se arrepintiere, perdónale. Y si siete veces al día pecare contra ti, y siete veces al día volviere a ti, diciendo: Me arrepiento; perdónale" (17:3-4).

Se nos manda perdonar cada día hasta siete veces. Sin embargo, si alguien peca siete veces al día durante más de setenta días, sobrepasaría las 490 veces. Por tanto, si solo fueran 490 veces que pudiéramos pecar y ser perdonados, entonces Jesús habría dicho "hasta 490 veces" en el Evangelio de Lucas. Pero no dijo eso. Él dijo setenta veces al día, no puso ningún límite. Así que si alguien peca siete veces al día en un lapso de vida promedio de ochenta años, ¡el total sería 204.400 veces! Esto sobrepasa en mucho las 490 veces.

¡Jesús afirma que nuestro perdón no debe agotarse! ¿Por qué debería ser inagotable? Porque así es el perdón de Dios hacia nosotros; por eso se nos manda: "Perdonándoos unos a otros, como Dios también os perdonó a vosotros en Cristo" (Efesios 4:32).

Por tanto, si siente —de algún modo— que ha agotado el perdón de Dios, está escuchando a sus propios sentimientos o a las mentiras que no están en consonancia con la Palabra de Dios. Si usted peca, lo reconoce, lo lamenta y se arrepiente, entonces es perdonado. Caso cerrado.

Junto con esta buena noticia es importante que le advierta que evite pecar presuntuosamente. Si dice usted en su interior: "Soy salvo por gracia, así que estoy cubierto; no importa cuál sea mi estilo de vida. Voy a olvidarme del dominio propio y a vivir para gozar", ¡deténgase! Ese es terreno peligroso. ¡Está usted engañado! No se ofenda, pero necesita preguntarse: "¿Soy salvo?". Pablo habló de esto cuando indicó: "¿Qué, pues, diremos? ¿Perseveraremos en el pecado para que la gracia abunde? En ninguna manera. Porque los que hemos muerto al pecado, ¿cómo viviremos aún en él?" (Romanos 6:1-2). De hecho, Pablo advierte a los cristianos:

> Las obras de la naturaleza pecaminosa se conocen bien: inmoralidad sexual, impureza y libertinaje; idolatría y brujería; odio, discordia, celos, arrebatos de ira, rivalidades, disensiones, sectarismos y envidia; borracheras, orgías, y otras cosas parecidas. Les advierto ahora, como antes lo hice, que los que practican tales cosas no heredarán el reino de Dios.
>
> —Gálatas 5:19-21 NVI

Está claro que tenemos libertad mediante la gracia de Dios; sin embargo, esa libertad no ha de utilizarse para pecar osadamente. La persona que es verdaderamente salva tiene el corazón de Dios, por lo que no dice en su interior: "¿Cuánto puedo pecar y librarme de condena?". Por el contrario, el creyente nacido de nuevo en una manera genuina dice: "No deseo pecar porque eso hiere el corazón de aquel que murió por mí y el de aquellos a quienes él ama". Pero, insisto, si alguien peca —no importa si son siete veces al día— y se arrepiente de verdad, Dios lo perdona.

MUCHO MÁS ALLÁ DEL PERDÓN

Qué maravilloso: somos salvos y nos mantenemos salvos por gracia. Sin embargo, ¡hay mucho más! La gracia va mucho más allá del perdón. Gracia es *capacitación* de Dios. Es así como podemos vivir como Cristo.

Lea con atención estas palabras: "El que afirma que permanece en él, *debe* vivir como él vivió" (1 Juan 2:6 NVI, énfasis añadido). Observe que el apóstol no dice *debería* sino *debe*. ¡*Debemos* andar como Jesús anduvo! Esto no es una sugerencia o una meta, es lo que Dios espera. La buena noticia es que Dios nunca da un mandato en el Nuevo Testamento sin proporcionar la capacidad para cumplirlo. Por tanto, podemos conducirnos como Jesús por medio del poder de la *gracia*.

Lea el propio testimonio de Pablo sobre este tema: "Vosotros sois testigos, y Dios también, de cuán santa, justa e irreprensiblemente nos comportamos con vosotros los creyentes; así como también sabéis de qué modo, como el padre a sus hijos, exhortábamos y consolábamos a cada uno de vosotros, y os encargábamos que anduvieseis como es *digno de Dios*" (1 Tesalonicenses 2:10-12). Pablo les ordenó a los creyentes que anduviesen como él andaba: ¡Como es *digno de Dios*! Esto es posible —para él y para nosotros—, y podemos hacerlo por medio del poder de la gracia.

Es este aspecto de la gracia el que muchos pasan por alto, principalmente porque no se enseña con el mismo énfasis. Por esa razón, muchos creyentes batallan en su caminar cristiano y no llevan una vida extraordinaria.

Veamos primero el significado de la palabra *gracia* en griego, el idioma original. La voz griega para *gracia* que se usa más frecuentemente en el Nuevo Testamento es *charis*, que aparece unas 150 veces. El significado más común de *charis* es "un favor hecho sin expectativa de ser correspondido". Esta es la expresión absolutamente libre de la bondad de Dios hacia nosotros. Es un favor totalmente inmerecido y no ganado.

Si tomamos esta definición inicial de *gracia* y la unimos con pasajes escogidos que Pablo escribió en Efesios, Gálatas, Romanos y otras epístolas con respecto a la salvación del pecado y la muerte eterna, tendremos la definición de gracia con la que la mayoría de los cristianos están familiarizados. Sin embargo, este entendimiento cubre solamente el *motivo* y el *resultado final* del don, pero no define la naturaleza *presente* de la gracia. En otras palabras, muestra la gracia como un don gratuito que nos salva con respecto a la vida venidera, pero no define su poder en esta vida.

SALVADOS POR EL REVÓLVER

Permítame que ilustre lo que significa realmente gracia mediante una alegoría sobre un revólver. Retrocedamos unos cuantos cientos de años, a 1717, el año anterior a la invención de la primera arma de fuego. Debido a un naufragio, un tipo al que llamaré el *hombre de la isla* llega solo a un islote desierto en medio del océano.

El interior de esa isla tiene la típica climatología tropical, sin embargo, debido a algunas condiciones inusuales, la línea costera siempre está oculta por una densa niebla. La isla está apartada de las rutas normales de navegación, pero si una barca viaja cerca de ella, nadie a bordo puede verla debido a la niebla.

La isla tiene mucha agua potable, algo de fauna, incluidos ciervos y jabalíes. Hay abundancia de cocos, pero cuelgan de lo alto de las elevadas palmeras.

El hombre de la isla fue arrastrado allí hace varios días y tiene mucha hambre porque todos sus intentos por divisar y atrapar a algún animal han fracasado. Intentó hacer una lanza con las ramas de los árboles, pero no pudo lanzarlas con la fuerza suficiente como para herir a un animal en huida. El hombre de la isla pensó en fabricar una honda gigante, pero no encontró ningún material elástico. Como último recurso, persiguió a un ciervo y a un jabalí, les lanzó unas piedras enormes, pero todo ello sin éxito alguno.

El hombre de la isla también intentó recoger unos cocos tratando de trepar a las elevadas palmeras, pero lo único que consiguió fue unas heridas sangrantes en las piernas y los brazos, pero ningún coco.

Para empeorar aún más las cosas, el solitario superviviente tuvo que emplear extrema cautela en todo momento debido a otros ocupantes de la isla: unos feroces y astutos osos. Sin ser nunca plenamente consciente de su paradero, tenía que estar continuamente en guardia porque parecía que los osos lo iban a perseguir. Con la esperanza de permanecer sano, el hombre de la isla encontró una gran piedra del tamaño de una casa pequeña que los osos probablemente no podrían escalar. Así que construyó una escalera con sus manos y subió hasta el tope, para luego empujar la escalera. El hombre de la isla se sintió relativamente seguro, pero también aislado: confinado a la roca la mayor parte del día y de la noche para protegerse de esos hambrientos depredadores. Ya no solo con hambre, el hombre de la isla también se sentía muy cansado por falta de sueño, pues la roca tenía una superficie irregular, lo que la hacía muy incómoda para acostarse.

A esas alturas, el desgraciado hombre estaba muy frustrado y exhausto; y para colmo, estaba desesperanzado. La realidad de su exasperada situación echó raíz: pensó que se iba a morir, o bien de hambre o por ser destrozado por un oso.

Sin embargo, de repente, vio aparecer a un hombre como de la nada. Era un viajero del tiempo que llegó desde finales del siglo veintiuno. Con la tecnología, el viajero pudo ver la época del hombre de la isla y su paradero. Al hacerlo, descubrió el dilema del hombre de la isla y —por amor y preocupación— reunió el conocimiento y el equipamiento necesarios para salvar al hombre de la isla y llegar a rescatarlo mediante una máquina del tiempo. Su nombre era Mensajero.

Mensajero le dice al emocionado hombre de la isla que un barco pasará muy cerca de ahí exactamente en sesenta y un días. Además le informa que esa será su única oportunidad para volver a su casa, porque Mensajero ha visto, en el tiempo, y ha descubierto que pasarán décadas antes de que otro barco pase cerca de la isla. Mensajero le dice la hora del día exacta en que pasará el barco y construye un reloj de sol para ayudar al hombre de la isla a que sepa la hora. "Oirás el sonido de una bocina cuando el barco esté más cerca de la isla", le dijo.

Mensajero abre entonces una maleta de aspecto extraño que ha llevado con él y que contiene objetos nada familiares. Uno de ellos es un revólver, el cual —desde luego—, el hombre de la isla no había visto nunca. No tenía idea de lo que esa arma de siete milímetros podía hacer.

Así que Mensajero le dice entusiasmado: "¡Esto se llama revólver y te salvará la vida!".

Después de hacer una pausa esperando una reacción, continúa: "Cuando el revólver esté cargado y aprietes este gatillo, hará un ruido muy fuerte". Para demostrarlo, Mensajero mete la mano en la maleta y agarra otro objeto extraño: una bala; la carga en la recámara, apunta el cañón hacia el cielo, y aprieta el gatillo. El hombre de la isla da un salto ante el fuerte *bang*.

"El ruido de este revólver viajará kilómetros sobre el agua —dice Mensajero—. Cuando el capitán del barco oiga el *bang*, se aventurará a meterse en la niebla y descubrirá la playa oriental de la isla. Deberías disparar el revólver unas cuantas veces más cuando veas el barco. Serás descubierto, te pondrán a bordo, ¡y te llevarán seguramente a casa!".

El hombre de la isla se entusiasma y le da varias veces las gracias a Mensajero.

"De nada —responde él—, pero hay algo más que necesitas saber. El revólver no solo hace un gran ruido, sino que la bala sale del cañón a una velocidad tan rauda que puede matar cualquier oso, ciervo o jabalí que haya en esta isla. Por tanto, ya no vivirás con temor a ser despedazado por un oso. Lo mejor de todo es que tendrás comida de sobra hasta que llegue el barco. No solo tendrás la carne del ciervo y el jabalí para comer, sino que para tener más nutrientes, podrás disparar a los cocos de los árboles".

Mensajero entonces le muestra al hombre de la isla cómo usar el revólver, el cual tiene un gran alcance. Después de disparar a varias caracolas y dianas al azar en el bosque, la puntería del hombre mejora. "¡Lo lograste!", dice Mensajero con una sonrisa y después afirma con entusiasmo: "¡Y hay más!".

De regreso en la playa, dirige al hombre de la isla a una cueva que tiene piso de arena. No mucho después de llegar a la playa, el hombre de la isla había descubierto esa cueva y había querido dormir allí, pero temió que los osos lo atacaran durante la noche.

Mensajero dice: "Podrás cubrir la entrada de esta cueva con las pieles de los ciervos. Ahora puedes dormir sobre la suave arena y, si matas a un par de osos, podrías utilizar sus pieles como colchón y como manta. De ese modo estarás abrigado durante las frías noches, y la cueva también te protegerá durante las fuertes lluvias".

Mensajero abre otra vez la caja del revólver para mostrarle la cantidad de balas. Hay cientos. "Usa la munición sabiamente —le advierte—, pero deberías tener más que suficiente para sesenta y un días".

En ese punto, el hombre de la isla está abrumado de gratitud. De repente, un importante pensamiento viene a su mente, y con cautela pregunta: "Mensajero, ¿qué tengo que darte por el revólver?".

Con una sonrisa él responde: "Sé que no tienes dinero, así que no puedes comprarlo, y aun si lo hicieras, no he hecho esto por ti para que me correspondas. Te vi con la máquina del tiempo y quise ayudarte. El revólver no está a la venta; solo tómalo. Además, mi patrón, que es un hombre muy rico en mi mundo y quien realmente posee la máquina del tiempo, fue el que me dio este revólver para que te lo diese. Yo solo tuve el gozo de traerte este regalo".

"Oh, ¡gracias, gracias!". El hombre de la isla estaba muy agradecido y sorprendido por el interés y la generosidad de Mensajero y de su patrón. Así que aceptó el revólver y el benevolente extraño desapareció en segundos. El hombre de la isla se queda con un arma que salvará su vida y que también le sostendrá cómodamente durante los dos meses que le quedan en ese lugar. ¡Está salvado!

Como probablemente habrá imaginado, Mensajero en esta alegoría representa a un siervo de Jesucristo que le habla al hombre de la isla acerca del camino de la salvación. Podría ser un evangelista, pastor, familiar, amigo o un completo extraño. El patrón de Mensajero representa al Señor, que envió a Mensajero a la misión de rescate. El revólver representa la gracia de Dios, su regalo inmerecido. La salvación de una muerte horrible en la isla no llegó por lo que el hombre de la isla hiciera, sino por el regalo del patrón de Mensajero. Los sesenta y un días que quedaban en la isla representan el resto de la vida del hombre de la isla aquí en la tierra y el barco que lo recoge representa su partida de esta tierra al cielo.

UN HECHO IMPORTANTE

Ahora quiero volver a relatar la historia y ver la diferencia si se cambia un elemento importante.

En esta segunda versión, Mensajero aparece y declara que el revólver salvará la vida del hombre de la isla. Como antes, él dice que disparar el revólver es la única manera en que el capitán del barco sabrá que hay alguien dentro de la niebla. Mensajero vuelve a apuntar el revólver hacia el cielo y lo dispara, y entonces deja que el hombre de la isla cargue el arma y dispare varias balas al aire. Como en la versión anterior, ese es el único camino para salir de la isla.

Sin embargo, esta vez Mensajero pasa por alto decirle al hombre de la isla las otras características del revólver. No le explica que, además de hacer un ruido ensordecedor, un duro proyectil de acero sale del cañón a tan rauda velocidad que puede matar animales para proporcionar alimento, protección y abrigo. Erróneamente, Mensajero supone que el hombre de la isla sabe lo que puede hacer el revólver; olvida el hecho de que aquel hombre desamparado vive en una época anterior a la invención de las armas de fuego. Como antes, el hombre de la isla da las gracias a Mensajero por el regalo y este, inmediatamente, se desvanece y regresa a su época. El hombre de la isla se queda con una vía de escape, pero sin la información que necesita para vivir exitosamente en aquel lugar durante los siguientes sesenta y un días.

En este escenario, el hombre de la isla siente emociones encontradas después de la rápida desaparición de Mensajero. Nuestro protagonista es feliz al saber que hay una forma de salir de la isla, pero también se da cuenta de que tendrá una gran lucha. ¿Qué comerá durante los siguientes sesenta y un días? ¿Puede sobrevivir todo ese tiempo sin comida? El hombre de la isla ha fracasado en cada intento de matar a uno solo de los animales. Tiene cero probabilidades de poder evitar morir de hambre o de que un oso lo ataque antes de que se cumplan los sesenta y un días, y sigue sin tener manera de dormir bien por la noche, y tampoco tiene ninguna protección de las fuertes lluvias ni de las frías noches. ¿Lo logrará el hombre de la isla? Su mente se llena de temor con respecto a la realidad de que podría no soportar hasta que llegue el barco dos meses después.

Vuelve la frustración. El hombre de la isla ignora el potencial de lo que tiene en sus manos. ¿Cómo pudo ese hombre que fue tan

amable de proporcionarle una salida de la isla no darle la información necesaria para vivir exitosamente durante el resto del tiempo
que permanecería allí?

Ahora que hemos visto las dos presentaciones de esta alegoría,
¿qué quiero decir? A muchos de nosotros se nos ha enseñado que
la gracia es un regalo inmerecido y que por medio de ella se nos
dio vida eterna en el cielo. Sin embargo, lo que se ha descuidado
en muchos círculos evangélicos es el entendimiento de la manera
en que la gracia proporciona el poder para llevar —*extraordinaria-*
mente— una vida exitosa que agrade a Dios *antes de la eternidad*.
Lo fundamental: no hemos comunicado lo que "el revólver" puede
hacer antes de la llegada del barco. Debido a esa falta de conocimiento sobre la gracia, enormes cantidades de personas en la iglesia
siguen viviendo relativamente igual que antes de la salvación y son
derrotadas en muchas áreas de la vida.

LA CAPACITACIÓN DE DIOS PARA VIVIR

Volvamos a echar otro vistazo a la palabra gracia. La Nueva Concordancia Strong saca a la luz el poder de la gracia (*charis*) defi-
niéndola como "la influencia divina sobre el corazón y su reflejo en
la vida". Observemos la expresión "reflejo en la vida". Es obvio que
hay más en el significado de gracia que dirigirnos al cielo. Parece-
ría, por esta definición, que hay una diferencia externa entre aquel
que tiene la gracia y el que no la tiene. En otras palabras, la gracia
se refleja, o *puede verse*, en la vida del creyente. Vemos esto en el
libro de Hechos:

> Llegó la noticia de estas cosas a oídos de la iglesia que
> estaba en Jerusalén; y enviaron a Bernabé que fuese has-
> ta Antioquía. Este, cuando llegó, y *vio la gracia de Dios*, se
> regocijó, y exhortó a todos a que con propósito de corazón
> permaneciesen fieles al Señor (11:22-23, énfasis añadido).

Bernabé percibió la evidencia externa de la gracia de Dios en
las vidas de los creyentes que conoció en Antioquía. La gracia de

Jesucristo fue otorgada a sus corazones y Bernabé pudo ver la prueba de ello: el reflejo exterior.

La *Enciclopedia de Palabras de la Biblia Zondervan* afirma: "Esta gracia es una fuerza dinámica que hace algo más que afectar nuestra posición delante de Dios acreditándonos justicia. La gracia afecta también nuestra experiencia. La gracia siempre está marcada por la obra capacitadora de Dios en nuestro interior para vencer nuestra impotencia". Esta definición ciertamente está respaldada por este pasaje del Nuevo Testamento que dice:

> Así que, recibiendo nosotros un reino inconmovible, tengamos gratitud, y mediante ella sirvamos a Dios agradándole con temor y reverencia.
>
> —Hebreos 12:28

Es notablemente claro que la gracia nos da poder para servir a Dios aceptablemente. Lo que era imposible con nuestra propia fuerza, una vida aceptable y agradable a Dios, ahora es posible, y la gracia proporciona la capacidad. Somos capacitados para vencer nuestros defectos.

La palabra griega charis, usada en Hebreos 12:28, es la misma que se encuentra en Efesios 2:8: "Porque por gracia sois salvos por medio de la fe; y esto no de vosotros, pues es don de Dios". Por tanto, el vocablo griego utilizado en el versículo que identifica con mayor claridad nuestro regalo gratuito de la salvación también se emplea para mostrar que nos capacita para vivir de una manera que no solo es aceptable sino también agradable a Dios.

La gracia no es solo el favor de Dios que no puede ganarse, también es la capacitadora presencia de Dios que nos da la habilidad para hacer lo que a él le emociona. La gracia nos da la capacidad para sobrepasar nuestra propia capacidad. ¡Nos da la habilidad de vivir extraordinariamente!

¡Esto me resulta emocionante! Dios no solo nos rescató; él nos capacitó para que podamos vivir exitosamente aquí en este mundo. Él no quería hijos que solo llevaran el título de justos, pero sin capacidad para vencer los pecados y las debilidades que nos atraparon desde el principio. No, él diseño la salvación para que fuese completa: una vida triunfante en este mundo y también en el venidero.

Reflexiones para un viaje extraordinario

¿Se ha preguntado alguna vez si ha caído de la gracia de Dios? ¿Por qué es tal idea tan potencialmente errónea y peligrosa?

¿Qué parte de la alegoría del Mensajero ayuda más a ampliar su entendimiento de la gracia?

7

GRACIA Y VERDAD

EL APÓSTOL PEDRO ESTABLECIÓ un punto intencional en su epístola final que se escapó de mi atención por mucho tiempo. He leído ese libro muchas veces, pero nunca consideré su estrategia deliberada. Vea lo que dice:

> Por esto, yo no dejaré de *recordaros* siempre estas cosas, aunque vosotros las sepáis, y estéis confirmados en la verdad presente.
>
> —2 Pedro 1:12, énfasis añadido

Observemos la palabra *recordaros*. Pedro observó que sus lectores ya habían oído aquello de lo que él escribía y estaban firmes en la verdad, pero quiso seguir *recordándoselo*. Por eso vuelve a hacerlo: "Pues tengo por justo, en tanto que estoy en este cuerpo, el despertaros con amonestación" (v. 13). ¡Pedro afirma que nunca dejará de molestarlos!

Y aún no había terminado con la idea de "recordar":

> También yo procuraré con diligencia que después de mi partida vosotros podáis en todo momento tener memoria de estas cosas (v. 15).

¡Otra vez *tener memoria*! Aquí Pedro declara que se asegurará de que a ellos siempre —sí, siempre— se les *recuerde* lo que él acaba de escribir, aun después de su partida de este mundo.

Ese día, comprendí mejor la importancia de la Palabra de Dios escrita. Parece que muchos sermones en la actualidad carecen de la revelación y el entendimiento de la Escritura. Veo numerosos libros cristianos contemporáneos que contienen pocas perspectivas de la Biblia. Cuando leo los escritos de los primeros padres de la iglesia, veo innumerables referencias a la Palabra de Dios escrita: cientos, a veces hasta miles de anotaciones de la Escritura intercaladas en sus textos. Uno de los primeros padres, Clemente de Alejandría, vivió aproximadamente entre los años 150-215 de la era cristiana. Fue un líder de la iglesia de Alejandría, Egipto, a cargo de la escuela de enseñanza para nuevos creyentes. Josh McDowell señala un asombroso hecho en su libro *Evidencia que exige un veredicto:* en sus escritos, Clemente tomó 2.400 citas de todos los libros del Nuevo Testamento a excepción de tres. ¿Por qué hay tanto contraste en énfasis en la Escritura entre los dos primeros siglos y la actualidad? Porque los primeros padres conocían la importancia de traer a la memoria la Palabra de Dios.

Yo pertenecí a una religión, durante diecinueve años de mi vida, que me enseñaba a orar a personas muertas, a encender velas con el propósito de sacar individuos del purgatorio con más rapidez, a creer que María era la persona a quien acudir para recibir una respuesta favorable a la oración por parte de Jesús, y a aceptar muchas otras ideas extrañas que no se encuentran en la Escritura. Mientras iba a esa iglesia, lamentaba el hecho de que otras asistieran a denominaciones diferentes puesto que nosotros teníamos la verdad y ellos no. Eso era lo que pensaba.

Si yo hubiera muerto en ese periodo de tiempo, no habría ido al cielo puesto que no entendía la salvación. Poco después de recibir a Jesucristo como mi Señor, comprendí que creía muchas falsedades como verdades. Me habían informado mal y me habían desviado. Yo había basado mi vida en lo que los hombres enseñaban desde sus propias percepciones en vez de sencillamente aceptar lo que Dios dice en su Palabra. ¿Cree usted que mi anterior religión se había apartado de ciertos aspectos de la Escritura de repente? Claro que no. Todas las doctrinas hechas por el hombre normalmente comienzan con una desviación gradual que al final termina lejos de la verdad.

Poco después de recibir a Jesús y ser librado del error, me cautivaron las siguientes palabras:

> Toda la Escritura es inspirada por Dios, y útil para enseñar, para redargüir, para corregir, para instruir en justicia.
>
> —2 Timoteo 3:16

Toda la Escritura es inspirada por Dios. Observe otra vez estas palabras: "Toda la Escritura es inspirada por Dios"; no solo algunas ideas de la Escritura, no algunos puntos de la Escritura, sino *toda la Escritura* es inspirada por Dios.

Poco después descubrí lo que Jesús dijo: "El cielo y la tierra pasarán, pero mis palabras no pasarán" (Marcos 13:31). ¿Por qué pueden pasar el cielo y la tierra pero no pasará "ni una jota" ni "una tilde" de su Palabra (Mateo 5:18)? Porque él "sustenta todas las cosas con la palabra de su poder" (Hebreos 1:3).

Dios se ocupó de que su Palabra llegase a nuestras vidas, por tanto, ¿por qué la tomamos tan a la ligera y no hacemos más hincapié en ella? ¿Por qué tratamos de hacer que su Palabra infalible encaje en nuestro estilo de vida o cultura y lo confirme en vez de permitirle que moldee nuestras vidas?

Esto es lo que dijo Pedro: "Por esto, yo no dejaré de recordaros siempre estas cosas, aunque vosotros las sepáis". Si medita detenidamente en estas frases, entenderá la importancia de la Escritura, en particular de los anteriores puntos que él acaba de establecer.

Quedémonos con la Palabra de Dios escrita. Es incorruptible, eterna y nunca puede ser alterada ni cambiada. Es la roca en la que debemos estar firmes y en la cual basar nuestras vidas.

Por tanto, insisto, le recuerdo lo que escribió Pedro. Ya he citado estas palabras, pero es interesante ver que son las palabras concretas que él nunca dejaría de recordarles a los primeros cristianos. Así que prestemos mucha atención:

> Como todas las cosas que pertenecen a la vida y a la piedad nos han sido dadas por su divino poder... Por esto, yo no dejaré de recordaros siempre estas cosas, aunque vosotros las sepáis... Pues tengo por justo, en tanto que estoy en

este cuerpo, el despertaros con amonestación... También yo procuraré con diligencia que después de mi partida vosotros podáis en todo momento tener memoria de estas cosas.

—2 Pedro 1:3, 12-13, 15

Es importante que retengamos en nuestros pensamientos lo que él escribió y que lo creamos firmemente. El que perdamos de vista esta verdad es perjudicial para nuestra vida en Cristo. Eso debería estar claro a medida que progresamos. Vuelvo a insistir, usted ya tiene todo lo que necesita para vivir de una forma que agrade a Dios. Ello le fue dado por el poder de él, y ese poder no es otro que ¡la extraordinaria gracia de Dios!

LA DIFERENCIA PRINCIPAL

Durante muchos siglos antes de que Jesús viniera a la tierra, muriera en la cruz y resucitase de la muerte, las personas que deseaban tener una relación con Dios solo podían hacerlo por medio de la ley. El principal propósito de la ley que Dios dio a través de Moisés era mostrar a hombres y mujeres que nunca podrían agradarlo por su propia capacidad. La ley revelaba las debilidades y los errores de la humanidad.

Sin embargo, lo que la ley no pudo lograr en cuanto a capacitarnos para agradar a Dios, ahora es posible para nosotros mediante la gracia de él. Recuerde que se nos indica concretamente lo siguiente: "El que dice que permanece en él, debe andar como él anduvo" (1 Juan 2:6). Esto es un mandamiento, no una sugerencia, ¡ni siquiera una fuerte recomendación! Cosa que solo por medio de la gracia podemos cumplir. En su evangelio, Juan escribe:

Porque de su plenitud tomamos todos, y gracia sobre gracia. Pues la ley por medio de Moisés fue dada, pero la gracia y la verdad vinieron por medio de Jesucristo (1:16-17).

Hay tanto en estos dos versículos que necesito desglosarlos con atención. Por favor, siga conmigo unas cuantas páginas; el abundante entendimiento que obtendremos valdrá la pena. La primera frase dice:

Porque de su plenitud tomamos todos.

Aparte un momento y permita que el significado de eso se asimile. Enfóquese en las palabras "de su plenitud". ¡Se nos ha impartido lo *completo* de Jesús! No la plenitud de un primer ministro, presidente, celebridad, estrella rock, gran deportista, o erudito, sino lo completo del propio Jesucristo. Si usted realmente oye esto, nunca volverá a envidiar a ningún hombre ni a ninguna mujer. *¡Usted tiene la plena naturaleza de Jesucristo en su interior!*

Leamos de nuevo las palabras de Pedro:

> Como todas las cosas que pertenecen a la vida y a la piedad nos han sido dadas por su divino poder... por medio de las cuales nos ha dado preciosas y grandísimas promesas, para que por ellas llegaseis a ser participantes de la *naturaleza* divina.
>
> —2 Pedro 1:3-4 énfasis añadido

¡Su *naturaleza*! Qué regalo tan maravilloso, casi incomprensible: su *"naturaleza divina"*. La palabra *naturaleza* se define como "las cualidades o carácter innatos o esenciales de una persona". Con eso presente, oiga lo que también escribe Pedro:

> Siendo renacidos, no de *simiente* corruptible, sino de incorruptible, por la palabra de Dios que vive y permanece para siempre.
>
> —1 Pedro 1:23 énfasis añadido

La *simiente* tiene todas las cualidades innatas de su planta madre; es en realidad una planta dentro de un cascarón, hecha a la imagen de aquello que la formó. Según Pedro, la simiente que fue plantada en el interior de usted es la Palabra de Dios.

Es importante observar que Jesucristo es la Palabra de Dios viviente. Se le llama "el Verbo". Juan escribe de él lo que sigue: "En el principio era el Verbo, y el Verbo era con Dios, y el Verbo era Dios... Y aquel Verbo fue hecho carne, y habitó entre nosotros" (Juan 1:1, 14). Se le llama "el Verbo de vida" en 1 Juan 1:1.

Insisto, el escritor de Hebreos afirma:

Porque la *palabra de Dios* es viva y eficaz, y más cortante que toda espada de dos filos; y penetra hasta partir el alma y el espíritu, las coyunturas y los tuétanos, y discierne los pensamientos y las intenciones del corazón. Y no hay cosa creada que no sea manifiesta en *su presencia*; antes bien todas las cosas están desnudas y abiertas *a los ojos de aquel* a quien tenemos que dar cuenta.

—Hebreos 4:12-13 énfasis añadido

La simiente que fue plantada en usted, por medio de la cual fue recreado, no es otra que el propio Cristo. Esta simiente es ciertamente incorruptible. Estamos en Cristo, él está en nosotros, por lo que tenemos la plenitud de su naturaleza. ¡La simiente plantada en nosotros, cuando nacimos de nuevo, es todo lo que hace a Cristo ser lo que es! Qué sorprendente. ¡En este mundo tenemos lo completo de la naturaleza de él! ¿Ha entendido ya la realidad de ello?

Juan lo expresa así: "pues como él es, así somos nosotros en este mundo" (1 Juan 4:17). Muchos creyentes piensan que algún día, en el cielo, seremos como él es, pero por ahora en la tierra somos pecadores que batallan y que han sido meramente perdonados. Esa es una mentira tan monstruosa que mantiene a las personas atadas y anula el poder de la gracia en sus vidas.

Por increíble que sea esta realidad, tiene todo el sentido. La Biblia nos dice que somos su descendencia: "Amados, ahora somos hijos de Dios" (1 Juan 3:2). No en el futuro, sino *ahora*. Si *ahora* somos nacidos de Dios, *ahora* somos sus hijos o su descendencia, entonces es lógico que *ahora* tengamos sus cualidades esenciales. Al igual que un caballo no puede dar a luz a un gusano ni un león puede dar a luz a una comadreja, tampoco nosotros podemos poseer cualidades innatas inferiores si somos nacidos de Dios mismo. ¡La constitución de él es *ahora* parte de nosotros!

Sin embargo, ¡esto se pone mejor! Si se lo permitimos, ¡Él vive por medio de nosotros! Como estamos a punto de ver, ese es el poder de su gracia. Una leona no puede vivir por medio de la vida de su cachorro, sin embargo, Cristo vive en nosotros. Pablo escribe:

"Y ya no vivo yo, mas vive Cristo en mí" (Gálatas 2:20). E insiste: "Porque habéis muerto, y vuestra vida está escondida con Cristo en Dios" (Colosenses 3:3). ¡Ah, cuán completa salvación nos ha dado Dios!

Ahora continuemos nuestro detallado estudio de lo que escribe el apóstol Juan:

Porque de su plenitud tomamos todos, y gracia sobre gracia.

—Juan 1:16

Aquí está el punto que muchos pasan por alto en la actualidad debido a una enseñanza incompleta: Juan relaciona el recibir la plenitud de la naturaleza de Dios con la gracia. Dice que es el regalo inmerecido de Dios: un obsequio que no solo nos salvó de la condenación eterna sino que también nos dio las características de él. Un aspecto de la gracia es tan real como el otro, y todo nos fue proporcionado en el momento en que fuimos salvos.

Observemos que Juan utiliza la frase "gracia sobre gracia". Yo tengo un amigo griego que vive en Atenas. Es un ministro que no solo tiene el griego como lengua natal, sino que también ha estudiado griego antiguo. En referencia a ese pasaje, él me dijo —una vez— que lo que el apóstol estaba escribiendo realmente era que Dios nos ha dado "la mayor abundancia de gracia". ¡Eso es ciertísimo!

Con frecuencia he pensado lo siguiente: *Habría estado muy bien si Dios nos hubiera hecho como uno de sus ángeles o si nos hubiera dejado como pecadores, pero pecadores perdonados que pasarían la eternidad con* él. Cualquiera de esas opciones habría sido muchísimo mejor que el lugar de donde veníamos. Sin embargo, no solo nos ha perdonado sino que también nos hizo sus hijos e hijas, impartiéndonos su naturaleza divina e íntegra. ¡Tal favor inmerecido es extraordinario!

Por eso creo que Juan utilizó la frase "la mayor abundancia de gracia". Él había vivido bajo la ley de Moisés y conocía sus limitaciones. Él sabía que no tenía capacidad para cambiar su naturaleza; solamente exponía su debilidad y sus errores. Él sabía que la ley solamente podía obligarlo, pero no cambiar su hombre interior. Por esa razón, inmediatamente, siguió su afirmación sobre recibir la naturaleza de Jesús mediante la gracia con el hecho de que la ley fue dada por medio de Moisés, pero que la gracia y la verdad vinieron por medio de Jesucristo. Leamos de nuevo sus palabras:

> Porque de su plenitud tomamos todos, y gracia sobre gracia. Pues la ley por medio de Moisés fue dada, pero la gracia y la verdad vinieron por medio de Jesucristo.
>
> —Juan 1:16-17

Veamos con más detenimiento esa diferencia.

LAS COMPARACIONES DE JESÚS

Para captar la magnitud de la plena realidad de la gracia, vayamos a las comparaciones que Jesús afirma en Mateo 5, donde dice repetidas veces:

> Oísteis que fue dicho a los antiguos...Pero yo os digo... (vv. 21-22).

> Oísteis que fue dicho a los antiguos...Pero yo os digo... (vv. 27-28).

> También fue dicho...Pero yo os digo...(vv. 31-32).

> Además habéis oído que fue dicho a los antiguos...Pero yo os digo...(vv. 38-39).

> Oísteis que fue dicho...Pero yo os digo...(vv. 43-44).

Jesús contrasta la vida bajo la ley (la vida antes de que su naturaleza nos fuese impartida) con la que tenemos bajo la gracia capacitadora. Él cita el requisito de la ley de Moisés con frases como: "Oísteis que fue dicho...", y entonces introduce su manera —*verdad*— bajo la gracia capacitadora, diciendo: "Pero yo os digo...".

Jesús introduce aquí la dimensión de la gracia que depositaría la capacidad de Dios en nuestro interior y nos liberaría de la impotente fórmula de la ley. Una era un freno externo, mientras que la otra era el reflejo de una transformación interna.

Con frecuencia oigo a ministros y a otros creyentes lamentar los duros requisitos de la ley y después expresar su alivio por estar bajo la gracia en lugar de estar bajo un estilo de vida tan rígido. Yo también me regocijo de no estar bajo la ley, pero no se debe a que me parezca que las expectativas que Dios tiene conmigo sean más indulgentes ahora. Es más, justamente lo contrario es cierto: ¡las expectativas de él son más elevadas bajo la gracia capacitadora! Profundicemos un poco más:

> *Oísteis que fue dicho a los antiguos*: No matarás; y cualquiera que matare será culpable de juicio. Pero yo os digo que cualquiera que se enoje contra su hermano, será culpable de juicio; y cualquiera que diga: Necio, a su hermano, será culpable ante el concilio; y cualquiera que le diga: Fatuo, quedará expuesto al infierno de fuego.
>
> —Mateo 5:21-22, énfasis añadido

Si la ira llegase a un punto en que alguien llamara necio a su hermano, Jesús dijo que esa persona estaba en peligro de ir al infierno. La palabra *necio* significa "impío" ("Dice el necio en su corazón: No hay Dios" [Salmos 14:1]). Llamar necio a un hermano era una acusación grave. Nadie diría tal cosa a menos que su ira se hubiera convertido en odio.

En el Antiguo Testamento, uno era culpable de asesinato si realmente le quitaba la vida física a alguien. Bajo la gracia capacitadora, Dios ahora revela su estándar real —la *verdad*— del modo en que siempre ha sido y no solo un freno debido a la debilidad de nuestros corazones. ¡Dios revela que él equipara odiar al hermano con el asesinato! Esta misma idea se encuentra en 1 Juan 3:15: "Todo aquel que aborrece a su hermano es homicida; y sabéis que ningún homicida tiene vida eterna permanente en él".

Para decirlo con toda claridad, bajo la ley uno tenía que darle una puñalada a alguien para ser clasificado como asesino. Ahora, en la era del Nuevo Testamento, cuando tenemos gracia capacitadora, si usted se niega a perdonar o alberga un prejuicio acérrimo o cualquier otra forma de odio contra una persona, eso es evidencia de que la vida eterna o la gracia de Dios ya no está en usted. ¡Es usted un asesino! Esa es *la verdad*.

Muchos en la iglesia actualmente consideran la gracia como "la gran tapadera" debido al modo en que se ha enseñado y se ha malentendido. ¿Qué quiero decir con "gran tapadera"? ¿Ha oído alguna vez a alguien decir: "Sé que no estoy viviendo como debiera, ¡pero gracias a Dios por su gracia!"? Eso es totalmente contrario a lo que el Nuevo Testamento enseña sobre la *gracia*. Sí, la gracia sí que cubre, pero además de eso, es la influencia divina que tenemos en nuestro corazón con el reflejo de su poder en nuestra vida. Esa gracia nos da la capacidad para vivir en *verdad*.

Por tanto, pregunto: ¿Describe Jesús la gracia como "la gran tapadera", o la revela como el poder de su naturaleza que nos capacita para vivir de una manera que agrade a Dios Padre? Examinemos otra comparación:

> *Oísteis que fue dicho*: No cometerás adulterio. Pero yo os digo que cualquiera que mira a una mujer para codiciarla, ya adulteró con ella en su corazón.
>
> —Mateo 5:27-28, énfasis añadido

Se declaraba culpable a alguien, bajo el Antiguo Pacto, si se cometía físicamente un hecho real de adulterio, pero bajo las enseñanzas de Jesucristo en el Nuevo Pacto, un hombre se define como adúltero si meramente mira a una mujer y quiere practicar sexo con ella. En palabras sencillas, bajo la ley uno tenía que cometer el pecado; bajo el Nuevo Pacto de gracia, ¡lo único que se debe hacer es *querer* hacerlo! ¿Encaja este significado más estricto de adulterio con el modo en que hemos enseñado y practicado la gracia en nuestra iglesia de hoy? ¿Hemos creído "la gran tapadera", o entendemos la gracia como la capacidad dada por Dios para vivir como Jesús?

GRACIA Y VERDAD

Antes de examinar otra comparación del Antiguo Pacto y el Nuevo Pacto, leamos de nuevo Juan 1:16-17:

Porque de su plenitud tomamos todos, y gracia sobre gracia. Pues la ley por medio de Moisés fue dada, pero *la gracia y la verdad* vinieron por medio de Jesucristo (énfasis añadido).

El hecho es que la *verdad* vino con la gracia. ¿Por qué Juan destaca esto? ¿Por qué la *verdad* no se pone también junto a la ley? En esto radica otra gran clave de estos dos versículos que estamos explorando; la siguiente comparación la expone.

Jesús dice: "También fue dicho: Cualquiera que repudie a su mujer, dele carta de divorcio. Pero yo os digo..." (Mateo 5:31-32). Seguiré un poco más en el libro de Mateo, donde Jesús desarrolla esto de forma más amplia. Los líderes acudieron a Jesús y le preguntaron si era legítimo que un hombre se divorciara de su esposa por cualquier motivo. Jesús respondió:

> ¿No habéis leído que el que los hizo al principio, varón y hembra los hizo, y dijo: Por esto el hombre dejará padre y madre, y se unirá a su mujer, y los dos serán una sola carne? Así que no son ya más dos, sino una sola carne; por tanto, lo que Dios juntó, no lo separe el hombre.
>
> —Mateo 19:4-6

Los líderes entonces respondieron: "¿Por qué, pues, mandó Moisés dar carta de divorcio, y repudiarla?" (v. 7). Oiga la respuesta de Jesús:

> *Por la dureza de vuestro corazón* Moisés os permitió repudiar a vuestras mujeres; mas al principio no fue así. *Y yo os digo* que cualquiera que repudia a su mujer, salvo por causa de fornicación, y se casa con otra, adúltera; y el que se casa con la repudiada, adúltera (vv. 8-9, énfasis añadido).

Observemos sus palabras: "Mas al principio no fue así". Jesús está afirmando la verdad, porque esta nunca cambia. Es la misma ayer, hoy y por siempre. Sin embargo, bajo las restricciones de la ley, cuando sus corazones no habían sido infundidos con la naturaleza de Dios, ellos no eran capaces de manejar la verdad en esta área, al igual que en otros aspectos. Por tanto, Dios permitió que Moisés escribiera ciertas cosas que realmente no eran lo verdaderamente "mejor" de Dios.

Sin embargo, cuando vino la gracia, cuando la naturaleza de Dios nos fue gratuitamente impartida, cuando los corazones endurecidos fueron sustituidos por la simiente de las características inherentes de Dios, también nos fue impartida la capacidad de vivir como él quiso que la humanidad viviera desde el principio: de modo extraordinario. Ahora podemos vivir como hijos e hijas de Dios, a su imagen, a su semejanza, ¡poseyendo su capacidad por medio de la gracia!

Por tanto, bajo la ley, uno podía divorciarse de su esposa por otros motivos que no fueran inmoralidad sexual. Sin embargo, bajo la gracia, la *verdad* del deseo de Dios desde el principio es una vez más una realidad. *Gracia y verdad* se unen para que hombres y mujeres puedan caminar como luz en una generación torcida y perversa. Tenemos la naturaleza de Dios en nuestro interior; podemos caminar de una manera que sea agradable a él.

JURAMENTOS REEMPLAZADOS POR INTEGRIDAD

La siguiente comparación aclara aún más la unión de la gracia y la verdad. Jesús afirma:

> Además habéis oído que fue dicho a los antiguos: No perjurarás, sino cumplirás al Señor tus juramentos. Pero yo os digo: No juréis en ninguna manera…Pero sea vuestro hablar: Sí, sí; no, no; porque lo que es más de esto, de mal procede.
>
> —Mateo 5:33-34, 37

Bajo la ley, alguien demostraba que tenía intención de hacer lo que decía cuando formulaba un voto o un juramento. Dios una vez más hizo que Moisés escribiera eso porque los hombres y las mujeres no tenían la naturaleza de Jesucristo en ellos y sus corazones eran duros. Por tanto, otra vez se legislaron restricciones por medio de la ley, en este caso a fin de diferenciar un compromiso serio de uno no serio.

Sin embargo, bajo la gracia, ahora que tenemos la naturaleza de Jesucristo, somos capaces de vivir en *verdad* en todo momento. Ahora tenemos integridad innata en lo profundo de nuestro ser. Ahora somos capaces de ser hombres y mujeres que son como Dios, capaces de decir lo que queremos significar y significar lo que decimos, y permanecer por la integridad de nuestra palabra, porque nuestros corazones han sido hechos nuevos y limpios por la simiente incorruptible de la naturaleza de él. Por eso se nos dice: "Sed, pues, imitadores de Dios como hijos amados" (Efesios 5:1).

El que no vive por integridad, vive de forma contraria a la naturaleza de Dios. ¿Por qué cualquiera a quien se le haya dado una gracia tan asombrosa querría vivir de forma distinta del carácter de él? En alguien que coherentemente muestra falta de integridad, es cuestionable, y de hecho es hasta dudoso, si esa persona realmente ha sido salva por gracia, porque su fruto demuestra que no tiene la naturaleza de él. Jesús deja esto muy claro al decir: "Así que, por sus frutos los conoceréis" (Mateo 7:20). Así es como identificamos a alguien que es verdaderamente salvo por gracia.

Permita que llegue ahora a la comparación final que Jesús brinda en este capítulo.

> Oísteis que fue dicho: Amarás a tu prójimo, y aborrecerás a tu enemigo. Pero yo os digo: Amad a vuestros enemigos, bendecid a los que os maldicen, haced bien a los que os aborrecen, y orad por los que os ultrajan y os persiguen; para que seáis hijos de vuestro Padre que está en los cielos, que hace salir su sol sobre malos y buenos, y que hace llover sobre justos e injustos.
>
> —Mateo 5:43-45

En esta comparación, la frase clave es "para que seáis hijos de vuestro Padre que está en los cielos". Nuestro verdadero yo después del nuevo nacimiento, una vez que hemos recibido gracia sobre gracia, incluye la naturaleza y las características del propio Dios. Debo repetir: no somos pecadores que solo han sido perdonados por gracia. Somos los hijos e hijas de Dios que poseemos su naturaleza, por lo que se nos exhorta a ser imitadores de él.

Es más, Jesús completa sus comparaciones e instrucciones coronando todo lo que ha afirmado con lo que sigue a continuación:

Sed, pues, vosotros *perfectos*, como vuestro Padre que está en los cielos es *perfecto*.

—Mateo 5:48, énfasis añadido

¡Hemos de ser *perfectos*, como Dios Padre lo es! Yo solía pasar rápidamente sobre la palabra *perfectos* convenciéndome a mí mismo de que Jesús solo estaba estableciendo una meta para nosotros que ciertamente no podríamos alcanzar; solo debíamos hacer todo lo que pudiéramos.

Sin embargo, más adelante pensé: *Bien, quizá él esté diciendo que así seremos cuando lleguemos al cielo.* Esto parecía mejor, ya que cómo podríamos siquiera soñar con tener la meta de ser perfectos en carácter como Dios. Parecía demasiado disparatado para comprenderlo.

No obstante, si examinamos verdaderamente lo que él está diciendo, es asombroso. La palabra perfecto aquí viene del vocablo griego *teleios*. Joseph H. Thayer define esta palabra como "llevado a su fin, terminado; que no carece de nada necesario para ser completo; perfecto".

Observemos la palabra "sed". No dice "deberías ser" ni algo como "sería bueno que seas". Sin embargo, seremos sabios si conocemos y seguimos las que indican "deberíais"; pero seremos necios si tomamos a la ligera las que dicen "sed".

Examinar otras traducciones de la Biblia no revela nada distinto. No podemos pasar por alto lo que él nos manda. Insisto, no es una sugerencia, recomendación, ni siquiera una meta fuera de nuestro alcance. Es un mandato.

Por eso Pablo escribe: "Porque la gracia de Dios se ha manifestado para salvación a todos los hombres, enseñándonos que, renunciando a la impiedad y a los deseos mundanos, vivamos en este siglo sobria, justa y piadosamente" (Tito 2:11-12). La gracia no solo nos enseña sino que también nos capacita para vivir por encima de nuestro propio potencial humano: de modo extraordinario. Hemos nacido de nuevo; somos personas totalmente nuevas; somos hijos e hijas de Dios.

¿POR QUÉ ESTAMOS FALLANDO?

Me estaba preparando para una entrevista en un programa de televisión internacional. Mientras oraba en mi habitación del hotel, clamé a Dios, preguntándole por qué había tanto fracaso moral en la iglesia. "¿Por qué, Dios, hay tantos, incluso líderes, que están cayendo en flagrantes patrones de pecado?".

Oí al Espíritu Santo decir: *Eso es debido a lo que tú has enseñado*. (Sentí que su referencia a "tú" no estaba limitada a mí, sino al liderazgo colectivo de la iglesia). Luego pasó a mostrarme que las palabras son semillas y que estas siempre producen según su propia especie. Es una ley obvia: si plantamos una semilla de manzano, no crecerá un arce. Si plantamos una semilla de mango, no conseguiremos un algodonero. La semilla producirá según su propia naturaleza.

Si enseñamos y predicamos mensajes contrarios a la Palabra de Dios, diciéndole a la gente cosas como: "No somos nada más que pecadores. No tenemos remedio", entonces ellos no tendrán la capacidad de caminar en el poder de la naturaleza de él: el poder de la gracia. Recordemos que mediante las grandiosas y preciosas promesas (semillas) es como nos convertimos en participantes de la naturaleza divina. La libre capacitación de la gracia se transfiere mediante *palabras*. Lo contrario también es cierto: la no capacitación se libera mediante palabras (semillas). Las palabras que salen de nuestros púlpitos, libros, grabaciones y conversaciones personales producirán según su propia clase; puesto que ¡son semillas! Ahora bien, en vez de que las personas caminen en la plenitud de la naturaleza de Dios, tenemos muchos que viven en la debilidad de su carne. En esencia, hemos arrebatado su poder a la simiente incorruptible.

Puede que piense: *Muy bien, John, ¡ya ha ido demasiado lejos! ¿Cómo es posible que crea que las enseñanzas del hombre pueden anular el poder de la obra de Dios en la vida de una persona?*

Encuentro la respuesta en las palabras de Jesús. Él les dijo a los líderes de su época algo muy parecido a lo que me dijo a mí en aquella habitación de hotel:

Invalidando la palabra de Dios con vuestra tradición que habéis transmitido. Y muchas cosas hacéis semejantes a estas.

—Marcos 7:13

"La Palabra de Dios" de la que Jesús habla representa su poder para cambiar la vida del individuo. ¡Este poder puede ser invalidado! Nos parece increíble cuando lo pensamos. Las estrellas por las cuales los marineros han establecido su curso durante generaciones, el sol que ha dado luz y calor a nuestra atmósfera por miles y miles de años, y las constelaciones que han estado brillando por más tiempo del que los seres humanos pueden recordar, pueden desvanecerse y morir antes de que la Palabra de Dios pueda fallar. ¡La Palabra de Dios es tan poderosa que sustenta todas las cosas creadas! Y es tan poderosa que Dios la ha exaltado aun por encima de su nombre (ver Salmos 138:2). Por poderosa que su Palabra sea, aun así hay una sola cosa que puede invalidar su poder, ¡y son las enseñanzas que hay en los corazones de los hombres que son contrarias a la verdad!

El poder de la Palabra de Dios ha sido anulado en las vidas de las personas por enseñanzas y conceptos contrarios que han sido sembrados en sus mentes. Han sido refrenados para que no lleguen a madurar como su Padre celestial, que es perfecto. Nuestras tradiciones, nuestras enseñanzas hechas por el hombre que son contrarias a la Escritura, han impedido el progreso espiritual. Jesús pagó un alto precio por nuestra completa salvación, sin embargo, algunas tradiciones evangélicas pueden invalidar su poder.

¿Es usted uno de los muchos que se ha sentido desamparado, desalentado y desanimado en su caminar con Dios? ¿Ha sentido una verdadera desconexión con respecto a una íntima relación con él? ¿Se ha preguntado profundamente: "¿Ah, acaso hay más?". Es muy probable que se le haya dicho correctamente que usted es perdonado y salvo de la muerte eterna, pero está recogiendo una cosecha de semillas corruptibles inspiradas por el hombre en su corazón y su mente. ¡La autoridad de la Palabra de Dios ha sido anulada en su vida!

Si eso lo describe a usted, tengo estupendas noticias. Su vida puede ser totalmente cambiada por el poder de la gracia de Dios. Su cosecha está a punto de cambiar porque usted se está alimentando de la Palabra de Dios y no de las tradiciones de los hombres. Una vida piadosa, según la Escritura, comienza con creer correctamente. Si su fundamento ha estado equivocado, no ha tenido nada sobre lo cual edificar. Su Palabra está a punto de cambiar eso. ¡Prepárese para lo extraordinario!

Reflexiones para un viaje extraordinario

¿Cree usted que mediante la enseñanza incorrecta u otros medios ha recibido alguna semilla corruptible? Si es así, ¿cuál es la semilla incorruptible —la Palabra de Dios— que necesita sustituir a la mala semilla?

¿Qué puede hacer, de ahora en adelante, para asegurarse de que su vida esté llena de más y más buena semilla?

8

NOVEDAD DE VIDA

UNA VEZ QUE DESCUBRÍ que la gracia incluye no solo el sorprendente perdón de Dios y la promesa del cielo sino también su capacitación, mi vida cambió de modo dramático. Antes de eso, batallaba con el pecado, me parecía que muchas de las instrucciones de Dios eran demasiado difíciles de cumplir, luchaba con la inferioridad y una mala autoimagen, además me preguntaba por qué había tan poco fruto eterno en mi vida. Sin embargo, cuando llegué a entender que ahora poseía la naturaleza de él, mi vida se estabilizó, fluyeron bendiciones y mi impacto en otros para el reino aumentó.

Una ilustración de cómo cambié sería mi experiencia con mi primera computadora portátil. Recuerdo que encendí la máquina y moví el cursor por varios programas, pero podía hacer muy poco.

Algún tiempo después, me senté con un experto en computadoras que comenzó a enseñarme lo que era posible hacer. Abrumado por lo que estaba viendo, lo detuve y le pregunté: "¿Quieres decir que yo puedo hacer todo eso?".

Él respondió: "Podrías haberlo hecho desde el principio".

Entonces hizo otra sorprendente hazaña en mi computadora, en un programa diferente, por lo que le pregunté de nuevo: "¿Puedo yo hacer eso también?".

Con una sonrisa, me dijo: "Podrías haberlo hecho desde el principio".

¿Qué estaba sucediendo? Ese hombre solo estaba revelando las capacidades de mi computadora que habían estado ahí desde el principio, pero que para mí estuvieron ocultas debido a la falta de conocimiento. Dios dice: "Por tanto, mi pueblo fue llevado cautivo, porque no tuvo conocimiento" (Isaías 5:13). Muchos están cautivos, sufriendo derrotas en la vida como lo estuve yo, porque no poseen el conocimiento del poder de la gracia en su vida. Esto no es nada distinto a lo que le pasó a nuestro hombre que llegó a la isla desierta. Él tenía todo lo que necesitaba para vivir exitosamente durante los dos meses restantes, pero carecía del conocimiento de una de las principales funciones del revólver.

La ignorancia de la Palabra de Dios puede ir más lejos de la cautividad a algo peor: "Mi pueblo fue destruido, porque le faltó conocimiento" (Oseas 4:6). ¿Cuántos creyentes han naufragado en su fe después de intentar agradar a Dios con sus propias fuerzas y capacidades? Lo fundamental: los cristianos no están prosperando, y hasta están pereciendo en su caminar, porque han creído lo que los hombres han enseñado por tradición, los caprichosos sentimientos o un cristianismo intelectual en lugar de buscar lo que Dios declara en su Palabra escrita.

Se dijo de los primeros cristianos en Berea que eran "más nobles que los que estaban en Tesalónica, pues recibieron la palabra con toda solicitud, escudriñando cada día las Escrituras para ver si estas cosas eran así" (Hechos 17:11). La Nueva Versión Internacional afirma: "Estos eran *de sentimientos más nobles*". Pablo llevó a esas personas la revelación que le dio Dios, pero ellos no solo la tomaron por las apariencias. Ellos estudiaron diligentemente las Escrituras para validar lo que él les enseñaba, por lo que Dios dijo que ellos "eran *de sentimientos más nobles*".

Entiendo que Dios da revelación a maestros dotados que lo buscan diligentemente. Sin embargo, a pesar de lo emocionante que sea la enseñanza, deberíamos estudiarla por nosotros mismos para ver si las Escrituras respaldan lo que se afirma. Yo he estado en servicios de iglesias grandes y populares en las que he oído a hombres hacer disparatadas afirmaciones como: "No se preocupen demasiado por las decisiones que tomen; muchos caminos equivocados finalmente conducirán a la voluntad de Dios en sus vidas porque él siempre nos encuentra". O: "Nosotros los cristianos seguimos siendo pecadores, pero hemos sido perdonados por gracia". La mayoría en la congregación sonríe y asiente con la cabeza: ellos dan por sentado lo que se dice porque parece tener cierta lógica. Pero entonces se preguntan por qué batallan tanto en sus vidas. ¿Es que nunca han leído la exhortación de Dios, que dice: "No te apoyes en tu propia prudencia" (Proverbios 3:5)?

Se han plantado semillas corruptibles en sus corazones, porque las palabras son contrarias a lo que Dios dice en la Escritura. Sin embargo, ellos reciben esas palabras como evangelio; no estudian la Palabra de Dios, especialmente el Nuevo Testamento, para descubrir que los creyentes no son pecadores que batallan y que toman caminos erróneos pero, debido a la gracia, terminan en caminos correctos. No han recordado que Dios dice: "Todo lo que el hombre sembrare, eso también segará" (Gálatas 6:7). Ellos fallan al no escudriñar la verdad de que *ahora* somos hijos de Dios y que, tal como él es, ¡así somos nosotros en este mundo!

Seamos como los creyentes de Berea, ya sea que estemos predicando o que estemos escuchando la predicación. Antes de pasar a predicar, yo me aseguro de haber meditado profundamente en el mensaje con respecto a todo el consejo de la Palabra de Dios. Por lo general empleo muchos pasajes bíblicos, pero siempre —al menos dos o tres—, los uso para respaldar cada afirmación que hago. ¿Por qué querría yo representar mal a Dios y después rendir cuentas ante su trono de juicio por la forma en que me equivoqué o no capacité a su pueblo?

Si está usted leyendo un libro o escuchando enseñar a alguien, piense en lo que está aprendiendo. ¿Está el contenido en consonancia con la Escritura (y no solo uno o dos versículos, sino el contenido global de la Palabra de Dios)? No acepte todo lo que se le diga solo porque un pastor lo haya dicho. ¡Estúdielo, analícelo, pruébelo! Una vez que vea que es verdad, acéptelo y no lo dude. Entregue su vida a ello. Dios dice que los que hacen eso son sensatos y hasta "de sentimientos más nobles".

EL DOMINIO DEL PECADO ESTÁ ROTO

Oigamos de nuevo lo que afirma el escritor de la Carta a losHebreos: "Tengamos gratitud, y mediante ella sirvamos a Dios agradándole con temor y reverencia" (12:28). La gracia es un don gratuito que nos capacita para servir a Dios de una manera que es aceptable, sí, agradable, a él. Una que nos eleve a una vida extraordinaria.

Esta capacitación se ve, en primer lugar y sobre todo, en que se da a nuestro ser las características innatas de Jesús. La Escritura declara que Dios nos recreó "para que fuesen hechos conformes a la imagen de su Hijo" (Romanos 8:29). Otra versión dice para que fuésemos *como su propio Hijo*, a fin de que su Hijo fuera el primero de muchos hijos. Fuimos renacidos a la exacta imagen y semejanza de Jesucristo en nuestra persona interior, por ese motivo él es llamado el primogénito entre muchos hermanos y hermanas.

Hace un tiempo, estuve ayunando y orando por unos días en las montañas de Colorado. Unos amigos me permitieron quedarme en su cabaña, que estaba en medio de la nada. Todo lo que me rodeaba era naturaleza y belleza.

En ese ayuno pude oír en mi espíritu la siguiente orden: *Lee Romanos 6.* Me resulta triste decir que fueron necesarias varias repeticiones de esas mismas palabras en mi corazón antes de que yo al fin me sentara y lo leyera. Cuando lo hice, este pasaje pareció saltar de la página:

> Porque el pecado no se enseñoreará de vosotros; pues no estáis bajo la ley, sino bajo la gracia.
>
> —Romanos 6:14

Aquello me intrigó, ¿por qué no debería el pecado enseñorearse de nosotros? Porque ya no poseemos una naturaleza de pecado que esté viviendo bajo meras restricciones, sino que hemos entrado en la capacitación de Dios, poseyendo la naturaleza del propio Jesús.

¡Somos libres del poder del pecado! Lea de nuevo el versículo anterior, ¡porque son noticias extraordinarias! La Palabra de Dios, *la verdad*, está declarando que la murmuración, la calumnia y la mentira ya no tienen dominio sobre usted. El adulterio, el sexo fuera del matrimonio, la homosexualidad, la pornografía o cualquier otra impureza ya no le dominan. El odio, la amargura, la falta de perdón, el prejuicio y la envidia ya no le controlan. La ira incontrolada, el enojo y los arrebatos de ira han perdido su autoridad en su vida. El robo, el abuso de sustancias y la adicción al alcohol ya no son amos de su voluntad. La desobediencia a la autoridad, la terquedad y la insubordinación han perdido su dominio sobre usted. Y la lista continúa. Usted no tiene por qué rendirse a tales pecados nunca más porque ahora está bajo la capacitación de la gracia.

Considérelo de este modo: antes usted era cautivo por su propia naturaleza a algunas de esas cosas, si no a todas ellas, y era incapaz de llevar una vida piadosa. Jesús llegó y abrió la puerta de la cárcel. Él tomó las llaves del poderoso dominio del pecado y ahora usted puede salir de la cárcel. Ya no es usted un esclavo del pecado. ¡Es libre y es hijo de Dios!

¿POR QUÉ ALGUNOS AÚN BATALLAN?

Entonces, ¿por qué tantos creyentes todavía batallan y hasta son controlados por esas áreas de pecado? ¿Por qué no son libres? Responderé estas importantes preguntas a medida que avancemos en el libro, pero para comenzar, examinemos lo que revela Romanos 6:

> ¿Qué, pues, diremos? ¿Perseveraremos en el pecado para que la gracia abunde? En ninguna manera. Porque los que hemos muerto al pecado, ¿cómo viviremos aún en él? ¿O no sabéis que todos los que hemos sido bautizados en Cristo Jesús, hemos sido bautizados en su muerte? (vv. 1-3).

Cuando lea las palabras "hemos sido bautizados", no piense solo en bautismo en agua. El vocablo *bautizar* viene de la palabra griega *baptizo*. Y se define como "sumergir; inundar". La mayoría de las veces, *baptizo* se utiliza en la Escritura en referencia al bautismo en agua, sin embargo, hay otras ocasiones en que se emplea para representar una inmersión en otra cosa. Lo vemos con claridad en Hebreos, donde el escritor habla de "la doctrina de bautismos" (6:2). Obviamente, debe haber más de un bautismo (o inmersión). Por ejemplo, está el bautismo del Espíritu Santo (ver Lucas 3:16), el bautismo en el cuerpo de Cristo (ver 1 Corintios 12:13), y el bautismo de sufrimiento. Jesús les dijo a Santiago y a Juan: "¿Podéis...ser bautizados con el bautismo con que yo soy bautizado?" (Marcos 10:38). Él no se estaba refiriendo al bautismo en agua, el cual ya había realizado, sino al bautismo (inmersión) de entregar su vida por causa del reino.

Conscientes de que el bautismo tiene varios significados, leamos de nuevo los pasajes anteriores, sustituyendo la palabra *bautizados* por *sumergidos*. Hemos sido hechos uno con Cristo Jesús al ser sumergidos en él. Jesús describe esta unidad diciendo: "Yo en ellos, y tú en mí, para que sean perfectos en unidad" (Juan 17:23). Usted y Jesús ya no son dos sino uno. Al igual que uno no puede separar una vid de sus ramas, tampoco puede separarse de la unidad con Cristo. Ahora estamos muertos al pecado porque estamos en Cristo, poseyendo su naturaleza. Sigamos leyendo:

> Porque somos sepultados juntamente con él para muerte por el bautismo, a fin de que como Cristo resucitó de los muertos por la gloria del Padre, *así también nosotros andemos en vida nueva.*
>
> —Romanos 6:4, énfasis añadido

¡Tenemos el poder de llevar vidas nuevas! Piénselo de este modo. Cuando usted entregó su vida a Jesús, murió espiritualmente con él, y fue sepultado con él; y, al igual que él fue resucitado de la muerte por el poder de Dios, ese mismo poder ha infundido en usted la naturaleza resucitada de Jesús.

¡Todo eso fue hecho por el poder milagroso de Dios! Si usted intenta entender esto con su mente natural, será tan difícil como intentar comprender cómo un hombre y una mujer literalmente son una sola carne cuando están casados. Es un misterio para nuestro entendimiento humano; pero, sin embargo, es real. Usted es literalmente sumergido "en Cristo". Ya no posee una naturaleza de pecado, sino la naturaleza de él. Por eso podemos vivir en novedad de vida. Oiga estas felices palabras:

> Sabiendo esto, que nuestro viejo hombre fue crucificado juntamente con él, para que el cuerpo del pecado sea destruido, a fin de que no sirvamos más al pecado. Porque el que ha muerto, ha sido justificado del pecado.
>
> —Romanos 6:6-7

¡Somos liberados del poder del pecado! Ya no nos sujeta; ya no tenemos una naturaleza pecaminosa, ¡tenemos la naturaleza divina! (Estoy repitiendo esta afirmación, a menudo, a propósito para que se convierta en algo más que solo un pensamiento y se fije en su conciencia). ¡El pecado ha perdido su control sobre nuestras vidas!

Así también vosotros consideraos muertos al pecado, pero vivos para Dios en Cristo Jesús, Señor nuestro. No reine, pues, el pecado en vuestro cuerpo mortal, de modo que lo obedezcáis en sus concupiscencias; ni tampoco presentéis vuestros miembros al pecado como instrumentos de iniquidad, sino presentaos vosotros mismos a Dios como vivos de entre los muertos, y vuestros miembros a Dios como instrumentos de justicia. Porque el pecado no se enseñoreará de vosotros; pues no estáis bajo la ley, sino bajo la gracia (vv. 11-14).

El pecado ya no es nuestro amo, ¡porque se nos ha dado una nueva vida! Jesús ha abierto las puertas de la cárcel. Ahora somos libres para vivir en su extraordinaria vida puesto que la gracia nos ha capacitado con la naturaleza de él.

¿Ve usted el potencial de la gracia?

LA ELECCIÓN SIGUE SIENDO NUESTRA

Antes de que estuviéramos en Cristo, éramos esclavos del pecado y no teníamos poder sobre él. Ahora sí lo tenemos. Podemos decidir someternos al pecado o podemos caminar en gracia libres del pecado. Por esa razón, es anormal que un cristiano peque, mientras que no lo es para una persona que nunca haya recibido a Jesucristo como Señor. Los cristianos tienen poder sobre el pecado porque poseen la naturaleza de Jesús. La persona no salva solo opera por su propia naturaleza de pecado. Por eso Dios les dice a los cristianos, a través del apóstol Pablo, lo siguiente:

¿Qué, pues? ¿Pecaremos, porque no estamos bajo la ley, sino bajo la gracia? En ninguna manera. ¿No sabéis que si os sometéis a alguien como esclavos para obedecerle, sois esclavos de aquel a quien obedecéis, sea del pecado para muerte, o sea de la obediencia para justicia?

—Romanos 6:15-16

Dios no lo liberó a usted del pecado para que pudiera continuar pecando y ser perdonado, sin cosechar sus consecuencias. No, ¡mil veces no! Dios lo libertó del pecado para que pudiera ciertamente ser libre de él, a fin de que pudiera caminar en verdadera santidad, como lo hizo Jesús.

La meta del verdadero creyente *no* es pecar. Sin embargo, si pecamos (observe que dije "si", y no "cuando"), seguimos encontrando perdón en su provisión de gracia. Juan escribe: "Hijitos míos, estas cosas os escribo para que no pequéis; y si alguno hubiere pecado, abogado tenemos para con el Padre, a Jesucristo el justo" (1 Juan 2:1). ¿Observó la frase: "para que no pequéis"? ¿Se puede decir con más claridad?

Antes de nacer de nuevo, usted podría haber tenido la meta de no pecar, pero eso habría sido imposible porque pecar definía su carácter. Ahora usted está capacitado con el carácter y la naturaleza de Cristo para vivir libre del pecado. Sin embargo, si escoge practicar lo malo, cosechará las consecuencias y perderá su libertad. Escuche otra vez lo que Pablo les dice a los cristianos:

¿No sabéis que si os sometéis a alguien como esclavos para obedecerle, sois esclavos de aquel a quien obedecéis, sea del pecado para muerte, o sea de la obediencia para justicia? Pero gracias a Dios, que aunque erais esclavos del pecado, habéis obedecido de corazón a aquella forma de doctrina a la cual fuisteis entregados; y libertados del pecado, vinisteis a ser siervos de la justicia.

—Romanos 6:16-18

La gracia nos capacita para ser gratos a Dios, ¡para tener una vida extraordinaria! Sin embargo, si decidimos no caminar en nuestra nueva naturaleza y cedemos continuamente al pecado, entonces renunciamos a nuestra libertad y volvemos a estar cautivos.

Por tanto, en esencia, hemos recibido la gracia de Dios en *vano*. Pablo exhortó: "Así, pues, nosotros, como colaboradores suyos, os exhortamos también a que no recibáis en vano la gracia de Dios" (2 Corintios 6:1). Recibir algo en vano es no utilizar su pleno potencial. Si la gracia fuese solamente un encubrimiento, entonces lo que Pablo escribió aquí no tendría ningún sentido. Sin embargo, cuando entendemos la gracia como verdaderamente es —*la capacitación inmerecida de Dios, la cual nos da la habilidad para hacer lo que la verdad demanda de nosotros*—, entonces podemos entender la incapacidad de la gracia para producir algún resultado o fruto cuando es recibida en *vano*.

Insisto, esto es lo que Pablo les dice a los romanos: "¿No sabéis que si os sometéis a alguien como esclavos para obedecerle, sois esclavos de aquel a quien obedecéis?" (Romanos 6:16). Estas son palabras muy fuertes para los cristianos. ¿Podría él haber exagerado esta frase? La respuesta es un no rotundo; veamos lo que él dice un poco más adelante en la misma carta:

> Así que, hermanos... porque si vivís conforme a la carne, moriréis.
>
> —Romanos 8:12-13, énfasis añadido

Vuelvo a insistir, no hay duda de que él está hablando a cristianos (considere la palabra "hermanos"). Por tanto, ¿qué quiere decir Pablo con "moriréis"? Desarrollaré esto más adelante, pero por ahora seamos conscientes de que, según lo que acabamos de leer, podemos volver a caer en la esclavitud del pecado. ¿Quién querría eso?

ARREPENTIMIENTO

En este punto puede que usted se sienta temeroso y hasta se diga: "Ah, oh, ¡pero yo he hecho eso! ¡He pecado repetidas veces!". Vuelva a meditar en la buena noticia que compartimos en un capítulo anterior: "Si confesamos nuestros pecados, él es fiel y justo para perdonar nuestros pecados, y limpiarnos de toda maldad" (1 Juan 1:9). Confesar nuestros pecados no significa simplemente pronunciar con sinceridad: "He pecado. Lo siento. Por favor, per-dóname". No; si usted estudia las Escrituras, comprenderá que hay otra clave: el *arrepentimiento*.

El arrepentimiento en el Nuevo Testamento difiere del que se ve en el Antiguo Testamento. La gente vestía hábitos y ceniza en el Antiguo Testamento para mostrar su sinceridad. Insisto, debido a su dureza de corazón, esa era una forma aparente de humillarse. El arrepentimiento del Nuevo Testamento tiene que ver con la *verdad* y representa un completo cambio de mente o de corazón. Es cuando lamentamos profundamente haber herido el corazón de Dios y, por consiguiente, nos comprometemos a obedecer su deseo en esa área.

Pablo tuvo que corregir con dureza a los creyentes de Corinto y al hacerlo les produjo una profunda tristeza. Lo siguiente es lo que él escribió sobre cosas dichas en una carta anterior:

> Ahora me gozo, no porque hayáis sido contristados, sino porque fuisteis contristados para arrepentimiento.
>
> —2 Corintios 7:9

Pablo fue muy firme y no los dejó escapar sin ser corregidos de su error. Sin embargo, notemos que su profundo remordimiento les había hecho cambiar sus caminos. Eso fue verdadero arrepenti-miento: un cambio de corazón y la determinación de no seguir los dictados de su carne sino los de su nueva naturaleza en Jesucristo. Ahora veamos lo que Pablo también les dice a esos creyentes:

> Porque habéis sido contristados según Dios…Porque la tristeza que es según Dios produce arrepentimiento para salvación, de que no hay que arrepentirse; pero la tristeza del mundo produce muerte (vv. 9-10).

Observe que Pablo dice "pero la tristeza del mundo produce muerte". Otra vez utiliza la palabra *muerte* para tratar con cristia-nos que no han seguido su naturaleza interior sino que se han ren-dido a su carne.

Pablo destaca que después de confesar verdaderamente los peca-dos, hay otro ingrediente clave para el creyente que quiere libertad después de regresar a la esclavitud del pecado tras el arrepentimiento: un verdadero cambio de corazón.

Puede que ahora usted se cuestione por qué, si está hablando a cristianos, Pablo dice: "La tristeza que es según Dios produce arrepentimiento *para salvación*". La palabra *salvación* aquí no significa "nacer de nuevo". El vocablo griego que se utiliza es *soteria*, que se define como "rescatar, liberar, seguridad y salud". Enfoquémonos en la definición de "liberar", la cual deja claro que Pablo no les estaba escribiendo a esos cristianos para decirles que habían obtenido un nuevo billete para el cielo. Él les dijo que su profunda tristeza piadosa les había conducido a un genuino arrepentimiento (cambio de corazón y de mente), el cual los *libró* de la cautividad del pecado.

Se necesita tanto confesión como arrepentimiento para liberar al creyente de la sujeción del pecado.

MISERICORDIA CONTRA GRACIA

El escritor de Proverbios confirma esto:

> El que encubre sus pecados no prosperará;
> mas el que los confiesa y se aparta alcanzará misericordia.
> —Proverbios 28:13

Por tanto, de nuevo vemos que no es solo confesar, sino confesar y abandonar (lo cual es un genuino arrepentimiento), para que goce de prosperidad y libertad.

Observe que la palabra que se usa es *misericordia* y no *gracia*. La diferencia en significado entre las dos se explica fácilmente:

> Gracia es cuando obtenemos lo que no merecemos.
> Misericordia es cuando no obtenemos lo que sí merecemos.

La misericordia se manifiesta cuando no obtenemos justicia por nuestro pecado. La gracia, por otro lado, es poder impartido que no merecemos y que nos libera de la tiranía del pecado.

Un buen ejemplo de eso en los evangelios sería el de la mujer agarrada en el acto de adulterio. Los zelotes religiosos la arrastraron hasta donde estaba Jesús, en la plaza exterior del templo, para apedrearla en público. La ley decía que ella debía ser lapidada. Ellos sabían que él había estado enseñando el perdón, por lo que esperaban revelar un defecto en su doctrina.

Jesús dice: "El que de vosotros esté sin pecado sea el primero en arrojar la piedra contra ella" (Juan 8:7). Ah, cómo me gustaría haber estado allí para observar a aquellos líderes comenzando a alejarse en silencio, uno por uno, empezando por el más viejo, hasta que quedó solamente Jesús con la mujer.

"Mujer, ¿dónde están los que te acusaban? ¿Ninguno te condenó? Ella dijo: Ninguno, Señor".

¿Por qué le llamó ella "Señor"? Yo creo, particularmente, que cuando él estaba delante de ella y ella vio los ojos de su Creador Dios manifestado en la carne, su corazón fue muy afectado; por lo que creyó en él.

"Entonces Jesús le dijo: Ni yo te condeno" (vv. 10-11).

Como Jesús no tenía pecado, poseía el poder de condenarla; tanto que pudo haber ejercido justicia lanzando la piedra en ese momento. Pero triunfó la misericordia, por eso dijo: "Ni yo te condeno".

Entonces Jesús le indicó: "Vete y no peques más" (v. 11). Esas últimas palabras comunicaban su gracia, por tanto, ella estaba entonces capacitada. Puesto que leemos: "Porque nada hay imposible para Dios" (Lucas 1:37). Sus palabras "vete y no peques más" llevaban el poder necesario para su cumplimiento. Sus palabras le dieron a ella la capacidad de llevar a cabo lo que decían. La gracia le dio lo que ella no merecía.

Así que, insisto, *gracia* es obtener lo que no merecemos, mientras que *misericordia* implica no obtener lo que sí merecemos. Muchos cristianos han unido las dos palabras y les han asignado a ambas el mismo significado. ¿Le estoy buscando mangas al chaleco aquí o es solo *semántica*? De ninguna manera. Veámoslo de la manera siguiente: supongamos que usted juega fútbol y baloncesto con las mismas reglas, las del fútbol. En cuanto al fútbol irá bien, sin embargo, en el baloncesto usted perderá la singularidad del deporte además de sufrir numerosas lesiones. Asimismo hemos perdido el poder de la identidad de la gracia porque muchos la han combinado con la misericordia. También hemos sufrido muchas lesiones al jugar a la gracia con las reglas de la misericordia.

Por esa razón, los escritores a menudo inician sus epístolas en el Nuevo Testamento con: "Gracia, misericordia y paz, de Dios nuestro Padre y de Cristo Jesús nuestro Señor…" (ver 1 Timoteo 1:2; 2 Timoteo 1:2; Tito, 1:4; 2 Juan 1:3).

Aquellos escritores, así como otros, distinguen gracia de misericordia; para que la extraordinaria verdad de ambas no se pierda. Así es como podemos vivir una vida poderosa, libre de condenación. La gracia nos da el poder para vivir, y la misericordia nos mantiene libres de culpabilidad, condenación y vergüenza, todas las cuales intentan hacernos regresar a la sujeción del pecado.

Confirmemos esto con la Escritura. Con respecto a la misericordia, Jesús dice: "Y si supieseis qué significa: *Misericordia* quiero, y no sacrificio, no *condenaríais* a los inocentes" (Mateo 12:7). Puede usted ver que la misericordia nos libera de condenación y mantiene nuestra conciencia limpia del juicio que merecemos. Se nos dice: "Ahora, pues, ninguna condenación hay para los que están en Cristo Jesús" (Romanos 8:1). ¡Qué asombrosa misericordia nos ha mostrado Dios! Por otro lado, veamos cómo es diferenciada la gracia:

> Acerquémonos, pues, confiadamente al trono de la gracia, para alcanzar *misericordia* y hallar *gracia* para el oportuno socorro.
> —Hebreos 4:16, énfasis añadido

La misericordia se da por nuestros fracasos, por los pecados de los que nos hemos arrepentido. Sin embargo, la gracia se da para ayudar, para capacitarnos. Qué gran salvación nos ha dado nuestro Padre: ¡Completa y sin faltar de nada!

Reflexiones para un viaje extraordinario

En sus propias palabras, describa la diferencia entre *misericordia* y *gracia*.

"Se necesita tanto confesión como arrepentimiento para liberar al creyente de la sujeción del pecado" (ver página 105). ¿Existen áreas de lucha en su vida que necesiten una *confesión* sincera y además la profunda tristeza piadosa de un cambio de corazón por el *arrepentimiento*?

SANTIDAD

Es la gracia de Dios la que nos perdona todos nuestros pecados, nos salva de la muerte eterna, nos da una herencia en el cielo, nos hace uno con Cristo, imparte su naturaleza divina, nos da el Espíritu Santo y nos bendice con toda bendición espiritual:

> Bendito sea el Dios y Padre de nuestro Señor Jesucristo, que nos bendijo con toda bendición espiritual en los lugares celestiales en Cristo... para alabanza de la gloria de su gracia, con la cual nos hizo aceptos en el Amado.
>
> —Efesios 1:3, 6

Toda bendición es resultado del favor inmerecido de Dios: la gloria de su gracia. ¡Nuestra salvación es totalmente completa! Él no ha dejado nada por hacer.

Está bastante claro que la gracia es el regalo inmerecido que nos da Dios, el cual surge de su abundante amor y su piadoso favor. Se podría escribir muchísimo sobre eso, pero este libro se enfoca en la capacitación de la gracia. Continuemos aprendiendo más.

LA SANTIDAD ES IMPORTANTE

Uno de los frutos de la gracia es la santidad, de la cual no se habla mucho en nuestras iglesias en estos tiempos. Yo creo que se debe a dos razones. En primer lugar, culpo a los predicadores viles o legalistas que han abusado de muchos que verdaderamente querían agradar a Dios. Esos zelotes han reducido la santidad a un estilo de vida tímido y le han quitado a la vida la alegría. Eso, desde luego, está lejos del corazón de Dios. Por dicha, un buen número de personas ha encontrado la libertad de esa tiranía, aunque no sin consecuencias. Uno de los resultados más dañinos es que ahora retroceden cuando oyen mencionar la santidad.

El proverbio "gato escaldado teme al agua fría" ilustra que cuando las personas han sido quemadas por algo, tienen temor a cualquier cosa que se parezca a aquello que los quemó. Qué trágico, pero eso es exactamente lo que ha sucedido con tantas personas que resultaron escaldadas por la "santidad" legalista. Ahora temen la verdadera santidad, la cual es muy beneficiosa.

En segundo lugar, en un tono totalmente distinto, la verdadera santidad requiere esfuerzo de nuestra parte, lo cual muchos no están dispuestos a hacer. Debido a que debemos cooperar con la gracia de Dios para producir el fruto de la santidad en nuestras vidas, muchos ministros, o de modo inconsciente o a propósito, evitan predicarlo para evitar perder el atractivo del evangelio. Muchos occidentales preferirían tener un evangelio fácil que no requiera trabajo en lugar del verdadero evangelio. Seamos sinceros: Uno no se embarca de modo despreocupado en una vida semejante a la de Cristo. Pablo dice: "Es necesario que a través de muchas tribulaciones entremos en el reino de Dios" (Hechos 14:22).

La verdadera santidad es un tema muy atrayente e importante. Jesús no regresará a buscar una iglesia contaminada y mundana, sino una "que no tenga mancha ni arruga ni cosa semejante". La iglesia ha de ser "santa y sin mancha" (Efesios 5:27). Por tanto, si Jesús regresa a buscar una iglesia santa, entonces yo, sin ninguna duda, quiero saberlo todo sobre la santidad.

También se nos dice que sin santidad nadie verá al Señor (ver Hebreos 12:14). ¿Por qué es esto tan importante, no solo en la vida venidera sino también en esta presente? Una de mis promesas favoritas en la Escritura es que Dios dice que los vencedores verán su rostro (ver Apocalipsis 22:4-5). ¡Qué maravilloso! Aunque se le negó incluso a Moisés, nosotros tendremos el privilegio de contemplarlo delante del trono de él.

Con respecto a esta vida, somos transformados a la imagen de Jesucristo de gloria en gloria tal como le contemplamos, o lo vemos, a él (ver 2 Corintios 3:18). Si lo estamos viendo en nuestros corazones ahora, no podemos ser cambiados a su imagen y, en esencia, nos estamos volviendo más religiosos a medida que nuestro conocimiento aumenta. Recibir conocimiento sin transformación es una combinación peligrosa. Yo no quiero participar de eso.

PUREZA SEXUAL

Oigamos la fuerte exhortación de Pablo:

> Por lo demás, hermanos, les pedimos encarecidamente en el nombre del Señor Jesús que sigan progresando en el modo de vivir que agrada a Dios, tal como lo aprendieron de nosotros. De hecho, ya lo están practicando. Ustedes saben cuáles son las instrucciones que les dimos de parte del Señor Jesús. *La voluntad de Dios es que sean santificados; que se aparten de la inmoralidad sexual.*
>
> —1 Tesalonicenses 4:1-3 NVI

Agrada a Dios viviendo de manera santa, especialmente en lo concerniente a nuestra sexualidad. Esta es el área que, por lo general, se malogra externamente si hay un problema más profundo por dentro. Si usted pudiera ver en el corazón de un cristiano profesante que está atado a la fornicación, el adulterio, la homosexualidad, o cualquier otra impureza sexual, lo más probable es que descubriera un problema más profundo. Podría ser orgullo, rebelión, ansia de poder, amargura, envidia, o cualquier otra iniquidad, pero a pesar de lo que haya, la raíz siempre es la falta de verdadero temor del Señor.

Aunque la pureza sexual no es lo único que tiene que ver con la santidad, la impureza sexual ciertamente identifica la falta de ella. Por eso Pablo afirma que hemos de abundar cada vez más en pureza sexual. Hemos de huir de todas las formas de impureza sexual y ni siquiera acercarnos a relacionarnos con ellas. De hecho, tal impureza es tan grave, que Pablo escribe a los romanos: "Estando atestados de toda injusticia, fornicación…quienes habiendo entendido el juicio de Dios, que los que practican tales cosas son dignos de muerte, no solo las hacen, sino que también *se complacen con los que las practican"* (1:29, 32). Esta fuerte advertencia no es solo para quienes participan en conducta inmoral, ¡sino también para los que la aprueban!

Los líderes deberían recordar esto cuando toman decisiones, dictan leyes civiles o establecen otras pautas para aquellos a quienes lideran: aprobar, tolerar o apartar la mirada de la conducta inmoral es una grave ofensa a Dios (ver 1 Samuel 3; 1 Corintios 5). Por otro lado, los líderes deberían perdonar enseguida y ser pacientes para restaurar a quienes se arrepienten genuinamente de la inmoralidad.

El que un creyente vaya en contra de la naturaleza dada por Cristo y esté atado a la inmoralidad sexual es una grave ofensa. Pablo dice más al respecto en su Primera Carta a los Tesalonicenses afirmando lo que Dios hará a los cristianos que practiquen la inmoralidad sexual:

> La voluntad de Dios es que sean santificados; que se aparten de la inmoralidad sexual…El Señor castiga todo esto, como ya les hemos *dicho y advertido.* Dios no nos llamó a la impureza sino a la santidad; por tanto, el que rechaza estas instrucciones no rechaza a un hombre sino a Dios.
> —1 Tesalonicenses 4:3, 6-8 NVI

¿Por qué no hacemos hincapié en esta fuerte advertencia desde nuestros púlpitos? Yo tengo un amigo que pastorea una iglesia muy linda que ha dado origen a más de 250 iglesias en todo el mundo. Mientras estaba escribiendo este libro, comimos juntos y estábamos hablando sobre cómo se ha apartado la iglesia actual de la pureza sexual. Él me contó numerosos casos de indecencia que él y sus líderes han tratado, pero una de esas historias era especial. La esposa del pastor recientemente había dirigido una conferencia para mujeres en su iglesia durante, la cual se enfocó en la relación entre esposo y esposa. Después del servicio, se acercó una visitante y comentó sinceramente: "Mi novio no ha practicado sexo conmigo últimamente. Después de oírla a usted, ahora sé lo que he estado haciendo mal en nuestra relación. Voy a hacer los cambios necesarios, y estoy segura de que él querrá volver a practicar sexo conmigo otra vez. ¡Doy gracias a Dios por lo que usted ha dicho!".

Aquella mujer "cristiana" sencillamente supuso que esa enseñanza se aplicaba a su relación ilícita con su novio. No sintió convicción de estar viviendo en fornicación porque, para ella, era una conducta social normal.

El mismo tipo de situación sucedió con otra mujer a la que conozco en el ministerio. Ella estaba de visita en la casa de una señora que asistía fielmente a una de las iglesias evangélicas más grandes en su estado. Cuando entraron en el dormitorio principal, la mujer le enseñó a mi amiga su armario y el de su novio. No mostró ninguna vergüenza a medida que iban siendo obvios los detalles de su modo de vida. Hasta comentó lo mucho que extrañaba dormir con su novio cuando él estaba fuera en viaje de negocios. Para ella, era aceptable que ambos no estuviesen casados y vivieran juntos. Los dos habían asistido a esa inmensa iglesia evangélica por años y, sin embargo, no sentían convicción alguna en cuanto a su inmoralidad sexual. ¿Qué se está enseñando en esa popular iglesia?

Ha habido numerosos casos de ministros que llevan una vida sexualmente inmoral. Su impureza con frecuencia afecta a más de una familia; aquellos con quienes han fornicado, han cometido adulterio o han tenido relaciones homosexuales, se han alejado de Dios o se han enfriado espiritualmente como resultado. Por esa razón, Pablo afirma en estos mismos versículos: "Y que nadie perjudique a su hermano ni se aproveche de él en este asunto. El Señor castiga todo esto, como ya les hemos dicho y advertido" (1 Tesalonicenses 4:6 NVI).

Nos estamos alejando de Dios porque somos muy influenciados por nuestra sociedad. De muchas maneras, la iglesia se ha convertido en una subcultura en lugar de cumplir la función a lo que somos llamados: ser contraculturales. El evangelio incompleto del perdón y la herencia en el cielo se predica, pero no el evangelio completo que implica ser libres del dominio del pecado. Por tanto, somos conformados fácilmente a este mundo, donde es común que un hombre y una mujer vivan juntos, practiquen sexo fuera del matrimonio o con personas del mismo género, y se divorcien y vuelvan a casarse por razones distintas a la infidelidad. Y estas prácticas se están volviendo más comunes entre los cristianos porque la iglesia no ha proclamado aquello de lo que Jesús nos ha liberado.

Pablo escribió una seria advertencia a la iglesia en Corinto, la cual en muchos aspectos era similar a nuestra iglesia occidental en la actualidad. Algunos de sus miembros participaban de la inmoralidad sexual, por lo que Pablo abordó el asunto. Primero habló de las similitudes de los israelitas que seguían a Moisés y los cristianos del Nuevo Testamento. Entonces advirtió:

> Pero de los más de ellos no se agradó Dios; por lo cual quedaron postrados en el desierto. Mas estas cosas sucedieron como ejemplos para nosotros, para que no codiciemos cosas malas, como ellos codiciaron. Ni seáis idólatras, como algunos de ellos, según está escrito: Se sentó el pueblo a comer y a beber, y se levantó a jugar. Ni forniquemos, como algunos de ellos fornicaron, y cayeron en un día veintitrés mil. Ni tentemos al Señor, como también algunos de ellos le tentaron, y perecieron por las serpientes. Ni murmuréis, como algunos de ellos murmuraron, y perecieron por el destructor. Y estas cosas les acontecieron como ejemplo, y están escritas para amonestarnos a nosotros, a quienes han alcanzado los fines de los siglos. Así que, el que piensa estar firme, mire que no caiga.
>
> —1 Corintios 10:5-12

El punto que quiero destacar de estas palabras profundamente inspiradas es el desagrado de Dios con la inmoralidad sexual de ellos. Veintitrés mil murieron en un solo día, eso es una ciudad pequeña. Esta es una señal de advertencia para que no repitamos la caída de ellos. Aunque tenemos una gracia que nos cubre, no estamos exentos de caer como ellos y, según Jesús, en realidad se espera de nosotros que vivamos según un estándar más elevado (recuerde Mateo 5). ¿Por qué hemos invalidado el poder de la verdadera gracia volviendo a ese tipo de conducta? No nos hemos apropiado de la verdad que proclama que la gracia nos ha capacitado para *no* ser impuros en nuestro corazón, mente o cuerpo.

Lo único que tenemos que hacer es cooperar con nuestra nueva naturaleza.

Los principales apóstoles escribieron al unísono a todos los creyentes acerca de las cuatro cosas a las que deberíamos prestar mucha atención con respecto a la abstinencia. Tres de las cuatro eran respecto a asuntos dietéticos prohibidos en la ley de Moisés, sin embargo, añadieron otra que no era tan única con respecto a la diferencia entre un judío y un gentil. En una carta, los apóstoles dijeron: "Porque ha parecido bien al Espíritu Santo, y a nosotros, no imponeros ninguna carga más que estas cosas necesarias: que os abstengáis de lo sacrificado a ídolos, de sangre, de ahogado y de fornicación; de las cuales cosas si os guardareis, bien haréis" (Hechos 15:28-29). Qué asombroso que no mencionasen robar, mentir, asesinar, codiciar o cualquier otro asunto parecido que también se encuentra en la ley. Lo que ellos sí destacaron fue la inmoralidad sexual.

SED SANTOS COMO DIOS ES SANTO

Ahora leamos con atención las palabras de Pedro, considerando que él está hablando solo a cristianos y no a toda la humanidad:

> Por tanto, ceñid los lomos de vuestro entendimiento, sed sobrios, y esperad por completo en la gracia que se os traerá cuando Jesucristo sea manifestado; como hijos obedientes, no os conforméis a los deseos que antes teníais estando en vuestra ignorancia; sino, como aquel que os llamó es santo, sed también vosotros santos en toda vuestra manera de vivir; porque escrito está: Sed santos, porque yo soy santo. Y si invocáis por Padre a aquel que sin acepción de personas juzga según la obra de cada uno, conducíos en temor todo el tiempo de vuestra peregrinación.
>
> —1 Pedro 1:13-17

Capte sus palabras: *Como aquel que os llamó es santo, sed también vosotros santos en toda vuestra manera de vivir.* Una vez más, no una frase *sugerida*, sino *obligatoria*. Hemos de ser santos, *como Dios es santo.* No hay opción en esto y, según Pedro, seremos juzgados o recompensados con respecto a este mandamiento. Insisto, como afirmó Jesús, se nos dice que seamos perfectos como nuestro Padre es perfecto.

Analicemos la palabra *santo,* que proviene del término griego *hagios.* Algunas palabras utilizadas para definirla son: *apartado, santificado y consagrado,* junto con *puro y sin tacha moral.* Las características fundamentales de la santidad son: separación, consagración y devoción al servicio de Dios, participando en su pureza y absteniéndose de la contaminación del mundo.

En el Antiguo Testamento, el pueblo de Dios tenía que estar literalmente separado como nación. A los judíos no se les permitía mantenerse en compañía de gentiles en todas las áreas de la vida. Sin embargo, en el Nuevo Testamento, nosotros los creyentes hemos de separarnos a nosotros mismos del mal a la vez que vivimos y nos relacionamos con personas que no tienen una relación con Dios. Hemos de ir al mundo como luces, pero no ser contaminados por el mundo. No hemos de conformarnos a los caminos de este mundo, sino al estándar más elevado, de otro modo, ya no somos luces.

Dios dice: "Porque mis pensamientos no son vuestros pensamientos, ni vuestros caminos mis caminos. Como son más altos los cielos que la tierra, así son mis caminos más altos que vuestros caminos, y mis pensamientos más que vuestros pensamientos" (Isaías 55:8-9). Cuando Dios dice: "Sed santos, como yo soy santo", en realidad lo que está diciendo es: "Yo no pienso, hablo ni vivo como ustedes, así que asciendan a mi nivel de vida". Para expresarlo en lenguaje más claro, él está diciendo: "¿Por qué quieren merodear por el corral y vivir como gallinas cuando yo los he llamado a remontarse como águilas? ¡Los he llamado a una vida extraordinaria!".

La santidad de él, por tanto, incluye algo más que separación y pureza. Si la santidad solo se tratase de pureza, entonces los fariseos habrían sido santos porque llevaban una vida aparentemente sin tacha. Sin embargo, Jesús condenó sus métodos fariseos. Si la santidad solo tuviese que ver con separación, entonces los hippies de los años sesenta habrían sido muy santos. No es solo pureza ni solo separación. Tampoco es pureza y separación combinadas. Es una trascendente separación y pureza. Es una invocación a la "vida elevada". ¡Es un llamado a la esfera de la existencia extraordinaria! Es vivir como él vive, imitar a Dios como sus hijos amados.

Cuando pensemos como Dios, hablemos como Jesús (hablando lo que el Padre dice), e imitemos el estilo de vida de Cristo, no viviremos como personas del mundo. Los apetitos y los deseos de la carne no nos impulsarán; seremos creativos, innovadores, puros en nuestra moralidad, vivificantes en nuestros caminos. Seremos personas que influencian y con frecuencia envidiados por el mundo debido a nuestro éxito porque pensamos y actuamos a un nivel más elevado.

Aquellos que viven para las borracheras, los placeres sexuales pervertidos, la avaricia, la lujuria, el estatus, la envidia, la venganza, el orgullo y cosas similares están viviendo a un nivel bajo, terrenal y diabólico; cualquiera puede hacer eso. No viven de modo extraordinario por medio de la gracia de Dios; su pecado puede producir placer efímero, pero poco después se vuelve dañino y destructivo. Su resultado o "aguijón" es dolor y muerte.

Caminar en verdadera santidad es experimentar liberación y libertad al más elevado nivel. Es sano y afectará positivamente cada área de nuestras vidas.

LIMPIARNOS A NOSOTROS MISMOS

Pablo escribe a la iglesia en Corinto:

> Así que, amados...limpiémonos de toda contaminación de carne y de espíritu, perfeccionando la santidad en el temor de Dios.
>
> —2 Corintios 7:1

¿Se nos enseña que nos limpiemos de una sola parte de la contaminación? ¿Qué hay del noventa y cinco por ciento de contaminación? No, hemos de limpiarnos de toda contaminación, lo cual es impureza según *el estándar de Dios*, tanto interiormente como exteriormente. En el interior serían actitudes de amargura, envidia, celos, peleas, falta de perdón, avaricia, lujuria y cosas similares. En el exterior serían actos como robo, mentira, murmuración, calumnia, inmoralidad sexual, fraude, borracheras, adicción a drogas, vandalismo, violencia física y pare de contar.

Un día, mientras estaba leyendo este versículo, el Espíritu Santo hizo que la palabra *limpiémonos* resaltara en la página. Me sorprendió el hecho de que no dice: "Dios nos limpiará", ni tampoco que "la sangre de Jesús nos limpiará". Dice que hemos de limpiarnos a nosotros mismos.

Por favor, no me malentienda: la sangre de Jesús nos limpia de todo pecado. Sin embargo, existe una inmensa diferencia entre la justificación (salvación de la muerte eterna) y la santificación (santidad). Fuimos justificados en el momento en que recibimos a Jesucristo como nuestro Señor y Salvador. En ese instante, nuestro viejo yo murió, y nos convertimos en un ser totalmente nuevo, poseyendo interiormente la naturaleza de Jesús. Fuimos justificados de inmediato ante los ojos de Dios, y toda injusticia fue erradicada de nuestro espíritu. Nosotros no tuvimos nada que ver con eso. No nos lo ganamos, ni tampoco nuestra "bondad" lo merecía. Nos fue dado gratuitamente por la gracia de Dios.

Sin embargo, en el momento en que nacimos de nuevo, comenzó la obra de santificación (santidad). Fue cuando lo que se hizo en nuestro interior, en nuestro espíritu, empezó a abrirse camino hasta lo exterior, a nuestra conducta. Pablo lo expresa así: "ocupaos en vuestra salvación con temor y temblor" (Filipenses 2:12). Lo que no debemos olvidar es que la santificación (santidad) es también un regalo de la gracia de Dios. Pero esta vez nosotros tenemos parte en el proceso y necesitamos trabajar en conjunción con ello. El regalo de gracia de Dios nos proporciona el poder para limpiarnos a nosotros mismos, ¡y nosotros somos quienes tenemos que limpiarnos! Veamos de nuevo las palabras del autor:

> Así que, recibiendo nosotros un reino inconmovible, tengamos gratitud, y mediante ella sirvamos a Dios agradándole con *temor y reverencia*.
>
> —Hebreos 12:28

La gracia no solo nos justificó, sino que también ahora nos capacita para servir a Dios agradándole con *temor santo*. Nos limpiamos a nosotros mismos de toda suciedad por dentro y por fuera, perfeccionando la santidad, en el *temor de Dios*. Por tanto, aunque la gracia es un don gratuito, nosotros tenemos que cooperar con su capacitación para producir el fruto de santidad en nuestras vidas. Por esa razón, examinemos otra vez lo que Pablo les dice a los corintios antes del mandato de "limpiarnos":

> Así, pues, nosotros, como colaboradores suyos, os exhortamos también a que no recibáis en vano la gracia de Dios.
>
> —2 Corintios 6:1

Como ya dije, si vemos la gracia como "la gran tapadera", nunca podremos entender estas palabras del apóstol. ¿Cómo puede alguien recibir en vano, o no utilizar el potencial de la gracia, esa que solo perdona y que ha sido enseñada por muchos? Pero cuando usted entiende la gracia como realmente es —*capacitación de Dios inmerecida, que nos da la capacidad para hacer lo que la verdad demanda de nosotros, para producir los frutos de la santidad*—, entonces puede comprender cómo puede recibirse en vano.

Piense de nuevo en nuestra historia del hombre de la isla, que naufragó y llegó a una isla desierta. Mensajero le explicó totalmente cómo funcionaba el revólver y en qué modo lo salvaría: cómo finalmente el revólver alertaría al capitán del barco para que el hombre de la isla pudiera ser rescatado. También le informó al hombre de la isla que el revólver mataría a cualquier animal, ya fuera para obtener comida o protección, y que hasta podía golpear los cocos de las palmeras y hacerlos caer. También le mostró al hombre de la isla la cueva y le dijo que podía matar a un ciervo y usar la piel para hacer una barrera de protección por si un oso lo atacaba. Y le dijo que la piel de oso podría servirle de colchón y manta muy convenientes para esas frías noches.

Mensajero regresó a su época a finales del siglo veintiuno. Al día siguiente, él y su patrón deciden observar al hombre de la isla usando la máquina del tiempo. Para sorpresa de ellos, nada cambió en el modo en que vive el hombre de la isla. No ha disparado un solo tiro ni a los ciervos ni a los jabalíes; sigue tratando de obtener comida atrapando pequeños animales o cazando con piedras o lanzas hechas con palos. El hombre de la isla se siente frustrado y desgraciado. Perplejo, Mensajero le pregunta a su patrón: "¿Por qué no está utilizando el revólver?".

Ambos adelantan la máquina del tiempo para ver cómo le va al hombre de la isla el undécimo día después de la visita de Mensajero. Observan con tristeza que sigue durmiendo incómodamente sobre la piedra, con unas cuantas rocas amontonadas alrededor para protegerse de los osos. El hombre de la isla está delgado, pues ha perdido mucho peso tras dos semanas sin comer. Cae una fría lluvia y, tanto Mensajero como su patrón, se preocupan por si sufrirá de hipotermia, ya que el hombre de la isla tiembla convulsivamente. Lo escuchan maldecir su desgraciada situación y su existencia.

Avanzan con la máquina del tiempo hasta el decimotercer día. Mensajero y su patrón se animan al ver al hombre de la isla, revólver en mano, acechando a un ciervo. El patrón comenta: "¡Creo que finalmente va a utilizarlo!". Sin embargo, retroceden horrorizados cuando el hombre de la isla inconscientemente pasa cerca de una guarida de osos. La madre oso y sus cachorros están en el interior, cuando el hombre de la isla hace un ruido, lo que hace que una furiosa mamá osa salga tras él. El hombre de la isla se queda petrificado pero, en lugar de dispararle a la osa, levanta el revólver y dispara varios tiros al aire con la esperanza de asustar y alejar a la furiosa bestia. Como la osa ignora el fuerte sonido y sigue corriendo tras él, El hombre de la isla agarra una piedra y la lanza a la cara del animal. Ella no se inmuta y continúa su persecución. El hombre de la isla deja caer el revólver, da la vuelta y se aleja corriendo aterrorizado. Después de unos cuantos grandes saltos, la osa lo alcanza y lo despedaza.

¿Cómo responden Mensajero y su patrón a lo que acaban de ver? Se ha invertido mucho en ese hombre, tanto en tiempo como en recursos. Mensajero ha pasado muchos días preparándose para llevarle al hombre de la isla la información y el equipamiento adecuados; además de los millones de dólares que costó utilizar la máquina del tiempo. ¿Cómo pudo el hombre de la isla *desperdiciarlo* todo? ¿Cómo pudo recibir en vano un regalo tan grandioso? La labor de amor y sacrificio de ellos fue en vano.

La reacción inicial de ellos a las decisiones del hombre de la isla es, primero, de gran tristeza por la pérdida de su vida, seguida por una importante decepción y frustración. Ambos se miran impotentes uno al otro y lamentan: "Dimos mucho, pero todo fue en vano. Él no utilizó lo que podría haberle salvado la vida; *desperdició* nuestro regalo".

Lo fundamental: el hombre de la isla no aprovechó plenamente ni cooperó con el maravilloso regalo que le dieron sin costo alguno. No llegó a la meta.

Qué triste epitafio sería ese para cualquiera: No llegó a la meta. Por la gracia de Dios, una frase tan triste y sombría nunca tiene por qué describir la vida de un santo. En el capítulo siguiente descubriremos por qué.

Reflexiones para un viaje extraordinario

Hasta ahora, ¿ha tenido usted un entendimiento positivo de la santidad? ¿Por qué?

¿Qué le gustaría que dijera su epitafio?

10

NUNCA DEJE DE ALCANZAR

LA FABULOSA NOTICIA ES que Dios nos ha dado los recursos que necesitamos para vivir de una manera santa y que le agrade a él. No hay necesidad de dejar de alcanzar, nunca. Piense lo que nos dice el escritor de Hebreos:

> Seguid...la santidad, sin la cual nadie verá al Señor. Mirad bien, no sea que alguno deje de alcanzar la gracia de Dios.
>
> —Hebreos 12:14-15

El principal punto aquí es muy claro: necesitamos la gracia de Dios para andar en verdadera santidad. Podríamos volver a preguntarnos: "Si, como nos han enseñado, la gracia se trata solo de perdón, entonces ¿qué significa 'dejar de alcanzar' en este versículo?". La palabra griega aquí es *hustereo*. La Nueva Concordancia Strong la define como "ser inferior, no alcanzar (ser deficiente), ir detrás, estar desprovisto, caer". El Lexicon Thayer´s profundiza aun más al decir que el significado de esta palabra es "ser dejado atrás en la carrera y, por tanto, no llegar a la meta, no alcanzar el final".

El hombre de la isla fue dejado atrás y no llegó a la meta de la libertad que el patrón de Mensajero le proporcionó gratuitamente. Él podría haber logrado la meta con facilidad, pero desperdició lo que le fue dado y no llegó a alcanzar la línea de meta. La santidad es crucial para terminar bien nuestra carrera. Veamos las palabras del profeta Isaías:

Y habrá allí calzada y camino, y será llamado Camino de Santidad; no pasará inmundo por él, sino que él mismo estará con ellos; el que anduviere en este camino, por torpe que sea, no se extraviará. No habrá allí león, ni fiera subirá por él, ni allí se hallará, para que caminen los redimidos. Y los redimidos de Jehová volverán, y vendrán a Sion con alegría; y gozo perpetuo será sobre sus cabezas; y tendrán gozo y alegría, y huirán la tristeza y el gemido.

—Isaías 35:8-10

Antes de continuar, quiero destacar un error en la alegoría del hombre de la isla. Si la historia realmente sucediera en nuestro mundo, aún habría una oportunidad de que aunque el hombre de la isla utilizara el revólver, un oso pudiera haberlo matado. Hay muchos escenarios posibles: un oso podría haber sorprendido al hombre de la isla y él no pudo agarrar y disparar el revólver a tiempo. O quizá sí disparó el revólver, pero falló. O puede que la bala hiriera al oso pero no lo matara, y enfurecido, devorase al hombre de la isla.

Sin embargo, Dios dice que cuando andamos en el poder de su gracia, llevando verdaderos frutos de santidad, somos invencibles debido a él. Isaías indica que ningún animal salvaje, como un oso o un león, ¡podrá eliminarnos! (Eso incluye a nuestro supremo enemigo, Satanás, que anda "como *león rugiente*, buscando a quien devorar" [1 Pedro 5:8]). Por tanto, contrariamente al hombre de la isla, no tenemos razón alguna para fracasar en cuanto a producir frutos de santidad mediante el poder de la gracia de Dios; no debido a nosotros sino debido a él. *Sin embargo, esta promesa no se aplica a creyentes que no anden en verdadera santidad.* Oigamos lo que Pedro dice al respecto:

Pero el que no tiene estas cosas tiene la vista muy corta; es ciego, habiendo olvidado la purificación de sus antiguos pecados. Por lo cual, hermanos, tanto más procurad hacer firme vuestra vocación y elección; porque haciendo estas cosas, *no caeréis jamás*. Porque de esta manera os será otorgada amplia y generosa entrada en el reino eterno de nuestro Señor y Salvador Jesucristo.

—2 Pedro 1:9-11, énfasis añadido

Pedro afirma que *jamás caeremos*. Somos invencibles, no debido a nuestra propia capacidad, sino a la capacidad que proporciona la gracia. Por tanto, en esencia, la gracia nos da la capacidad de andar en el *camino de santidad*, el cual asegura para nosotros la promesa de terminar bien la carrera. Evita que naufraguemos en nuestra fe y que no lleguemos.

Pedro también habla del lado contrario. Quienes no andan en el poder de la gracia, no desarrollan las virtudes de la santidad. El resultado es ceguera y olvidar que Dios los ha limpiado de su vieja vida de pecado. Esa ceguera hace muy difícil, casi imposible, permanecer en el camino estrecho de la santidad. Con bastante facilidad, ellos se aventurarán a regresar a un estilo de vida cautivo del pecado (y con mucha frecuencia creyendo que están cubiertos y protegidos por la gracia de Dios). Más adelante en su carta, Pedro lamenta esas decisiones:

Ciertamente, si habiéndose ellos escapado de las contaminaciones del mundo, por el conocimiento del Señor y Salvador Jesucristo, enredándose otra vez en ellas son vencidos, su postrer estado viene a ser peor que el primero. Porque mejor les hubiera sido no haber conocido el camino de la justicia, que después de haberlo conocido, volverse atrás del santo mandamiento que les fue dado. Pero les ha acontecido lo del verdadero proverbio: El perro vuelve a su vómito, y la puerca lavada a revolcarse en el cieno (2:20-22).

Eso da mucho qué pensar. Me recuerda otra vez las palabras del apóstol Pablo escritas a los cristianos: "¿Acaso no saben ustedes que, cuando se entregan a alguien para obedecerlo, son esclavos de aquel a quien obedecen? Claro que lo son, *ya sea del pecado que lleva a la muerte...* " (Romanos 6:16 NVI). Cuando seguimos los deseos del pecado, deliberada y repetidamente, nos enredamos en él y una vez más somos sus esclavos. Al igual que el hombre de la isla pereció, puede sucederle al creyente. Por esa razón Pablo advierte: "Así que, hermanos, deudores somos, no a la carne, para que vivamos conforme a la carne; porque si vivís conforme a la carne, moriréis" (Romanos 8:12-13).

Ahora bien, es probable que se pregunte cómo puede escribir el apóstol Pablo a los cristianos y decirles que morirán. El apóstol Juan, de modo similar, enseña: "Si alguno viere a su hermano cometer pecado que no sea de muerte, pedirá, y Dios le dará vida...Hay pecado de muerte" (1 Juan 5:16). ¿De qué tipo de *muerte* está hablando que puede afectar a un hermano o hermana cristianos? ¿Es la misma muerte de la que habla el apóstol Pablo? ¿Es la misma muerte de la que se advirtió a Adán? ¿Está hablando solo de la muerte física?

El apóstol Judas escribe de quienes convierten la gracia de Dios en libertinaje utilizándola como tapadera en su práctica de un estilo de vida inmoral. Aunque asisten periódicamente a servicios de iglesias, Judas advierte que son "árboles otoñales, sin fruto, *dos veces muertos* y desarraigados" (1:12). Son personas que están físicamente vivas, que asisten a los servicios de iglesias, pero son llamadas no solo "muertas" sino "dos veces muertas". ¿De qué tipo de *muerte* está hablando?

Hay muchos debates teológicos sobre el significado de este versículo, pero yo preguntaría: "¿Por qué discutir sobre esto?". Lo fundamental es que usted no quiere encontrarse muerto en *ninguna* manera. Los resultados de la muerte nunca son buenos ni prometedores. Para decirlo con claridad, usted no querrá descubrir el significado de la muerte directamente. Propongo que nos alejemos todo lo posible de la muerte y que permanezcamos en la gracia de Dios a fin de tener vidas extraordinarias.

Vuelvo a insistir, la noticia fabulosa es que Dios ciertamente nos ha dado su gracia. ¡Se nos ha dado la naturaleza de Jesucristo y hemos sido liberados del dominio del pecado! ¿Por qué querría nadie que haya sido liberado de la tiranía del pecado querer regresar a su cautiviad y flirtear con la muerte?

Por tanto, amigo mío, no luche por su derecho a vivir habitualmente en pecado y aun así querer llegar al cielo. Esa es la manera errada de ver la vida. En vez de eso, comprenda que Dios le ha dado un regalo asombroso: ¡*libertad!* Usted ya no tiene por qué seguir pecando; ahora puede vivir libre de aquello de lo que no pudo liberarse antes, ¡por medio del poder de la sorprendente gracia de Dios!

LA GRACIA REALMENTE FUNCIONA

Recibí a Jesucristo como mi Señor en el año 1979 y experimenté la realidad de la nueva naturaleza de Jesús, lo cual cambió mi vida por completo. De inmediato, perdí el deseo por el alcohol y, aunque solía maldecir como un marinero borracho, mi lenguaje fue limpiado. Otras modalidades de pecado gradualmente fueron desapareciendo cuanto más leía, meditaba y pronunciaba la Palabra de Dios sobre mi vida.

Sin embargo, había un área pecaminosa que no se fue fácilmente. Batallaba con la lujuria y era adicto a la pornografía. Si veía fotografías pornográficas, era vencido y cedía. Tenía periodos de libertad, pero después me volvía a ello. La lujuria, sin duda, tenía una fuerte tenaza en mi alma.

En 1985, un hombre me ofreció su apartamento para que pudiera ir allí para tener un largo periodo de oración. Al final de ese ayuno de cuatro días, el 6 de mayo de 1985, después de una intensa batalla en oración, fui liberado de la fortaleza de la pornografía y la lujuria. Gracias a Dios, por su gracia, sigo siendo libre en la actualidad.

Sin embargo, una vez que me liberé de la tenaza de la pornografía, tuve que seguir resistiendo el deseo de inmiscuirme en ella. Antes del 6 de mayo, parecía que no podría resistir con éxito; después del 6 de mayo, podía resistir, pero tenía que cooperar con la gracia para librarme del deseo de internarme en la pornografía. Su poder sobre mí quedó roto después de ayunar y de hacer intensa oración, pero tuve que seguir resistiendo firmemente la atracción.

Con el tiempo, a medida que continué orando y permitiendo que la Palabra de Dios saturase mi mente, un día me percaté de que mis deseos habían cambiado. Ya no tenía que obligarme a mí mismo a alejarme de la pornografía, sino que sentía repulsión por ella. Si una imagen sexual, de alguna manera, aparecía delante de mis ojos, veía a la mujer de la fotografía como la pequeña hija de alguien. Me entristecía que esa preciosa vida estuviera siendo reducida, de ser una persona creada a imagen y semejanza de Dios, a un pedazo de carne. La gracia de Dios me había cambiado profundamente desde el interior. Había sido renovado en el espíritu de mi mente y era verdaderamente libre. Mis sentidos fueron transformados por el poder de su gracia. El escritor de Hebreos describe esta bendición:

Y todo aquel que participa de la leche es inexperto en la palabra de justicia, porque es niño; pero el alimento sólido es para los que han alcanzado madurez, para los que *por el uso tienen los sentidos ejercitados* en el discernimiento del bien y del mal (5:13-14, énfasis añadido).

Comprendí que la Palabra de Dios, la cual leía, citaba, meditaba y estudiaba constantemente, había puesto mis sentidos y mis facultades mentales en consonancia con los deseos y pensamientos de él. Recuerde: santidad es pensar, hablar y vivir como Dios. Es estar a la altura del nivel de vida de él.

Por eso, precisamente, hay una pasión que arde en mi corazón al escribir este libro: muchos de los hijos de Dios viven de la leche. No se les está diciendo que la naturaleza divina de Dios ha sido puesta en ellos. Domingo tras domingo, se les dice que son pecadores perdonados y que todos tenemos debilidades, pero de algún modo llegaremos hasta la línea de meta de la vida. Este evangelio socialmente aceptable no capacitará sus vidas; sus sentidos, sus sentimientos, no su fe, están controlando sus vidas.

Debemos recordar que la carne puede ser ejercitada, pero le encantan los patrones habituales. Por eso a la gente, con frecuencia, le disgusta el cambio. La buena noticia es que al igual que nuestra carne puede ejercitarse en la injusticia, también puede ejercitarse en la justicia. El escritor de Hebreos apoya esto: "Para los que por el uso tienen los sentidos ejercitados en el discernimiento del bien y del mal" (5:14). Podemos tomar dominio sobre nuestra mente y nuestra carne mediante el poder de la gracia y refrenar nuestras facultades mentales y nuestros sentidos con la Palabra de Dios. Nuestra carne responde a aquello que la alimenta.

Aunque la gracia de Dios me ha liberado, yo podría regresar a ver pornografía. Si lo hiciera repetidamente a lo largo del tiempo, sin ningún arrepentimiento verdadero, una vez más sería cautivo y me volvería adicto. Y mi posterior estado sería peor que el primero. Así que decido no hacer eso debido a mi amor a Dios y mi temor por él.

¡Su gracia es más que suficiente! ¡Es extraordinaria!

UNA ENTREVISTA REVELADORA

Hace algunos años, mientras concedía una entrevista de radio a una estación en una ciudad grande del sur, estaba hablando acerca de la justicia y de ejercitar la carne. No había dicho nada sobre mi liberación de la pornografía, al contrario, destacaba la importancia de la verdadera santidad en la vida del creyente.

Después de unos treinta minutos, se abrieron las líneas telefónicas. La primera llamada era de un hombre indignado que me dijo:

—¿Cómo puede usted ser serio en cuanto a lo que está diciendo? ¿Y qué del hombre que tiene ataduras o adicciones en su vida? ¿Me está diciendo que se dirige a la muerte?

Yo respondí:

—Yo no estoy diciendo eso, señor. La Palabra de Dios es la que lo dice —y procedí a preguntarle—: ¿Puedo aclarar un poco lo que usted está afirmando?

—Sí —dijo, aún muy enojado.

—Entonces permítame aclararlo —dije yo—. ¿Está usted diciendo que hay algunos pecados de los que la sangre de Jesús y la gracia de Dios pueden liberarnos, pero que hay otros pecados 'especiales' que son demasiado fuertes, demasiado potentes, para la gracia de Dios? ¿Es eso correcto?

El hombre se quedó en total silencio. De repente, vio la necedad de su argumentación.

Yo, finalmente, rompí el silencio.

—Señor, yo estaba atado a la lujuria y la gracia de Dios me liberó en el año 1985. Usted no puede decirme que hay adicciones o ataduras que son demasiado fuertes para la gracia de Dios. Yo estaba totalmente atado y ahora soy libre.

TIEMPOS DIFÍCILES

El apóstol Pablo le escribió a Timoteo y le habló acerca de los tiempos en que vivimos hoy: "Ahora bien, ten en cuenta que en los últimos días vendrán tiempos difíciles" (2 Timoteo 3:1 NVI). Estamos viviendo en los últimos tiempos. No hay duda al respecto, puesto que todos los pasajes proféticos muestran que Jesús va a regresar pronto. Pablo previó que nuestra época sería el periodo más difícil para ser cristiano. ¿A qué se debe eso?

En los tiempos de Pablo, el apóstol se encontró con una gran oposición. En cinco ocasiones recibió una brutal paliza con treinta y nueve latigazos a sus espaldas. En otras tres ocasiones fue golpeado con palos; una vez fue apedreado y además pasó años en la cárcel. Dondequiera que Pablo iba se enfrentaba a una terrible persecución, sin embargo, escribió que ¡en nuestros tiempos sería aún más difícil ser cristiano! Las siguientes son sus razones:

> La gente estará llena de egoísmo y avaricia; serán jactanciosos, arrogantes, blasfemos, desobedientes a los padres, ingratos, impíos, insensibles, implacables, calumniadores, libertinos, despiadados, enemigos de todo lo bueno, traicioneros, impetuosos, vanidosos y más amigos del placer que de Dios.
>
> —2 Timoteo 3:2-4 NVI

Después de leer eso, puede que se cuestione por qué Pablo enseñó que nuestros tiempos serían tan diferentes de los de la su época. Las personas de su sociedad se parecían mucho a las de hoy, tenían las mismas características: se amaban a sí mismas y al dinero, eran impías, no perdonaban, etc. Por otra parte, el apóstol Pedro había dicho el día de Pentecostés: "Sed salvos de esta perversa generación" (Hechos 2:40). De modo que, ¿por qué Pablo señala a nuestra generación como una época más difícil en la historia para ser cristiano? En sus siguientes comentarios expone los motivos:

> Aparentarán ser piadosos, pero su conducta desmentirá el poder de la piedad.
>
> —2 Timoteo 3:5 NVI

Por tanto, eso es: estamos viviendo en una época (algo también argumentado por muchas otras referencias en el Nuevo Testamento) en que hay muchas personas que profesan ser salvas por gracia y nacidas de nuevo, pero que no cooperan con la gracia de Dios para producir —en sus vidas— cualidades semejantes a las Cristo. Ellos *rechazan* el poder de la gracia que podría hacerlos santos y se aferran a la creencia de que son salvos por gracia. Siguen siendo dueños de sus vidas y viven como les place, sin rendirse al señorío de Cristo. Esos "creyentes" son peligrosos porque, a través de su estilo de vida, comunican un evangelio de Jesucristo falsificado. Por esa razón Pablo exhorta: "a estos evita" (2 Timoteo 3:5).

Yo creo que la mayor batalla que los padres de la iglesia primitiva lucharon fue la del legalismo. Muchos intentaban hacer que los nuevos creyentes regresaran a la ley en vez de confiar en la gracia de Dios para la salvación. En la actualidad, después de haber estado en el ministerio a tiempo completo por más de veinticinco años, he llegado a la conclusión de que nuestra mayor batalla en la actualidad es la impiedad: personas en la Iglesia que creen que pueden ser salvas y a la vez no vivir de modo diferente al de las personas del mundo. No se someten a la autoridad de Dios.

En referencia a los últimos tiempos, Jesús advierte:

Y por haberse multiplicado la maldad, el amor de muchos se enfriará. Mas el que persevere hasta el fin, este será salvo.

—Mateo 24:12-13

Como el pecado también se había multiplicado en los tiempos de Jesús, ¿qué hace que nuestra época sea tan diferente? Lo sorprendente es que, al hablar de nuestros tiempos, Jesús no se refiere a la sociedad en general sino a aquellos que afirman que lo siguen a él. Lo que está diciendo es que, en nuestra época, el pecado se multiplicará entre los *cristianos profesantes*. Si no, ¿por qué terminaría su frase con: "Mas el que persevere hasta el fin, este será salvo"? Uno no le dice a un incrédulo: "Si terminas la carrera, serás salvo", puesto que esa persona ni siquiera la ha comenzado. Sin embargo, eso sí le diríamos a alguien que ya está en la fe, que ya ha comenzado la carrera.

Lo fundamental es que andar en verdadera santidad es más importante ahora que nunca a causa de la naturaleza engañosa del pecado que Jesús dijo que se multiplicaría en nuestra era. La abrumadora, aunque buena noticia —sin embargo— es que Dios nos ha dado el poder mediante la gracia para llevar una vida santa en medio de la corrupción.

Por tanto, debemos ser luces en estos tiempos oscuros por dos razones: en primer lugar, por nosotros mismos; y, en segunda instancia, por causa de los perdidos. Muchos en este mundo están clamando por ver a Dios. Nosotros somos hueso de sus huesos y carne de su carne; por tanto, imitemos a Dios como sus hijos amados para que el mundo pueda ver su luz.

Reflexiones para un viaje extraordinario

¿Hay algunas áreas de su vida que necesiten limpieza? ¿Cuáles son?

¿Por qué el tener una vida santa es imposible sin la gracia de Dios?

11

EL REINO EN EL INTERIOR

La gracia nos capacita para servir a Dios de la manera que a él le agrada. En primer lugar, y sobre todo, somos capacitados para vivir en santidad. La verdadera santidad incluye la moralidad sexual pero, sin embargo, es mucho más que eso. Ser santos como Dios es santo es vivir como Jesús, andar como él lo hizo en esta tierra, llevar el mismo fruto. Jesús lo dejó muy claro al decir:

> No me elegisteis vosotros a mí, sino que yo os elegí a vosotros, y os he puesto para que vayáis y llevéis fruto, y vuestro fruto permanezca.
> —Juan 15:16

¿A qué fruto que permanezca se está refiriendo el Señor? Vemos cómo reveló su naturaleza durante la conversación que sostuvo con sus discípulos en la Última Cena:

> De cierto, de cierto os digo: *El que* en mí cree, las obras que yo hago, él las hará también; y *aun mayores* hará.
> —Juan 14:12, énfasis añadido

¿*Obras aun mayores?* Jesús no dijo: "Ustedes, apóstoles, que creen..."; al contrario, afirmó concretamente: "*El que* en mí cree...". A mí me habrían resultado difíciles de creer esas palabras si otra persona que no fuese Jesús las hubiera dicho. Sin embargo, esta notable afirmación proviene de los labios de él, ¡y su Palabra es infalible! Aquel que entra en su familia, es hecho uno con él, y recibe su naturaleza y su Espíritu; y no solo ha de hacer las obras milagrosas que él hizo, ¡sino que las sobrepasará! ¿Cómo es posible eso? Ahora ya sabe la respuesta: *por medio de la gracia de Dios.* La gracia nos da el poder para ir más allá de nuestra capacidad natural; nos lleva a la esfera de lo extraordinario. Considere las palabras del apóstol Pablo:

> Y poderoso es Dios para hacer que *abunde* en vosotros toda gracia, a fin de que, teniendo *siempre* en todas las cosas *todo lo suficiente*, abundéis para toda buena *obra.*
>
> —2 Corintios 9:8, énfasis añadido

En este pasaje, Pablo estaba hablando concretamente de finanzas y del dar, pero el principio se aplica a todas las áreas de la vida. Hay varias palabras clave que debemos destacar. En primer lugar, Pablo dice *"que abunde en vosotros toda gracia"*; no un *poco* de gracia sino toda. Toda bendición espiritual es nuestra en Cristo Jesús (ver Efesios 1:3). Por eso el Espíritu Santo, a través de Pablo nos dice: "Así que, ninguno se gloríe en los hombres; porque todo es vuestro…y vosotros de Cristo, y Cristo de Dios" (1 Corintios 3:21, 23).

Pablo continúa diciendo que *siempre* —no en algunas ocasiones, sino siempre— tendremos *todo lo suficiente* (total y completo) en todas las cosas a fin de abundar para toda buena *obra.* Por otra parte, Jesús declara que cada uno de nosotros hará mayores *obras.* Por tanto, la abundante y capacitadora gracia nos da una suficiencia completa y total para satisfacer cada necesidad que podamos enfrentar, ¡no importa lo que sea! No hay nada que no pueda lograrse con respecto a traer a la tierra la provisión del cielo, porque la gracia lo ha provisto todo plenamente.

EL REINO ESTÁ EN EL INTERIOR

Jesús hizo una notable declaración cuando enseñó a sus discípulos cómo orar: "Venga tu reino. Hágase tu voluntad, como en el cielo, así también en la tierra" (Lucas 11:2). Esta era una oración futurista para los discípulos, aunque no para Jesús. Y tampoco es futurista para nosotros porque esta oración se aplica en este momento. Permítame explicarme. Le insto a que lea con atención las siguientes páginas, porque si entiende plenamente lo que estoy a punto de decir, su vida cambiará por completo.

Los fariseos tenían problemas con Jesús, ya que él no había entrado a escena de la manera en que ellos esperaban. Debido a profecías en el Antiguo Testamento, ellos esperaban un reino mesiánico. Isaías había escrito:

> Porque un niño nos es nacido, hijo nos es dado, y el principado sobre su hombro; y se llamará su nombre Admirable, Consejero, Dios Fuerte, Padre Eterno, Príncipe de Paz. Lo dilatado de *su imperio y la paz no tendrán límite*, sobre el trono de David y sobre su reino, disponiéndolo y confirmándolo en juicio y en justicia *desde ahora y para siempre*. El celo de Jehová de los ejércitos hará esto.
>
> —Isaías 9:6-7, énfasis añadido

Aquellos líderes sabían que la suya era la época de la llegada del Mesías. Recordemos cuando los sabios llegaron de Oriente. Los escribas no se sorprendieron ante la petición de Herodes en cuanto a saber dónde nacería el Rey.

Basados en las palabras de Isaías, los fariseos creían que el Mesías solo podría llegar en calidad de rey, militar y conquistador que los libraría del gobierno y la opresión de Roma. Ellos anticipaban que él establecería de inmediato el trono de David en Jerusalén y que imperaría para siempre.

Sin embargo, cuando apareció Jesús —como un nazareno, un hombre común, un carpintero de una familia pobre, y amigo de prostitutas y de mafiosos (como los recaudadores de impuestos, que eran la mafia de la época)—, ellos no le creyeron como Mesías. Aunque muchas personas comunes aclamaban a Jesús como "Aquel", los líderes lo rechazaron porque Jesús tenía cualidades distintas a las que ellos esperaban.

Por tanto, los fariseos confrontaron a Jesús y le dijeron: "Muy bien, si eres el Mesías, ¿dónde está el reino que Isaías dijo que gobernarías? ¿Por qué seguimos estando bajo la opresión romana?".

Jesús les respondió:

> El reino de Dios no vendrá con advertencia, ni dirán: Helo aquí, o helo allí; porque he aquí *el reino de Dios está entre vosotros.*
>
> —Lucas 17:20-12, énfasis añadido

"El reino... ¿está entre vosotros"? Sabemos que "vosotros" no se refería a los fariseos, porque él les había dicho: "Vosotros sois de vuestro padre el diablo" (Juan 8:44). Jesús estaba hablando de los que nacerían de nuevo, los cuales serían llenos de su Espíritu. Él ya les había prometido a los que lo amaban: "No temáis, manada pequeña, porque a vuestro Padre le ha placido daros el reino" (Lucas 12:32).

¿Cuándo, entonces, iba a ser dado el reino? Sus discípulos le hicieron esta inquietante pregunta, a Jesús, después que resucitó de la muerte. Póngase usted en el lugar de ellos. Finalmente todo estaba claro: Jesús, vivo y sano, estaba delante de aquellos fieles seguidores —y él era verdaderamente el rey que Isaías había profetizado que gobernaría en el trono de David—, pero ¿dónde estaba el reino? Ellos seguían estando confundidos en cuanto a eso aun antes de la ascensión de Jesús:

> Entonces los que se habían reunido le preguntaron, diciendo: Señor, ¿restaurarás el reino a Israel en este tiempo?
>
> —Hechos 1:6

Además, ellos también esperaban que se manifestara un reino material, como lo hará un día cuando Jesús regrese a la tierra sobre un caballo blanco con sus "santas decenas de millares" (ver Judas 1:14-15; Apocalipsis 19:11-16). Aun cuando esperaban ese trono literal en la tierra, olvidaron las palabras del propio Señor, que les había dicho: "El reino... está entre vosotros". Por tanto, él corrigió el pensamiento de los discípulos, al igual que el de los fariseos:

> No os toca a vosotros saber los tiempos o las sazones, que el Padre puso en su sola potestad; pero recibiréis poder, cuando haya venido sobre vosotros el Espíritu Santo.
>
> —Hechos 1:7-8

Llenos de poder del Espíritu Santo, ¿para hacer qué? *¡Para extender el reino!* Esto no era solo para ellos sino también para nosotros, pues Pedro había proclamado a las multitudes: "Porque para vosotros es la promesa, y para vuestros hijos, y para todos los que están lejos; para cuantos el Señor nuestro Dios llamare" (Hechos 2:39). Así que usted y yo estamos, sin duda, incluidos en ese número. Por tanto, por esa razón Pablo nos escribe a todos: "Porque el reino de Dios no consiste en palabras, *sino en poder*" (1 Corintios 4:20). De forma que, cuando el Espíritu Santo viniera a morar en los seres humanos, ¡el reino y todo su poder se establecerían en nuestro interior! Ahora poseemos el *poder* de hacer que el reino avance y se establezca en los corazones y las vidas de otros que crean en él. Por eso la Palabra de Dios afirma: "porque el reino de Dios no es comida ni bebida, sino justicia, paz y gozo en el Espíritu Santo" (Romanos 14:17).

Por tanto, en esencia, Jesús respondió la pregunta de los apóstoles; no sobre el establecimiento externo del reino sino acerca del establecimiento interno, el cual —desde luego— afectaría las vidas de las personas externamente. Lo asombroso es que ahora podemos hacer las obras que Jesús hizo en cuanto al avance del reino, y aun *mayores* obras. Recordemos otra vez sus palabras: "Venga tu reino [el cual ya ha venido]. Hágase tu voluntad, como en el cielo, así también en la tierra".

COMO EN EL CIELO, ASÍ TAMBIÉN EN LA TIERRA

Hablemos del modo en que Jesús trajo los caminos del cielo a la tierra. Su misión de revelar el reino podría identificarse con una palabra: *justicia*. Se nos dice: "porque el reino de Dios no es comida ni bebida, sino *justicia*" (Romanos 14:17, énfasis añadido). Jesús nos dice: "Mas buscad primeramente el reino de Dios y su *justicia*" (Mateo 6:33, énfasis añadido). Después de su partida, les dijo a sus discípulos que el Espíritu Santo vendría y "convencerá al mundo de…*justicia*, por cuanto voy al Padre" (Juan 16:8, 10, énfasis añadido).

La palabra griega que más se utiliza en el Nuevo Testamento para *justicia* es *dikaiosyne*. El *Expository Dictionary of Bible Words* revela que no hay ninguna área gris en el significado de esta palabra, ya que "indica el estado de aceptables a Dios en todo aspecto". Para decirlo con sencillez, *justicia* significa "correcto ante los ojos de Dios".

La Escritura lo deja tan claro como el agua: "No hay justo, ni aun uno" (Romanos 3:10). A menos que alguien nazca de nuevo por la simiente incorruptible de la Palabra de Dios, es imposible ser justo o aceptable ante los ojos de él. Sin embargo, Pablo afirma con igual claridad: "Porque así como por la desobediencia de un hombre los muchos fueron constituidos pecadores, así también por la obediencia de uno, los muchos serán constituidos justos" (Romanos 5:19). ¿Somos constituidos justos ahora o será cuando lleguemos al cielo? Tras haber hablado al respecto en los capítulos anteriores, ya sabemos la respuesta. La Palabra de Dios declara:

> Al que no conoció pecado, por nosotros lo hizo pecado, para que nosotros fuésemos hechos justicia de Dios en él.
>
> —2 Corintios 5:21

Y otra vez:

> Mas por él estáis vosotros en Cristo Jesús, el cual nos ha sido hecho por Dios... justificación.
>
> —1 Corintios 1:30

Debido a lo que Jesús hizo por nosotros, ahora somos aceptables a Dios en todos los aspectos. Insisto, esto se refiere a nuestra justificación, no a nuestro caminar en santidad. Tener una posición correcta ante Dios no tiene nada que ver con nuestro esfuerzo, se basa en la extraordinaria obra de Dios por medio de Cristo. Es muy triste oír a cristianos referirse a sí mismos como simples gusanos o pecadores miserables que acaban de ser perdonados. Se me rompe el corazón al oír a alguien hablar de esa manera, cuando lo cierto es que se pagó un precio muy alto para que no solo fuésemos perdonados y liberados sino también recreados a la imagen y semejanza de Jesucristo.

En primer lugar, y sobre todo, el reino en nuestro interior habla de la naturaleza divina, la cual nos capacita para vivir santos y dar fruto en este mundo. Este poder es más evidente en la vida de Jesús. Él mostró con qué forma de vida fue creada la humanidad —no atada a los ardientes deseos de la carne caída, sino motivada por la justicia, impulsada por el poder del Espíritu Santo en amor, gozo y paz—, abundante en perdón, sanidad, restauración para así elevar a otros a una vida superior. Este es el reino; no es solo vivir santos sino también traer el estilo de vida del cielo a nuestro mundo perdido y moribundo.

Esto engloba la vida de Jesús, en pocas palabras: es fácil ver su pasión por dar, sanar, liberar y revelar sabiduría para una vida exitosa y con significado. Cuando leemos los evangelios, podemos ver a Cristo en diversas facetas, como Luz para quienes están en la oscuridad, Vida para los muertos, Consolador para los sufrientes, Puerta a la libertad para los prisioneros, Camino para los perdidos, Verdad para los confundidos, Pastor para las almas cansadas, Salvador para los indefensos, Redentor para los cautivos y deje usted de contar. Jesús trajo el cielo a la tierra, por eso dijo: "El que me ha visto a mí, ha visto al Padre" (Juan 14:9). Ahora, a continuación veamos lo que nos encarga a nosotros:

Como me envió el Padre, así también yo os envío (20:21).

¡Qué tremenda declaración! Nosotros hemos de traer el cielo a la tierra de la misma manera en que Jesús lo hizo. Por eso nos dice repetidas veces: "De cierto, de cierto os digo: El que recibe al que yo enviare, me recibe a mí; y el que me recibe a mí, recibe al que me envió" (Juan 13:20). En esencia, así debería ser: ver a uno de los verdaderos seguidores de Cristo es ver a Jesús, al igual que ver a Jesús era ver al Padre.

¡Qué gran responsabilidad —y, a la vez, oportunidad— es esto para cada uno de nosotros!

"AQUÍ" OPUESTO A "CERCA"

Vemos destellos de esto en los evangelios con respecto a los apóstoles, aunque fue anterior a que el reino viniese al interior. Por ejemplo, consideremos el modo en que los discípulos ministraban: "Entonces llamando a sus doce discípulos, les dio autoridad sobre los espíritus inmundos, para que los echasen fuera, y para sanar toda enfermedad y toda dolencia" (Mateo 10:1). Cuando Jesús les dio esa especial capacidad (es decir, la gracia), entonces los instruyó:

Y yendo, predicad, diciendo: El reino de los cielos se ha *acercado*. Sanad enfermos, limpiad leprosos, resucitad muertos, echad fuera demonios (vv. 7-8, énfasis añadido).

Ellos debían declarar el reino. La voluntad de Dios tenía que ser hecha en la tierra como en el cielo. Si había alguna condición en la vida de una persona que no fuese coherente con el estándar del cielo, tenía que cambiar. Las personas que están en el cielo no son atormentadas por demonios. Las personas en el cielo no tienen lepra ni ninguna otra enfermedad. Las personas en el cielo no sufren enfermedad. Las personas en el cielo no tienen hambre. ¡El poder que los apóstoles h recibieron era para cambiar lo que era contrario al cielo en la tierra! ¿Ve lo que estoy diciendo? Por tanto, ellos salían y echaban demonios, sanaban todo tipo de enfermedades y dolencias, alimentaban y vestían a los pobres, ¡y hasta resucitaban muertos!

Con respecto a lo de satisfacer necesidades físicas, Jesús intentó conseguir que su equipo también operara en este poder, pero ellos pasaron por alto una oportunidad asombrosa. Estaban sin suficiente comida en un lugar desierto lejos de cualquier aldea o ciudad. Lo único que pudieron encontrar fueron cinco panes y dos peces, pero había cinco mil hombres hambrientos con ellos. Los discípulos le rogaron a Jesús que enviase a la vasta multitud a conseguir comida en las aldeas de los alrededores. Pero la respuesta de Jesús fue:

Dadles vosotros de comer.

—Marcos 6:37

Su deseo era que los discípulos utilizaran el poder de la gracia para satisfacer las necesidades de aquellas personas. No debía haber carencia, al igual que no hay carencia en el cielo. Sin embargo, los discípulos no podían creer que eso fuera posible, por lo que respondieron en consecuencia: "¿Que vayamos y compremos pan por doscientos denarios, y les demos de comer?" (v. 37). Aquí se ve que seguían operando por su propia capacidad, no en la extraordinaria capacidad que el Señor les otorgó: el don gratuito de la gracia a disposición de ellos. Así fue que Jesús, sencillamente, tuvo que operar él mismo en ese poder y alimentar a la multitud.

Con respecto a la enfermedad, las dolencias y la liberación de las personas bajo opresión, fue un éxito para los discípulos. Regresaron de una salida ministerial que efectuaron diciendo: "Señor, aun los demonios se nos sujetan en tu nombre" (Lucas 10:17). Los enfermos fueron sanados y los cautivos liberados: fue todo como Jesús les dijo que sería.

Sin embargo, es importante notar (ver Mateo 10:7) que los discípulos debían proclamar el reino solamente como *cercano*. Pero cuando llegó el día de Pentecostés, ¡ya no estaba *cerca* sino *aquí*!

El reino está ahora en los corazones de los hombres y las mujeres que son nacidos de nuevo y llenos de su Espíritu, al igual que estaba en Jesús y se manifestaba por medio de él cuando caminaba por esta tierra. Esto quedó muy claro en la Última Cena. Jesús dijo acerca del Espíritu Santo: "Mora con vosotros, y estará en vosotros" (Juan 14:17). En los evangelios, cuando los apóstoles salieron a dar fruto, el Espíritu Santo estaba solamente *con* ellos y el reino estaba solamente *cercano*. Sin embargo, Jesús muestra que después que el reino venga, el Espíritu Santo estará en nosotros: en nuestro *interior*. Por eso nos enseñó a todos, precisamente antes de su ascensión al cielo, lo siguiente: "Como me envió el Padre, así también yo os envío" (20:21). Tenemos el poder en el *interior* de hacer avanzar al reino en los corazones y las vidas de las personas, exactamente como Jesús lo hizo; y ¡todo se debe a su extraordinaria gracia!

ESTUPENDA GRACIA

Examinemos brevemente lo que sucede en el Libro de Hechos una vez que el reino se establece en el interior de los corazones del pueblo de Dios. El día de Pentecostés, "fueron todos llenos del Espíritu Santo" (Hechos 2:4).

Los que fueron llenos eran 120 de los fieles seguidores de Jesús: hombres, mujeres y probablemente niños, recibieron el reino aquel día. Unos eran apóstoles, profetas, evangelistas, pastores y maestros; la mayoría, sin embargo, eran sencillamente discípulos de Jesús.

Aquel día, esas 120 personas hablaron en lenguas extrañas que nunca habían estudiado. Declararon las maravillosas obras de Dios. Esa capacitación hizo que multitudes se detuvieran y oyesen a aquellas personas sencillas articulando la Palabra de Dios en sus lenguas nativas. Los espectadores exclamaron: "¿Qué quiere decir esto?" (v. 12). Como resultado del Nuevo Pacto de gracia, tres mil entraron al reino.

Entonces leemos: "Y por la mano de los apóstoles se hacían muchas señales y prodigios en el pueblo" (5:12). Un milagro fue particularmente impresionante. Pedro y Juan iban caminando hacia el templo y, al acercarse a la entrada, vieron a un hombre cojo que siempre estaba en ese mismo lugar pidiendo limosna. Él les pidió ayuda económica, pero Pedro le dijo: "No tengo plata ni oro, *pero lo que tengo te doy*; en el nombre de Jesucristo de Nazaret, levántate y anda" (3:6, énfasis añadido). ¿Qué tenía Pedro? La respuesta es sencilla: el reino; Pedro estaba capacitado para traer a la tierra las condiciones de vida que eran normales en el cielo.

Aquel hombre, que había sido cojo desde su nacimiento, se puso en pie y comenzó a caminar, a saltar y a alabar a Dios. Cuando la gente vio el efecto del reino en ese hombre, se reunió una turba en torno a Pedro y Juan, y poco después el reino se extendió a otras cinco mil personas cuando recibieron a Jesucristo.

Pedro y Juan fueron entonces arrestados. Ahora Pedro, el hombre que había sido intimidado por una sirvienta antes de la crucifixión de Jesús y lo había negado tres veces, estaba delante de los sumos sacerdotes y declaró con valentía el señorío de Jesús. Los líderes quedaron perplejos por la valentía de aquel apóstol, pero no pudieron decir nada contra lo que él hablaba, porque el hombre que había sido cojo por años ahora estaba en pie —sano— delante de ellos. Pedro y Juan fueron finalmente liberados.

Después de eso, los creyentes oraron y el edificio tembló con el poder de Dios. Entonces leemos:

Y con *gran poder* los apóstoles daban testimonio de la resurrección del Señor Jesús, y *abundante gracia* era sobre todos ellos.

—Hechos 4:33, énfasis añadido

¿Observó cómo, en este pasaje, la frase *gran poder* se relaciona con la que dice *abundante gracia*? ¡Una vez más vemos que la gracia se atribuye a la capacitación de Dios para dar avance al reino!

La gracia no es solo el regalo del perdón, la naturaleza impartida de él o la capacitación para llevar una vida santa; ¡es también la capacitación de Dios para dar avance al reino! Es la capacitación de Dios para hacer lo que Jesús hizo y para hacer obras aun mayores. Es la capacitación para vivir de modo extraordinario.

Al principio, muchos en la iglesia creían que la capacitación de Dios estaba a la disposición exclusiva de los apóstoles, y no de todos los creyentes, tal como Jesús había dicho claramente en la Última Cena. Sin embargo, este malentendido al final cambió, de lo cual vemos destellos en Hechos 5. Ahora, en lugar de ver solo a Pedro difundiendo las buenas nuevas, todos los creyentes comenzaron a hacer avanzar el reino por medio de la capacitación de la gracia. "Y todos los días, en el templo y por las casas, no cesaban de enseñar y predicar a Jesucristo" (v. 42). No hay modo en que Pedro, en un solo día, pudiera predicar en todas las casas de Jerusalén. No existían la televisión ni la radio, así que, ¿cómo fue posible eso?

La sencilla respuesta es que todos los creyentes operaban bajo esa gracia. El versículo siguiente dice: "En aquellos días, como *creciera* el número de los discípulos" (6:1). Esta es la primera ocasión en que aparece la palabra *crecer*. Antes de ese periodo de tiempo, cuando los apóstoles operaban únicamente en la gracia de Dios, solo oímos la palabra *añadirse*. Los siguientes son algunos ejemplos: "y se *añadieron* aquel día como tres mil personas" (2:41); y otra vez: "Y el Señor *añadía* cada día a la iglesia los que habían de ser salvos" (2:47, énfasis añadido en las citas).

Sin embargo, una vez que todos los creyentes comenzaron a operar en la gracia de Dios, no solo vemos la palabra crecer, sino que también vemos el término multiplicación: "Y crecía la palabra del Señor, y el número de los discípulos se multiplicaba grandemente en Jerusalén" (6:7).

Hay una gran diferencia entre el vocablo *crecía* y la frase *se multiplicaba grandemente*. Si un ministro en nuestra época, tal como el apóstol Pedro, estuviese alcanzando a diez mil personas al mes y llevándolos al reino, serían necesarios cincuenta mil años para alcanzar todo el mundo, siempre que en esos cincuenta mil años nadie naciese ni muriese. Desde luego, eso es irreal. ¿Y si un evangelista alcanzara a medio millón de personas al mes? Alcanzar al mundo tomaría mil años. Para darle una referencia de cuánto tiempo es eso, retrocedamos mil años, cuando Estados Unidos no existía. En este tiempo ficticio, Cristóbal Colón no es conocido, porque aún no había nacido, ni tampoco se conoce al rey Luis XIV —de Francia—, ni el rey Ricardo Corazón de León, de Inglaterra. Mil años es mucho tiempo, sin embargo, ese periodo sería necesario para alcanzar al mundo, siempre que nadie naciese ni muriese en ese milenio. Como puede ver, es una hazaña imposible que una sola persona evangelice al mundo, aun alcanzando a medio millón de personas por mes.

En comparación, digamos que una persona opera bajo la capacitación de la gracia y alcanza a otra persona en un mes y la lleva al reino. Entonces, al mes siguiente esas dos personas alcanzan a otras dos; después, al mes siguiente esas cuatro alcanzan a dos cada una; y el siguiente mes esas ocho alcanzan a otras dos cada una; y este patrón continúa cada mes. Con este proceso de multiplicación, ¡todos en Estados Unidos podrían ser alcanzados en un año y diez meses! Para ir aún más lejos, se necesitarían solo dos años y nueve meses para llevar al reino a toda la población del mundo. Pensemos en ello: sin nadie que alcanzara a más de dos personas por mes, ¡*toda la tierra* oiría el evangelio en menos de tres años sin la ayuda de la televisión, la radio o la internet! Esto se puede obtener fácilmente, ¡y es lo que la Biblia dice que es una *gran multiplicación*!

Y eso es exactamente lo que sucedió en la iglesia primitiva. Por eso finalmente leemos:

> Se apartó Pablo de ellos y separó a los discípulos, discutiendo cada día en la escuela de uno llamado Tiranno. Así continuó por espacio de dos años, de manera que todos los que habitaban en Asia, judíos y griegos, oyeron la palabra del Señor Jesús.
>
> —Hechos 19:9-10

¡Toda persona que vivía en Asia oyó la Palabra de Dios en solo dos años! Es asombroso pensar en eso. *¡Toda persona!* Meditemos brevemente en esta afirmación. Las Escrituras no pueden *exagerar* nada. Una exageración es cuando declaramos algo mayor que la realidad. Si yo regreso de un viaje de pesca y digo: "Pesqué todos los peces de ese lago", lo que estoy intentando comunicar es que tuve un día de pesca estupendo. Sin embargo, de ninguna manera es verdad que yo realmente pesqué todos los peces del lago. Eso es una exageración. Sinceramente, es una mentira, pero la Escritura no puede mentir ni exagerar. Por tanto, si dice que cada persona oyó la Palabra de Dios en dos años, ¡entonces eso significa *toda persona*!

Pablo enseñaba en la misma escuela cada día, así que no hay modo posible en que *toda persona* en *toda la región de Asia* pudiera haber pasado por esa pequeña escuela en ese periodo de tiempo. ¡La población de Asia Menor en aquella época se calculaba en más de once millones de personas! No transmitían las enseñanzas de Pablo vía satélite ni por televisión por cable; ni tenía cobertura en la radio. Por tanto, ¿cómo pudo haber sucedido eso? La respuesta es obvia: los creyentes ahora entendían que Dios no solo les había dado gracia para ser salvos y para vivir santos, sino también para hacer avanzar el reino. ¡Y eso es lo que estaban haciendo!

SIMPLEMENTE CREYENTES

Si usted rastrea a los creyentes que no eran apóstoles, profetas, evangelistas, pastores o maestros *después* del capítulo cinco de Hechos, descubrirá que también ellos andaban en lo extraordinario: manifestando los caminos del reino en esta tierra. Si había situaciones en las vidas de las personas que no eran coherentes con los caminos del cielo, aquellos creyentes tenían la gracia para cambiarlas. Ya fuese declarando libertad y liberando a las personas mediante la salvación, sanando a las personas que estaban enfermas, con dolencias u oprimidas por demonios, o simplemente desatando la sabiduría del cielo en una cultura caída, aquellos seguidores de Jesús lo hicieron: ¡dieron avance al reino de Dios!

Esteban, un hombre que era un fiel miembro de su iglesia en Jerusalén, trabajaba en un restaurante relacionado con el ministerio.

Era un creyente normal y corriente que servía mesas. Veamos lo que la Escritura dice acerca de él:

> Y Esteban, lleno de *gracia* y de poder, hacía grandes prodigios y señales entre el pueblo.
>
> —Hechos 6:8, énfasis añadido

La gracia abundante no solo estaba sobre los apóstoles para hacer que el reino avanzara, también estaba sobre los miembros de la iglesia. Esa era la voluntad de Dios entonces y es la voluntad de Dios ahora, ¡esa siempre será la voluntad de Dios! Esteban no era apóstol, profeta, evangelista, pastor ni maestro en la iglesia; era un discípulo común y corriente de Jesucristo, nada diferente de usted o yo. Sin embargo, operaba bajo un gran poder —la gracia de Dios— realizando maravillosos milagros entre el pueblo.

Esteban no solo funcionaba en lo milagroso; también era sabio. Algunos zelotes de la sinagoga comenzaron un debate con él y, mediante la gracia de Dios, les habló la verdad con brillantez: "Pero no podían resistir a la sabiduría y al Espíritu con que hablaba" (v. 10). Él podría haber retrocedido fácilmente, y confesar: "Miren, yo no soy teólogo ni apóstol. Ustedes tienen que hablar con uno de mis pastores sobre esto". Pero él no necesitaba hacer eso porque tenía gracia: el poder capacitador de Dios para satisfacer la necesidad del momento.

Permita que le recuerde otra vez las palabras de Pablo que ya mencionamos en este capítulo: "Y poderoso es Dios para hacer que *abunde en vosotros toda gracia*, a fin de que, teniendo *siempre* en todas las cosas *todo lo suficiente*, abundéis para toda buena *obra*" (2 Corintios 9:8, énfasis añadido). Lo que Pablo está diciendo es que no tenemos gracia (capacitación de Dios) escasamente sino una abundancia de ella para cualquier situación en que se necesite llevar los caminos del cielo a las vidas de las personas aquí en la tierra. Y esa promesa es válida para todos los creyentes.

Esteban nunca llegó a ser un líder de la iglesia ni era ministro a tiempo completo, como los que conocemos en la actualidad. Era un simple creyente que terminó su carrera de manera excelente por la gracia de Dios. Las siguientes fueron sus últimas palabras antes de partir de esta tierra al cielo:

Entonces ellos, dando grandes voces, se taparon los oídos, y arremetieron a una contra él. Y echándole fuera de la ciudad, le apedrearon… Y apedreaban a Esteban, mientras él invocaba y decía: Señor Jesús, recibe mi espíritu. Y puesto de rodillas, clamó a gran voz: Señor, no les tomes en cuenta este pecado. Y habiendo dicho esto, durmió.

—Hechos 7:57-60

Asombroso. Este mesero estaba siendo apedreado y, sin embargo, tuvo la gracia de perdonar a sus asesinos gratuitamente, como Jesús perdonó a sus asesinos. Y pudo hacer eso porque en el cielo no hay personas que no perdonan; además, el reino está en nuestro *interior*. Esteban enseñó, hizo milagros asombrosos, anduvo en el carácter de Jesucristo e hizo avanzar el reino de Dios, ¡todo ello por la extraordinaria gracia de Dios! Sin embargo, él era simplemente un seguidor de Jesucristo.

Lo mismo fue cierto con un hombre común llamado Ananías. La Escritura dice de él: "Había entonces en Damasco un discípulo llamado Ananías" (Hechos 9:10). No hay registro alguno de que fuese apóstol, profeta, evangelista, pastor o maestro en la iglesia. Lo más probable es que fuera un hombre de negocios, mercader, maestro de escuela, dependiente, barbero o algo similar. Sin embargo, veamos lo que la Escritura dice acerca de él:

Fue entonces Ananías y entró en la casa, y poniendo sobre él las manos, dijo: Hermano Saulo, el Señor Jesús, que se te apareció en el camino por donde venías, me ha enviado para que recibas la vista y seas lleno del Espíritu Santo. Y al momento le cayeron de los ojos como escamas, y recibió al instante la vista (vv. 17-18).

Este creyente normal y corriente, de quien nunca volvemos a oír en todo el Nuevo Testamento, aparece obedientemente e impone las manos sobre los ojos de Pablo, que recupera su vista. ¡Qué obra más maravillosa! Ananías no tenía un don especial, ni era conocido por obrar milagros en la iglesia. Él simplemente necesitó tener acceso a la gracia necesaria para hacer su parte en el avance del reino. Todos tenemos esa gracia, nos ha sido dada gratuitamente en Cristo Jesús.

Jesús deja eso tan claro como el agua. Una vez que el reino se establece en el interior, podemos hacerlo avanzar, sin importar si somos personas de negocios, una madre y ama de casa, un médico, maestro de escuela, mecánico, estudiante, político, inversor o un agente de bienes inmuebles; nuestra ocupación no importa. Él nos comisiona a todos para que hagamos avanzar al reino:

> Id por todo el mundo y predicad el evangelio a toda criatura. El que creyere y fuere bautizado, será salvo; mas el que no creyere, será condenado. Y estas señales seguirán *a los que creen*: En mi nombre echarán fuera demonios; hablarán nuevas lenguas; tomarán en las manos serpientes, y si bebieren cosa mortífera, no les hará daño; sobre los enfermos pondrán sus manos, y sanarán.
>
> —Marcos 16:15-18, énfasis añadido

Observemos que Jesús afirma específicamente que se les dará el poder *a los que creen*, el mismo poder, o "gracia" en la que operaba Esteban para hacer "milagros asombrosos" para hacer avanzar al reino. Otra traducción, la Biblia en Lenguaje Sencillo, presenta esta idea del modo siguiente: "Los que confíen en mí y usen mi nombre podrán hacer cosas maravillosas" (v. 17). Jesús no dice "solo apóstoles o ministros de tiempo completo". Este poder es para todos los creyentes —como para Esteban, Ananías, las cuatro hijas de Felipe (ver Hechos 21:9), los creyentes en Jerusalén, los creyentes en Asia—; la lista continúa hasta usted y yo que creemos en Jesucristo como Señor y Salvador, y que somos llenos de su Espíritu Santo.

Espero que esto se vaya aclarando por completo. La gracia es la capacitadora presencia de Dios, la cual nos da la habilidad para llevar vidas piadosas en el presente y hacer lo que se requiere para que el reino de Dios avance. La gracia nos da el poder para superar nuestra propia capacidad. Dios le dijo a Pablo: "Bástate mi gracia; porque mi poder se perfecciona en la debilidad". Cuando Pablo entendió eso, felizmente declaró: "Por tanto, de buena gana me gloriaré más bien en mis debilidades, para que repose sobre mí el poder de Cristo" (2 Corintios 12:9).

La gracia nos capacita para que superemos nuestra propia capacidad en todas las áreas de la vida a fin de agradar a Dios, para vivir de modo extraordinario. La razón de que Dios lo haya establecido de este modo es sencilla: él obtiene toda la gloria, no nosotros.

Veamos a los creyentes de Macedonia. Ellos no tenían suficiente dinero para dar, pero no se apoyaban en su propia capacidad. Observemos a Pablo presumir de cómo dependían ellos de la gracia de Dios:

> Asimismo, hermanos, os hacemos saber la gracia de Dios que se ha dado a las iglesias de Macedonia; que en grande prueba de tribulación, la abundancia de su gozo y su profunda pobreza abundaron en riquezas de su generosidad. Pues doy testimonio de que con agrado han dado conforme a sus fuerzas, y *aun más allá de sus fuerzas*.
>
> —2 Corintios 8:1-3, énfasis añadido

Los creyentes de Macedonia dieron todo lo que pudieron. Sin embargo, no se conformaron con eso y, por el poder de la gracia de Dios, dieron un donativo sustancial *aun más allá de sus fuerzas*. ¡Y Dios obtuvo toda la gloria!

La gracia nos capacita por encima de nuestra capacidad. ¡Por eso es extraordinaria! Oh, cómo he visto esto en mi propia vida y en la de muchas otras personas. He viajado por más de veinte años a tiempo completo, al punto que a veces estoy en mi casa unos tres días al mes. Nuestros hijos ahora son adolescentes y jóvenes adultos, y todos ellos aman a Dios y le sirven de corazón. Mi esposa y yo nunca hemos estado más profundamente enamorados y nuestro matrimonio nunca ha sido tan fuerte. Las personas a menudo me miran y me preguntan: "¿Cómo lo hace? ¿Cómo viaja más de trescientos mil kilómetros por año, continúa escribiendo libros, se conserva fresco y mantiene una sana vida familiar?". Yo solo sonrío y respondo: "¡Por la gracia de Dios!".

Conozco mis debilidades y lo profundamente inútil que soy sin su gracia. Antes de abandonar mi carrera de ingeniería para entrar en el ministerio, mi madre me dijo: "John, creo que esto es un capricho. Lo dejarás en unos cuantos años, como has hecho con todo lo demás". ¡Vaya! Sin embargo, ella tenía razón. Yo había abandonado casi todo lo que había probado antes de tener un encuentro con la extraordinaria gracia de Dios.

Esa falta de poder permanecer había hasta tipificado mis relaciones, así que, cuando al fin me casé, me preocupó llegar a cansarme de mi esposa y querer abandonarla. Sin embargo, lo contrario es cierto: amo a mi esposa más en la actualidad que lo que la amaba hace casi tres décadas cuando nos casamos. Me siento más avivado en cuanto al ministerio hoy que hace más veinticinco años, cuando comencé. ¿Cómo puede ser eso? He aprendido en lo profundo de mi corazón a no olvidar nunca mi debilidad antes de tener un encuentro con la gracia de él. La gracia se me ha dado gratuitamente, así que ahora puedo hacer lo que de otro modo sería imposible. Puedo ir por encima de mi capacidad humana para lograr lo extraordinario debido a su gracia: ¡todo para la gloria suya!

Es muy triste que la gracia de Dios haya sido reducida en muchos círculos cristianos a un mero "seguro contra incendios". ¡No! La gracia es el don gratuito de Dios que nos perdona, nos salva, nos crea de nuevo y nos capacita para llevar una vida santa. También nos capacita para hacer avanzar el reino de Dios en nuestro interior aun por encima de nuestra propia capacidad. Al igual que la gracia nos salva de la muerte eterna, nos capacita para vivir de modo extraordinario en todas las áreas de la vida.

Por tanto, ahora llegamos a la pregunta más importante en este libro: ¿Por qué no todos los hijos de Dios viven en el poder de esta extraordinaria gracia? Prepárese para ver la respuesta. ¡Es aquí donde el mensaje se pone realmente bueno!

Reflexiones para un viaje extraordinario

¿Le resulta difícil creer que puede hacer obras mayores, como creyente, que las que hizo Jesús? Dé razones para su respuesta.

¿En qué áreas de debilidad necesita más la gracia de Dios?

¿Cómo cree que Cristo le está instando a hacer avanzar su reino?

12

LA ENTRADA

La gracia es el don de Dios para cada uno de nosotros. No puede ganarse ni merecerse; al contrario, es gratuita. Lo mejor de todo es que la gracia de la que hablamos en el capítulo anterior está a la disposición de todos. Por favor, no se crea nunca la mentira de que está asignada solamente a ciertos individuos, no, ¡está a la disposición de todos!

Con esto presente, debemos preguntar: "¿Dónde está la desconexión? ¿Por qué hay tantos cristianos que viven en su mayor parte igual que lo hacían antes de ser liberados por la gracia de Dios? ¿Por qué hay tan poca evidencia de la gracia capacitadora?". El apóstol Pablo tiene la respuesta clara:

Tenemos paz para con Dios por medio de nuestro Señor Jesucristo; por quien también tenemos *entrada por la fe a esta gracia* en la cual estamos firmes.
—Romanos 5:1-2, énfasis añadido

La palabra clave en este pasaje es *entrada*. El término griego aquí es *prosagoge*, que según varios léxicos especializados se define como "acceso". El diccionario *Webster's* la define como "capacidad, derecho o permiso para acercarse, entrar, hablar con o utilizar". Un sinónimo de esta palabra es *admisión*.

Piense en las diversas maneras en que utilizamos esta palabra. Por ejemplo, usted intenta obtener importante información de una computadora, sin embargo, se le niega el *acceso* porque no conoce la contraseña. O, usted desea obtener entrada a la Casa Blanca para ver al presidente, pero se le niega el *acceso* porque no tiene acreditación de seguridad. Este otro, usted es el capitán del equipo de baloncesto de la secundaria y necesita equipamiento para los entrenamientos. Todo está guardado en una habitación cerrada con llave, pero usted no tiene *acceso a ese lugar*. Por tanto, ¿qué debe hacer? Tiene que encontrar la persona que tiene la llave que da *acceso* a la sala de equipamiento.

Esta es otra manera de ilustrar el significado de la palabra: digamos que usted tiene gran necesidad de agua potable porque su pozo se ha quedado vacío. La ciudad tiene una inmensa torre más abajo en la calle que contiene millones de litros de agua potable. Como ciudadano, usted tiene derecho a tener toda el agua que necesite de esa torre, pero no tiene *acceso* a ella. Una tubería principal, que va desde la torre y lleva un caudal ilimitado de agua, pasa al lado de su casa. Así que se pone a pensar, ¿qué debo hacer? Simplemente ir al ayuntamiento y obtener un permiso para conectarse con la tubería principal. Después de hacer eso, usted va a una tienda y compra unos tubos de PVC. Hace una zanja en su jardín y conecta su casa a la tubería principal con la de PVC. El agua llega a su hogar porque usted ahora tiene *acceso*.

Dicho con sencillez, la fe es la tubería de la gracia. Veamos de nuevo las palabras de Pablo: "Tenemos *entrada* por la fe a esta gracia en la cual estamos firmes". Permita que use la ilustración del agua que mencioné para que quede muy claro: "Tenemos *entrada* por la tubería de la fe a toda el caudal de gracia que necesitemos".

La fe es el factor determinante al momento de *participar* o no de la gracia. Esto significa que no se puede tener acceso a la gracia, de la que hemos hablado en detalle en todos los capítulos anteriores, por otro camino que no sea el de la fe. Consciente de esto, permita que reitere este importante hecho: La gracia es la capacitación necesaria para agradar a Dios. Por tanto, se nos dice:

Pero sin fe es imposible agradar a Dios.

—Hebreos 11:6

¿Por qué? Porque sin fe no tenemos tubería y, por tanto, no tenemos *entrada* a la gracia que nos capacita para agradar a Dios. Recuerde: no podemos agradar a Dios por esfuerzo propio, sino solo mediante la gracia.

LA PALABRA DE SU GRACIA

Todo lo se necesita en esta vida está contenido en la Palabra de Dios. Sabemos esto por la última epístola de Pedro:

> Como todas las cosas que pertenecen a la vida y a la piedad nos han sido dadas por su divino poder [gracia]...por medio de las cuales nos ha dado *preciosas y grandísimas promesas*, para que por ellas llegaseis a ser participantes de la naturaleza divina.
>
> —2 Pedro 1:3-4, énfasis añadido

Dos importantes verdades se ven aquí. En primer lugar, todas las cosas que pertenecen a la vida —la vida extraordinaria— se encuentran en las preciosas promesas de su Palabra; y, en segundo lugar, todo lo que se necesita para una vida piadosa está resumido en una palabra: *gracia*. Así que, en esencia, podría decirse que la gracia de Dios está contenida en su Palabra. Leemos de los creyentes: "Por tanto, se detuvieron allí mucho tiempo, hablando con denuedo, confiados en el Señor, el cual daba testimonio *a la palabra de su gracia*" (Hechos 14:3, énfasis añadido). El escritor utiliza concretamente la frase "la palabra de su gracia". Más adelante en Hechos vemos la exhortación final de Pablo a quienes tanto amaba:

> Y ahora, hermanos, os encomiendo a Dios, y *a la palabra de su gracia*, que tiene poder para sobreedificaros y daros herencia con todos los santificados.
>
> —Hechos 20:32, énfasis añadido

Observemos de nuevo la frase "la palabra de su gracia". En otros términos, toda gracia —la capacitación de Dios para recibir toda bendición espiritual— yace en su Palabra. Por eso leemos que

Jesús es "quien sustenta todas las cosas con *la palabra de su poder*" (Hebreos 1:3, énfasis añadido). No dice "el poder de su palabra"; al contrario, afirma en modo preciso "la palabra de su poder". Si se dijera de la primera forma, significaría solo que su palabra es poderosa, sin embargo, la manera en que el Espíritu Santo lo ha escrito comunica claramente que todo su poder, toda su gracia, ¡está contenida en su palabra!

La gracia no se nos da porque seamos agradables, ni porque amemos a Dios, ni porque seamos sinceros, ni porque trabajemos mucho en el ministerio, ni porque deseemos sinceramente agradar a Dios, ni porque estemos con las personas adecuadas, ni debido a ninguna otra cosa. Toda gracia está contenida en su Palabra, y su Palabra debe ser creída a fin de activar, o tener entrada, al don gratuito de la gracia:

> Porque también a nosotros se nos ha anunciado la buena nueva como a ellos; pero no les aprovechó el oír la palabra, por no ir acompañada de fe en los que la oyeron.
>
> —Hebreos 4:2

Este versículo habla de los hijos de Israel. Hablando en términos figurados, todo el caudal de las bendiciones del cielo pasaba al lado de sus casas, pero ellos no conectaron sus tubería de fe. Por tanto, no recibieron las maravillosas bendiciones que Dios había proporcionado para ellos a fin de que llevaran una vida extraordinaria, porque ellos sencillamente no creyeron.

El escritor bíblico compara a Israel con nosotros. También nosotros tenemos las bendiciones de la gracia corriendo al lado de nuestra casa, promesas del pacto aun *mayores* de las que tenían los israelitas. Sin embargo, si no conectamos nuestra tubería de fe, tampoco nosotros nos beneficiaremos de la gracia porque no tendremos acceso a ella.

SALVACIÓN DE LA MUERTE

Veamos algunos de los aspectos de la gracia de los que hemos hablado bajo esta perspectiva. La Escritura afirma: "Porque de tal manera amó Dios al mundo, que ha dado a su Hijo unigénito, para que todo aquel que en él cree, no se pierda, mas tenga vida eterna" (Juan 3:16). Dios entregó a Jesús como rescate por cada persona en todo el mundo. Pedro lo desarrolla más: "El Señor...es paciente para con nosotros, no queriendo que ninguno perezca, sino que todos procedan al arrepentimiento" (2 Pedro 3:9). La gracia de Dios no solo ha proporcionado salvación por medio de Jesucristo, él también desea que toda persona la reciba; su deseo y su voluntad es que todos sean salvos de la muerte eterna.

Sin embargo, la realidad es que no todos serán salvos. De hecho, según Jesús, la mayoría de la humanidad se perderá. Jesús dice: "Entrad por la puerta estrecha; porque ancha es la puerta, y espacioso el camino que lleva a la perdición, y *muchos* son los que entran por ella; porque estrecha es la puerta, y angosto el camino que lleva a la vida, y pocos son los que la hallan" (Mateo 7:13-14, énfasis añadido).

¿Por qué solo una minoría de la humanidad entrará al cielo y la mayoría se encontrará en el infierno para siempre? Después del dolor, la agonía y el sacrificio tan grande que pagó Jesucristo para llevar a toda la humanidad a su reino, ¿por qué tan pocos lo reciben? La Palabra no les será de provecho porque no estará mezclada con fe. Recordemos las palabras de Juan 3:16: "Para que todo aquel que en él *cree*, no se pierda" (énfasis añadido). Es necesario *creer* y eso es *fe*. Leamos las palabras de Pablo:

> Porque por gracia sois salvos *por medio de la fe*; y esto no de vosotros, pues es don de Dios.
>
> —Efesios 2:8, énfasis añadido

La gracia es el don eterno de Dios, es el único medio por el cual podemos ser perdonados, hechos nuevos y destinados para el cielo. Sin embargo, está claro que solo puede recibirse mediante la tubería de la fe: "Concluimos, pues, que el hombre es justificado por fe" (Romanos 3:28). Sin la tubería de la fe, no hay gracia, aunque se haya proporcionado en abundancia.

Pablo dice: "¿Cómo, pues, invocarán a aquel en el cual no han creído? ¿Y cómo creerán en aquel de quien no han oído? ¿Y cómo oirán sin haber quien les predique?" (Romanos 10:14). Las personas deben oír "la palabra de su gracia" para que puedan tener fe y ser salvas.

Sin embargo, oír con nuestros oídos físicos es solo el principio, porque Pablo continúa: "Mas no todos obedecieron al evangelio" (v. 16). ¿Por qué no todo el que oye cree? Hay varias razones, sin embargo, Pablo declara la principal en el versículo que sigue:

> Así que la fe es por el oír, y el oír, por la palabra de Dios (v. 17).

Observemos que Pablo destaca dos formas de oír. La primera es con nuestros oídos naturales; la segunda es con nuestros corazones. Jesús constantemente repite: "El que tiene oídos para oír, oiga" (Mateo 11:15; 13:9, 43; Marcos 4:9, 23; 7:16; Lucas 8:8; 14:35). Todos a los que él se dirigió podían oír físicamente, pero él se refería al oír del corazón, porque ese es el asiento de la fe.

Nuestro corazón oirá si es noble, tiene hambre y está dispuesto a responder (ver Lucas 8:15). Bajo esas condiciones, recibiremos cuando se pronuncie la palabra de gracia, porque solo ella puede penetrar en lo profundo de nuestro ser: "Porque la palabra de Dios es viva y eficaz, y más cortante que toda espada de dos filos; y *penetra* hasta…[el] corazón" (Hebreos 4:12, énfasis añadido). *Penetrar* es atravesar y entrar en el destino deseado. Solo la Palabra de Dios puede atravesar nuestra mente consciente, intelecto o emociones y llegar a lo profundo de nuestro ser, donde se produce la fe verdadera. Saber esto nos hace entender lo importante que es proclamar la Palabra de Dios; no declarar tradiciones, principios de liderazgo, ideas filosóficas, conceptos de Dios, etc. Solamente la *Palabra* puede penetrar para producir fe verdadera.

LA EVIDENCIA DE LA FE

Es crucial oír en nuestro corazón, porque no somos salvos por despertar mental, cálidas emociones o hasta asentimiento intelectual. AL contrario, la Biblia dice que "con el corazón se cree para justicia" (Romanos 10:10). Esta es la fe verdadera, la que se origina en lo profundo de nuestro ser. Muchos han complicado esto, pero es bastante sencillo. La fe cree profundamente que Dios hará lo que él dice y, por consiguiente, produce palabras consecuentes y actos de obediencia. Las palabras oportunas y los actos son simplemente *evidencia* de que nuestro corazón se ha aferrado a lo que Dios ha hablado. Así es, claro y sencillo, y sin embargo, tan difícil de entender para muchos.

Hablemos brevemente sobre las oportunas palabras y los actos de fe, porque juntos representan *evidencia* de que alguien ha tenido acceso a la gracia.

En primer lugar, la fe tiene un lenguaje. Pablo escribe: "Pero la justicia que es por la fe *dice* así" (Romanos 10:6, énfasis añadido). Y de nuevo: "Pero teniendo el mismo espíritu de fe, conforme a lo que está escrito: Creí, por lo cual hablé, nosotros también creemos, por lo cual también hablamos" (2 Corintios 4:13). Por tanto, la verdadera fe habla de cierta manera.

Jesús dice:

Tened fe en Dios. Porque de cierto os digo que cualquiera que *dijere* a este monte: Quítate y échate en el mar, y no dudare en su corazón, sino *creyere* que será hecho lo que *dice*, lo que *diga* le será hecho.

—Marcos 11:22-23, énfasis añadido

Observe que Jesús enfatiza que la verdadera fe en Dios hablará en armonía con lo que cree; este es el lenguaje de la fe. De hecho, el verbo *decir* se repite tres veces en este solo versículo, y Jesús menciona solamente una vez el verbo *creer*. Él hace un gran énfasis en el lenguaje de la fe. La fe genuina habla en consonancia con lo que cree, puesto que Jesús dice: "Porque de la abundancia del corazón habla la boca" (Mateo 12:34). No mostramos que tenemos fe hablando lo que sabemos que es correcto; más bien, hablamos de forma espontánea lo que ya creemos. Como escribe el salmista: "Creí; por tanto hablé" (116:10). El creer viene primero; la evidencia del lenguaje sigue a continuación. Pablo afirmó que también hablamos porque creemos. Bajo presión, o cuando no estamos pensando conscientemente, lo que sale de nuestra boca es lo que en verdad creemos. Eso es evidencia de nuestra fe o de la falta de ella.

Esta verdad está representada vívidamente en una experiencia que los discípulos tuvieron con Jesús. Él había enseñado todo el día sobre los principios de la Palabra de Dios y la fe. Entonces les preguntó a los discípulos: "¿Habéis entendido todas estas cosas? Ellos respondieron: Sí, Señor" (Mateo 13:51).

Si habían entendido o no la enseñanza de aquel día eso estaba a punto de ser puesto a prueba, ya que el Espíritu Santo puso en el corazón de Jesús que cruzara el mar de Galilea porque Dios deseaba liberar a un hombre poseído por demonios al otro lado. Jesús dijo: "Pasemos al otro lado" (Marcos 4:35).

Los discípulos, varios de los cuales eran experimentados marineros y habían estado en ese mar incontables veces, abordaron la barca y la travesía comenzó. Jesús, agotado por el ajetreado día, se quedó dormido en la popa.

Entonces se levantó una gran tormenta acompañada de rugientes vientos. La barca comenzó a llenarse de agua, pero lo peor era que no se veía la costa por ninguna parte. Aquellos experimentados marineros llegaron a la conclusión de que había llegado su hora.

Ahora observemos la reacción de ellos: "Y le despertaron, y le dijeron: Maestro, ¿no tienes cuidado que perecemos?" (Marcos 4:38). Ellos clamaron de la abundancia de sus corazones; hablaron el lenguaje de los sentidos naturales en vez del lenguaje de la fe porque no tenían fe. La tragedia de todo ello era que Jesús les había dicho: "Pasemos al otro lado". Él no había dicho: "Muchachos, entremos en la barca, lleguemos hasta la mitad y entonces hundámonos".

Ellos habían escuchado su palabra con sus oídos naturales, no con los oídos de sus corazones. Por eso él se levantó y ordenó al tormentoso viento: "Calla, enmudece" (v. 39). Entonces se volteó hacia ellos y dijo: "¿Por qué estáis así amedrentados? ¿Cómo *no tenéis fe?*" (v. 40). Jesús sabía que ellos *no tenían fe* porque, bajo presión, él no había oído ningún lenguaje de fe pertinente salir de sus bocas. Ellos hablaron de la abundancia de sus corazones y como no tenían fe no pudieron tener acceso a la gracia necesaria para cruzar el mar. Por consiguiente, tuvieron que operar bajo sus propias fuerzas humanas, sujetos a circunstancias contrarias y abrumadoras, en lugar de elevarse por encima de lo ordinario para obrar a través de la fortaleza de Dios en lo extraordinario.

La conclusión aquí es destacable. Ellos habían dicho que entendieron y creyeron todo lo que Jesús había enseñado aquel día. Sin embargo, cuando surgió la presión, salió lo que había realmente en sus corazones. En medio de la tormenta hablaron y no fue el lenguaje de lo extraordinario, fue más bien lo que hombres comunes y corrientes dirían bajo tales circunstancias.

ACTOS DE FE PERTINENTES

Con respecto a los actos de fe pertinentes, el apóstol Santiago lo deja claro: "Muéstrame tu fe sin tus obras, y yo te mostraré mi fe por mis obras" (Santiago 2:18). Permítame explicar un poco más sus palabras regresando a nuestra ilustración de la torre de agua. La prueba de que hemos instalado y conectado la tubería es que el agua salga del grifo. Usted puede estar en el fregadero de su cocina y declarar con valentía que ha conectado su casa a la tubería principal; sin embargo, si abre el grifo y no sale agua, la realidad es que no está conectado a la fuente del preciado líquido.

Lo mismo es cierto en cuanto a la gracia y la fe. Puede usted declarar repetidamente: "Soy salvo por gracia", presumir de la bondad de Dios, hablar de amor, y utilizar otros clichés cristianos. Pero a menos que haya actos pertinentes —como un estilo de vida que agrade a Dios—, su fe es vana palabrería. Por esta razón Jesús afirma: "Así que, por sus frutos [estilo de vida] los conoceréis" (Mateo 7:20). El apóstol Santiago refuerza las palabras de él escribiendo:

Hermanos míos, ¿de qué aprovechará si alguno dice que tiene fe, y no tiene obras? ¿Podrá la fe salvarle?

Pero alguno dirá: Tú tienes fe, y yo tengo obras. Muéstrame tu fe sin tus obras, y yo te mostraré mi fe por mis obras. Tú crees que Dios es uno; bien haces. También los demonios creen, y tiemblan. ¿Mas quieres saber, hombre vano, que la fe sin obras es muerta? ¿No fue justificado por las obras Abraham nuestro padre, cuando ofreció a su hijo Isaac sobre el altar? ¿No ves que la fe actuó juntamente con sus obras, y que la fe se perfeccionó por las obras? ... Vosotros veis, pues, que el hombre es justificado por las obras, y no solamente por la fe ... Porque como el cuerpo sin espíritu está muerto, así también la fe sin obras está muerta.

—Santiago 2:14, 18-22, 24, 26

Esas son palabras fuertes, sin embargo, debemos prestarles atención. El libro de Santiago es una obra de inspiración del Nuevo Testamento, al igual que lo son las cartas a los Gálatas, a los Romanos, o cualquier otra epístola o evangelio. Santiago nos está protegiendo del mero asentimiento mental que conduce a una vida cristiana sin poder y, lo peor de todo, al engaño. Nos resguarda de concordar intelectualmente con la Palabra de Dios y no estar en contacto con la principal fuente de poder: la gracia. Así como el cuerpo de un ser humano está muerto sin el espíritu del hombre o la mujer, la fe está muerta —o no es genuina— si no hay frutos de santidad y justicia en la vida de la persona. No hay una verdadera creencia del corazón.

Santiago habla de Abraham, al cual se le llama "padre de todos nosotros" (Romanos 4:16), el padre de la fe. A Abraham se le prometió un hijo, pero se necesitaron años para que él creyese eso con firmeza. Su nombre original era Abram; sin embargo, cuando creyó firmemente que Dios haría cumplirse lo que él había prometido, bajo la dirección del propio Dios Abram se refirió a sí mismo como Abraham, que significa "padre de multitudes".

¿Puede imaginar lo que la gente pensaría de Abraham? A la edad de noventa y nueve años, él dijo: "Miren, mi nombre ya no es Abram; ahora es 'Padre de multitudes'". Debieron haberse reído y pensado que la edad le había causado estragos. "El viejo Abram ha perdido la cabeza o no quiere aceptarlo". No importaba lo que otros pensasen o dijesen, sin embargo, porque Abraham creía en su corazón. Por tanto, sus palabras y sus actos estaban en armonía.

Antes de que llegase el hijo prometido, Abraham habló lo que creía y se convirtió en lo que habló. Fueron sus palabras de fe unidas a sus actos de fe lo que solidificó el poder de la gracia en su vida. Lea con atención lo que se nos dice sobre él.

(Como está escrito: Te he puesto por padre de muchas gentes) delante de Dios, a quien creyó, el cual da vida a los muertos, y llama las cosas que no son, como si fuesen. El creyó en esperanza contra esperanza, para llegar a ser padre de muchas gentes, conforme a lo que se le había dicho: Así será tu descendencia. Y no se debilitó en la fe al considerar su cuerpo, que estaba ya como muerto (siendo de casi cien años), o la esterilidad de la matriz de Sara. Tampoco dudó, por incredulidad, de la promesa de Dios, sino que se fortaleció en fe, dando gloria a Dios, plenamente convencido de que era también poderoso para hacer todo lo que había prometido.

—Romanos 4:17-21

Podemos ver que los actos de Abraham mostraban que creía. No se comportaba de cierta manera para convencerse a sí mismo y convencer a otros de que tenía fe. No, primero vino la fe, seguida de las palabras de confianza y los actos pertinentes.

Años después, Abraham volvería a generar evidencia de su fe. Dios le pidió que fuese a la tierra de Moriah y que sacrificara a Isaac. ¿Puede imaginarse lo difícil que debió haber sido esa petición? Abraham había esperado veinticinco años al hijo prometido, al que amaba profundamente, ¿y ahora Dios le pedía que le diera muerte? Sin embargo, veamos lo que se narra: "Y Abraham se levantó *muy de mañana*, y enalbardó su asno, y tomó consigo dos siervos suyos, y a Isaac su hijo; y cortó leña para el holocausto, y se levantó, y fue al lugar que Dios le dijo" (Génesis 22:3). ¡Qué fe tan asombrosa! Abraham no vaciló ni dudó; partió a la mañana siguiente. ¿Cómo podía apresurarse para dar muerte a lo que era tan amado para él? ¿Por qué no luchó contra las emociones durante semanas antes de ceder al fin y hacer el viaje? La respuesta se encuentra claramente en sus propias palabras:

Al tercer día alzó Abraham sus ojos, y vio el lugar de lejos. Entonces dijo Abraham a sus siervos: Esperad aquí con el asno, y yo y el muchacho iremos hasta allí y adoraremos, *y volveremos a vosotros.*

—Génesis 22:4-5, énfasis añadido

¿Por qué dice Abraham "y volveremos a vosotros"? Si él iba a darle muerte a Isaac, ¿cómo podrían regresar "ambos"? Era su fe la que hablaba. Él se estaba aferrando por la fe a la declaración de Dios de que por medio de Isaac vendría la promesa de una gran nación. Por tanto, Abraham llegó a la conclusión de que, en algún modo, Dios resucitaría a Isaac de las cenizas del sacrificio. El escritor de Hebreos nos dice: "Por la fe Abraham, cuando fue probado, ofreció a Isaac; y el que había recibido las promesas ofrecía su unigénito, habiéndosele dicho: En Isaac te será llamada descendencia" (11:17-19).

Abraham construyó el altar, ató a Isaac, puso al muchacho encima y levantó su cuchillo; totalmente preparado para darle muerte. Entonces Dios le dijo desde el cielo: "No extiendas tu mano sobre el muchacho, ni le hagas nada; porque ya conozco que temes a Dios, por cuanto no me rehusaste tu hijo, tu único" (Génesis 22:12). Los pertinentes actos de obediencia de Abraham fueron evidencia de que él verdaderamente temía a Dios y *creía su Palabra* por encima de todo. Sus actos fueron mera evidencia de su fe.

Por eso Santiago dice de Abraham:

¿No ves que la fe actuó juntamente con sus obras, y que la fe se perfeccionó por las obras? Y se cumplió la Escritura que dice: Abraham creyó a Dios, y le fue contado por justicia, y fue llamado amigo de Dios. Vosotros veis, pues, que el hombre es justificado por las obras, y no solamente por la fe (2:22-24).

Dios escogió la historia de Abraham para enseñarnos la fe del Nuevo Testamento. Por ese motivo, el apóstol Pablo escribe: "Y no solamente con respecto a él se escribió que le fue contada, sino también con respecto a nosotros" (Romanos 4:23-24).

Estos mismos principios se aplican a nosotros, ya que la fe verdadera no solo habla de lo que cree sino también actúa en consonancia y finalmente revela la capacitación de la gracia.

SEGUIR EL EJEMPLO DE ABRAHAM

Regresemos una vez más a la analogía de la tubería de agua. Lo que en definitiva debemos buscar no es la tubería de la fe sino más bien el agua de la gracia que sale del grifo. La tubería es meramente el pasaje que trae lo que tanto se necesita. Por tanto, insisto, la meta final no es la fe, sino el resultado de ella, el cual es la gracia. Por ella somos perdonados, cambiados a la imagen de él, y capacitados para vivir justamente y traer el cielo a la tierra. En resumen: para experimentar una vida extraordinaria que agrada a Dios.

Los que viven por la ley, a quienes Pablo tuvo que confrontar constantemente, enseñaban que la justicia se ganaba por medio de las obras. Si hacíamos buenas obras, guardábamos los mandamientos de Moisés, y no quebrantábamos los estatutos de Dios, se nos otorgaría entrada en su reino. Ya que eso es imposible para nadie, a excepción de Jesús, esa enseñanza les robaba a los individuos libertad y poder.

Este mismo tipo de pensamiento puede filtrarse también en la vida cristiana. Las personas pueden creer que no irán al infierno por la gracia de Dios pero, por otro lado, creen erróneamente que solo pueden recibir las bendiciones de Dios si guardan todos sus mandamientos por sus propios esfuerzos. Desde luego, este enfoque pone de nuevo al individuo en el asiento del conductor, porque es como si por el esfuerzo y la bondad se ganasen las bendiciones de Dios.

Esto es un pensamiento legalista, el cual nos alejará de la verdadera fe y la capacitación de la gracia. Es retroceder con respecto a lo que acabamos de observar con Abraham. Él primero creyó, luego siguió una vida capacitada. Para quienes están atrapados en la trampa del legalismo, Pablo escribió: "¿Tan necios sois? ¿Habiendo comenzado por el Espíritu, ahora vais a acabar por la carne?" (Gálatas 3:3).

La fe verdadera sabe que la bondad es producto de la gracia, a la cual solo se puede tener acceso creyendo lo que Dios ha dicho (su Palabra revelada). Si creemos, estamos por tanto capacitados, y mientras escojamos no vivir en nuestra carne sino permanecer en el Espíritu, donde se encuentra la gracia, entonces nuestras vidas agradarán a Dios y seguirán las subsiguientes bendiciones. Por tanto, la suficiencia es de Dios, no de nuestros propios esfuerzos. Sabemos que estamos capacitados y dependemos de ello. Sabemos que tenemos una capacidad que nadie que vive sin fe posee.

MIS PROPIAS BATALLAS

Cuando yo era joven, mi padre me llevó a ver la película *Los Diez Mandamientos,* protagonizada por Charlton Heston. En pleno desarrollo de la acción, sentí una tremenda convicción. Yo era un adolescente rebelde que llevaba una vida impía y la película sacó a la luz mi pecado. Cuando vi la escena de la tierra abriéndose para tragarse vivos a Datán y a sus rebeldes amigos, quedé aterrorizado.

Salí de aquel cine arrepintiéndome de mis numerosos pecados. Tomé la firme decisión de seguir un estilo de vida piadoso desde aquel día en adelante. Como resultado, mi vida fue cambiada... pero por una semana más o menos. Después, regresé a todos mis viejos patrones de conducta. ¿Por qué no podía vivir como quería hacerlo? La respuesta es sencilla: Yo no había sido capacitado por la gracia. Hubo arrepentimiento, pero no gracia, porque yo no había entregado mi vida a Jesucristo por medio de la *fe.* Por tanto, seguía teniendo la misma naturaleza de pecado.

Unos años después recibí a Jesucristo como mi Señor. Creí genuinamente y le entregué a él mi vida. Entonces vi algún cambio en mi vida en mis patrones de conducta. Sin embargo, en muchos aspectos vivía como un cristiano sin poder porque no sabía lo que tenía en mi interior. No sabía sobre mi nueva naturaleza, cómo había sido hecho justicia de Dios en Cristo. Solo sabía que era perdonado y que ya no iría al infierno ni al purgatorio.

Después de un tiempo aprendí la importancia de llevar una vida piadosa y santa. Por tanto, en mi celo por agradar a Dios comencé a exigirme a mí mismo y también a otros un estilo de vida santo. Aquello fue caótico y dañino. Hice sentirse incómodos a quienes estaban cerca de mí y algunos hasta me evitaban. Yo era duro, lega-lista y carente de compasión; había comenzado en el Espíritu, pero ahora intentaba hacerlo todo con mis propias fuerzas.

A medida que pasó el tiempo, Dios reveló mediante su Palabra lo que he escrito en este capítulo. Descubrí que la fortaleza y la sufi-ciencia eran *de* él y no mías. Al igual que yo no pude vivir de mane-ra piadosa, simplemente después de ver *Los Diez Mandamientos*, aun como creyente seguía sin poder servir a Dios en forma acepta-ble, sin tener acceso a la gracia por medio de la fe. Lo fundamental es que yo intentaba tener una vida piadosa sin el poder de la gracia y eso —sencillamente— no puede hacerse.

En su Palabra, Dios dice que su pueblo perece o es cautivo por "falta de conocimiento" (Oseas 4:6; Isaías 5:13). Yo no tenía el conocimiento de la capacitación de la gracia porque no estaba real-mente en mi corazón, así que no tenía acceso al poder que necesita-ba con tanta urgencia. Sin fe, yo no podía tener una vida agradable a Dios, aunque creía que la sangre de Jesús me había limpiado de todo pecado y que sería admitido en el cielo. Al igual que muchas personas en la actualidad, yo sabía que era un cristiano salvo por gracia, pero tenía una vida muy corriente y, en algunas áreas, has-ta de derrota.

Tenemos que afrontar los hechos: No podemos tener vidas pia-dosas por nuestra propia capacidad, ni tampoco podemos agradar a Dios con nuestras fuerzas. Debemos recordar el ejemplo de Abra-ham: él decidió vivir no basado en lo que las circunstancias natura-les dictaban que él no podía hacer, sino en lo que Dios dijo que él haría. Abraham creyó. Eso es lo único que podía hacer y fue más que suficiente. Al igual que era imposible para Sara y él engendrar al hijo prometido, así tampoco nosotros podemos cumplir el plan de Dios para nuestras vidas por nuestros esfuerzos. La única solu-ción es sencillamente humillarnos y creer. Cuando hacemos eso, entramos en el abundante poder de Cristo sencillamente creyendo. Esto es lo que separa a la persona que vence la cautividad del mun-do de aquella que sigue encarcelada por ella: la primera tiene fe; la segunda no la tiene.

Sin fe es imposible agradar a Dios. Sin fe *y* gracia, vivimos en lo ordinario, no en lo extraordinario.

Reflexiones para un viaje extraordinario

¿Ha experimentado el poder de la Palabra de Dios en su vida? Enumere algunos ejemplos.

¿Cómo cree que habría respondido usted si hubiera estado en la barca durante aquella terrible tormenta en el mar de Galilea?

¿De qué maneras puede usted abrir la tubería de la fe en su vida para que la gracia de Dios discurra con mayor libertad?

13

POR ENCIMA DE TODA COMPRENSIÓN

AUNQUE ES GRATUITA, SE puede acceder a la gracia solo por la fe, y entramos en sus riquezas con solo creer. Si puede usted establecer esta verdad en su corazón y su mente, evitará ser desviado por sentimientos erróneos, circunstancias contrarias o mentiras del enemigo. El punto principal: no es lo agradables, entusiastas, sinceros o activos que seamos; en cambio, *se trata* de creer la Palabra de Dios.

> De hecho, en el evangelio se revela la justicia que proviene de Dios, la cual es por fe *de principio a fin*, tal como está escrito: "El justo vivirá por la fe".
>
> —Romanos 1:17 NVI, énfasis añadido

Todo nuestro caminar cristiano, desde el día en que entramos en la familia de Dios hasta que lo contemplemos cara a cara, *se trata* de creer su Palabra por encima de lo que vemos, oímos o experimentamos. Observe que sigo repitiendo "se trata de". No estoy exagerando; ciertamente *se trata de fe*. Por esta razón se nos dice: "Mas el justo vivirá por fe" (Hebreos 10:38).

DIOS DA GRACIA A LOS HUMILDES

Puede que pregunte: "¿Y qué de la humildad? ¿Acaso no dice la Biblia que Dios da gracia a los humildes (Santiago 4:6)?". Claro que sí, sin embargo, ¿quiénes son los humildes sino aquellos que creen y obedecen la voluntad de Dios por encima de lo que sienten, piensan o hasta desean? Se nos dice:

> He aquí que aquel cuya alma no es recta, se *enorgullece*; mas el justo por su fe vivirá.
>
> —Habacuc 2:4, énfasis añadido

La Escritura presenta el orgullo y la fe como opuestos. Este versículo podría haberse escrito: "He aquí que aquel cuya alma no es recta, *no es humilde*; mas el justo por su fe vivirá". Está claro que *humildad* y *fe* van de la mano, igualmente *orgullo* e *incredulidad*. Esto es no creer a Dios, es decir, que sabemos más que él y que confiamos en nuestro propio juicio por encima del suyo. La incredulidad no es otra cosa que orgullo camuflado.

Permítame ilustrarlo. Cuando Israel estaba en el desierto, se enviaron espías para ir e inspeccionar la tierra prometida a los hijos de Israel. El Señor habló a Moisés: "Envía tú hombres que reconozcan la tierra de Canaán, *la cual yo doy a los hijos de Israel*" (Números 13:2, énfasis añadido).

Se enviaron doce líderes (uno representando a cada tribu), sin embargo, diez de ellos eran muy humildes y dos muy orgullosos (lo digo chistosamente). El grupo regresó de la tierra prometida después de cuarenta días de investigaciones. Los diez hombres humildes hablaron primero y dijeron: "Hemos espiado la tierra y ciertamente es una tierra que fluye leche y miel. ¡Solo miren los frutos que hemos traído! Sin embargo, hay fuertes ejércitos con gigantes con los que hay que luchar; son experimentados guerreros y tienen armas mucho mejores que las nuestras. Afrontemos los hechos: nosotros somos solo un grupo de esclavos recientemente liberados. Tenemos que pensar en nuestras esposas y nuestros hijos. ¿Cómo podríamos sujetar a nuestros seres queridos a la crueldad, posiblemente a la tortura y la violación, y a una muerte segura? Debemos ser buenos padres y esposos, y hablar de la realidad de esta situación: es imposible tomar la tierra" (ver Números 13-14).

La multitud elogió, y hasta aplaudió, la humildad y la "sabiduría" de aquellos hombres. Estoy seguro de que la mayoría de los padres y las madres que oyeron su informe agradecieron su humilde comportamiento. El pueblo de Israel se consoló a sí mismo diciendo: "Nos alegra mucho que estos hombres fuesen delante de nosotros. Qué grandes líderes; su ego no se ha llevado lo mejor de ellos poniéndonos en peligro. ¿Qué habría sido de nosotros si no fuese por el sentido común que ellos tienen?".

De repente, los líderes "orgullosos", Caleb y Josué, interrumpieron y dijeron: "¡Esperen un momento! ¿Qué estamos haciendo? Necesitamos ir y tomar la tierra ahora. ¡Podemos hacerlo! Tenemos la palabra del Señor que nos la promete. ¡Avancemos!".

¿Puede imaginarse la manera en que los otros diez líderes debieron haber reaccionado ante lo que decían Caleb y Josué? "¿De qué están hablando? Cállense, egoístas. ¿Están locos? Todos vimos esos ejércitos; son guerreros experimentados. Nosotros somos un montón de esclavos y no somos rivales para ellos. No piensan ustedes en nuestras esposas e hijos, ni en el bienestar de nuestra nación. ¡Ustedes son unos arrogantes, temerarios e idealistas!".

La multitud suspiró. "Ah, gracias a Dios porque los sabios son más fuertes y no se retraen. Somos muy afortunados porque la mayoría de los doce son humildes y prudentes. ¿Pueden imaginar lo que sería de nosotros si todos ellos fueran egoístas como Caleb y Josué?".

Sin embargo, Dios interviene diciendo: "¿Hasta cuándo me ha de irritar este pueblo? ¿Hasta cuándo no me *creerán*?" (Números 14:11, énfasis añadido). Está claro que él no está contento con ellos. Lo que lucía como humildad no era tal cosa, en absoluto. En realidad, su incredulidad era orgullo; ya que basaban todos sus cálculos en su propia fuerza. Dios dice por medio del profeta Jeremías: "Maldito el varón que confía en el hombre... Bendito el varón que confía en Jehová, y cuya confianza es Jehová" (Jeremías 17:5, 7). Diez de los espías vieron lo grandes que eran los gigantes y basaron sus posibilidades para la batalla en la fortaleza humana, pero Caleb y Josué vieron lo grande que era Dios con respecto al enemigo y basaron sus cálculos totalmente en la fortaleza de Dios. Ellos dos terminaron bendecidos; los otros diez fueron maldecidos. Por tanto, ¿cuáles de los líderes eran los verdaderamente humildes y cuáles los orgullosos? A los ojos de Dios, los diez eran orgullosos y solo dos eran humildes.

Se necesita una humildad genuina para tener fe en Dios, porque usted debe apoyarse en la capacidad de él y no en la suya propia. Insisto, por eso Dios dice: "He aquí que aquel cuya alma no es recta, se *enorgullece*; mas el justo por su *fe* vivirá" (Habacuc 2:4, énfasis añadido).

ESTABLECIDOS EN LA FE

Es importante que cada uno de nosotros esté "establecido en la fe" (Colosenses 2:7). Si estamos sólidos en nuestra fe, no seremos movidos fácilmente de la voluntad y los propósitos de Dios. La misión de Pablo entre aquellos a quienes fue enviado, que ciertamente nos incluye a nosotros, era "suplir lo que le falta a su fe" (1 Tesalonicenses 3:10 NVI). Este mismo propósito me ha impulsado a escribir este libro: Estoy navegando con atención por las revelaciones del Nuevo Testamento con respecto a quiénes somos y lo que tenemos a nuestra disposición en Cristo. A medida que usted lee sistemáticamente esta revelación de la gracia, está descubriendo su identidad y, espero, su fe está siendo solidificada.

Una ilustración ayudará a dejar eso claro. Imagine que nace siendo el hijo de un rey, heredero del trono del reino que usted está destinado a gobernar. Pero inmediatamente después de su nacimiento, alguien lo rapta y lo lleva a una zona remota en el campo, lejos del palacio. A medida que esos sinvergüenzas lo crían, repetidamente afirman que usted nació en la pobreza y que es un simple, un fracasado y, lo más importante, un esclavo. ¿Cuál sería el resultado? Aunque usted fuese de descendencia real, crecería viviendo, actuando, hablando y pensando como un esclavo.

Por años, su padre —el rey— ha enviado grupos de rescate para buscarlo continuamente. Un día, después de casi dos décadas de rastrear el vasto reino, uno de los grupos de búsqueda lo localiza y lo libera, luego lo lleva a su hogar en el palacio. Hay una inmensa celebración porque el heredero del trono ha regresado a su legítimo hogar.

Aunque ya esté en el lugar legítimo, se necesitaría una extensa formación y reprogramación personal para cambiar sus patrones de conducta de esclavo a heredero del trono. ¿Puede imaginarse su primer día en el palacio? Usted se levanta de la cama y se dirige a los jardines y los establos reales para que le den su desayuno. Al regresar al palacio con frutas, verduras y leche fresca, sus asistentes le preguntan:

—¿Qué hace, señor?

Usted responde:

—Agarro mi desayuno.

Ellos e dicen:

—Pero usted tiene sirvientes para hacer eso, incluido el chef real, que hace los mejores platos en todo el país.

Poco después, usted va a su cuarto para hacer la cama, ordenar la habitación y lavar su ropa en la bañera. Una vez más, sus asistentes le preguntan:

—Señor, ¿qué está haciendo?

—Estoy ordenando mi cuarto y lavando mi ropa.

—Pero usted tiene sirvientes para limpiar su cuarto y lavar su ropa —le dicen ellos.

¿Qué sucede? Cuando usted era cautivo, no tenía que elegir en cuanto a las tareas, esa era la única forma en que se le permitía vivir. Se le obligaba a agarrar la comida de su cruel amo, a comerse las sobras, y a lavar la ropa de ellos y, por supuesto, la suya. Usted era un esclavo en todos los aspectos.

Su conducta en el palacio ese primer día sería radical, pero fácilmente alterada. No sería difícil convencerlo de que permitiera que los asistentes hicieran la limpieza y la comida, sin embargo, lo que habría sido inculcado en lo profundo de su ser por años sería más difícil de tratar. Habría que ocuparse de sus procesos generales de pensamiento a niveles más profundos. Su manera de pensar, de relacionarse con la gente y de tomar decisiones tendría que ser confrontada y cambiada. Su mentalidad de esclavo tendría que ir eliminándose capa por capa y sustituida por una mentalidad de príncipe. Aunque usted es el heredero del trono, en muchos aspectos continuaría viviendo del modo en que lo enseñaron. Su subconsciente tendría que ser reprogramado si tuviera que pensar como un príncipe. Tendrían que enseñarle su nueva identidad y lo que significa tener los recursos de un príncipe. Eso llevaría tiempo y esfuerzo.

Eso es exactamente lo que Pablo afirma. Cada uno de nosotros nació esclavizado a lo "ordinario". Ahora debemos ser liberados para pensar y creer "extraordinariamente". Pablo desea "suplir lo que le falta a su fe" (1 Tesalonicenses 3:10 NVI). Si creemos que no somos distintos de quienes no han sido liberados por la gracia de Dios, viviremos como ellos: en lo ordinario. Viviremos del modo en que fuimos entrenados, cautivos del sistema de este mundo. Sin embargo, si permitimos que la Palabra de Dios cambie el modo en que nos vemos a nosotros mismos, y lo creemos verdaderamente en nuestro corazón, entonces comenzamos a vivir como la realeza del cielo: ¡En la esfera de lo extraordinario!

Dios reconvierte las percepciones que tenemos de nosotros mismos, las que existen en lo profundo de nuestro ser. Su Palabra dice: "Mas vosotros sois linaje escogido, real sacerdocio, nación santa, pueblo adquirido por Dios, para que anunciéis las virtudes de aquel que os llamó de las tinieblas a su luz admirable" (1 Pedro 2:9). También se nos dice: "Al que nos amó, y nos lavó de nuestros pecados con su sangre, y nos hizo reyes y sacerdotes" (Apocalipsis 1:5-6). Y otra vez: "El Espíritu mismo da testimonio a nuestro espíritu, de que somos hijos de Dios. Y si hijos, también herederos; herederos de Dios y coherederos con Cristo" (Romanos 8:16-17).

¡Usted es un heredero del Rey del universo! Usted es parte de la realeza. Usted ha sido distinguido como la élite dirigente de Dios. Debemos saber eso y creerlo en nuestro corazón, porque solamente entonces podremos tener acceso al poder de la naturaleza divina para dar gloria a nuestro Padre en el cielo.

De lo que se trata todo esto es de creer la verdad sobre nosotros mismos, porque si no creemos, no tenemos acceso a las extraordinarias provisiones de la gracia de nuestro Dios.

LA GRANDEZA DE SU PODER

Veamos con mayor detenimiento el papel de la fe en el inherente poder de nuestra nueva naturaleza, al igual que cómo la fe trae a la tierra las provisiones del reino. Pablo afirma con valentía: "Por la gracia de Dios soy lo que soy" (1 Corintios 15:10). ¡Qué declaración! Decir "soy" significa que uno sabe firmemente quién es. Ese es el lenguaje de la fe: nada de duda, ni debate, ni vacilación. Usted habla con confianza porque sabe en lo profundo de su ser que es verdad. Hay finalidad al decir: "Soy". Les está diciendo a los demás: "Pueden llamarme como quieran, pueden acusarme de un pasado despreciable o de lo insignificante que es mi familia, o pueden decir que estoy destinado al fracaso. Nada de eso me detendrá porque sé quién soy. Mi situación no se basa en lo que yo haya hecho ni en lo que merezca. Lo he recibido por la fe, y soy uno con Jesús; ¡todo debido a la gracia de Dios!".

No solo Pablo mismo vivía en el poder de este conocimiento, sino que también oraba sinceramente que la misma realidad estuviera en el corazón de todos los cristianos. Él pedía a Dios que alumbrara los ojos de nuestro entendimiento, "para que sepáis cuál es la esperanza a que él os ha llamado, y cuáles las riquezas de la gloria de su herencia en los santos, y cuál la supereminente grandeza de su *poder* para con nosotros los que *creemos*, según la operación del poder de su fuerza, la cual operó en Cristo, resucitándole de los muertos" (Efesios 1:18-20, énfasis añadido).

Hay mucha profundidad en la oración de Pablo. Él afirma que hay un poder ilimitado e inmensurable en nosotros los que creemos. El vocablo *creer* es la clave. En otras palabras, este poder solo está a disposición de quienes tienen fe. Pablo básicamente ora: "Pido a Dios que les otorgue la capacidad de saber quiénes son ustedes por la gracia de Dios. ¿Por qué? Para que puedan tener *una fe que venza la influencia y el poder del mundo*".

Juan arroja más luz sobre esto:

> Sus mandamientos no son gravosos. Porque todo lo que es nacido de Dios vence al mundo; y esta es la victoria que ha vencido al mundo, nuestra fe.
>
> —1 Juan 5:3-4

La razón de que los mandamientos de Dios no sean gravosos o demasiado difíciles es porque se nos ha otorgado —mediante la gracia— la capacidad de guardarlos. Las leyes de Dios ya no nos refrenan, como al pueblo del Antiguo Testamento, al contrario, somos capacitados parar vivir deleitosamente en los caminos de él. Y a esta capacidad se tiene acceso solamente por la fe. Por eso, Juan declara que la "fe" es la victoria que vence la sujeción del mundo que mantiene a todos los no creyentes esclavos del pecado. Por esta razón, se nos dice: "porque por fe andamos, no por vista" (2 Corintios 5:7). En otras palabras, vivimos por lo que creemos, no por lo que vemos, oímos, gustamos, tocamos u olemos. Todo lo que va en contra de la Palabra de Dios está sujeto a cambio. Solamente su Palabra es eterna; por tanto, nuestro enfoque está en lo que Dios dice, no en las circunstancias siempre cambiantes.

Sin embargo, va mucho más lejos que la libertad de la esclavitud. En la oración de Pablo, él ora apasionadamente "para que sepáis cuál es la esperanza a que él os ha llamado, y cuáles las riquezas de la gloria de su herencia en los santos (apartados)". Él está orando para que entendamos que no solo hemos sido liberados de la esclavitud del pecado, sino que también nos hemos convertido en herederos reales. Por eso afirma, además, que el mismo poder ilimitado e inmensurable que resucitó a Jesús de la muerte nos ha sido impartido. ¡Piense en lo increíble que es esto!

La palabra griega para *poder* es *dunamis*. Se define como fortaleza, capacidad y potestad. El *Thayer's Greek-English Lexicon* define esta palabra como "el poder que reside en una cosa por virtud de su naturaleza". Esta definición alinea con lo que Pablo oraba. Es poder inherente. Recordemos el evangelio de Juan: "Porque de su plenitud tomamos todos, y gracia sobre gracia" (1:16). La gracia de Dios nos dio una nueva naturaleza, nada menos que la plenitud de él, y su inherente poder es el mismo poder que resucitó a Jesús de la muerte. ¡Es casi demasiado bueno para entenderlo!

El mismo poder que resucitó a Jesús de la muerte mora en nosotros. Por eso los demonios temen que usted descubra lo que le ha impartido la gracia. Por eso el enemigo se ha esforzado fervorosamente a reducir la gracia a un "seguro contra incendios" o a "la gran tapadera". Si usted descubre lo que es, se levantará y será una gran amenaza para la obra del enemigo. Vivirá de modo extraordinario y agradará mucho a su Padre celestial.

¿Puede entender ahora por qué Jesús dijo: "las obras que yo hago, él las hará también; y aun mayores hará" (Juan 14:12)? Él nos dice: "Si permanecéis en mí, y mis palabras permanecen en vosotros, pedid todo lo que queréis, y os será hecho. En esto es glorificado mi Padre, en que llevéis mucho fruto" (15:7-8). Dios es glorificado cuando vivimos como Jesús; pero no es glorificado si sufrimos por algo que Jesús ya pagó para librarnos de ellas, cosa que hizo a un alto precio. De modo que fuimos creados para reinar en vida; oh, sí, *gobernar en vida*. Oigamos las palabras de Pablo:

> Mucho más *reinarán en vida* por uno solo, Jesucristo, los que reciben la *abundancia de la gracia* y del don de la justicia.
>
> —Romanos 5:17, énfasis añadido

Esto significa que hemos de elevarnos por encima de la norma. Ya no estamos viviendo a nivel promedio. Ahora somos los que influenciamos, no los que siguen. Si es usted maestro, debería idear las formas más creativas e innovadoras de comunicar conocimiento y sabiduría. Otros maestros deberían sorprenderse por la ingenuidad de usted. Si es usted diseñador, sus ideas creativas deberían ser muy avanzadas, vanguardistas y novedosas. Usted debería ser líder en su campo de acción. Como hombre o mujer de negocios, debería crear ideas geniales y buenas estrategias de mercado que estén a la vanguardia. Debería ver lo que es beneficioso y lo que no. Saber cuándo comprar y cuándo vender. Otras personas de negocios se rascarán la cabeza intentando descubrir por qué usted es tan exitoso.

Si es usted una madre que no trabaja fuera de casa, debería ser la más creativa, la más compasiva y la más sabia en su barrio. Otros que no han sido salvos por gracia acudirán a usted a buscar consejo. Si tienen hijos enfermos, usted impondrá sus manos sobre ellos, como Jesús, y se recuperarán. Como gobernadores, en esencia satisfacemos las necesidades de la gente por el poder tan abundante que está en nosotros. Esta es la victoria que vence al mundo, la cual nos hace reinar en vida: *¡nuestra fe!*

¿Por qué no creemos sencillamente? ¿Por qué es nuestra fe tan complicada? ¿Por qué no disfrutamos de una vida piadosa y victoriosa, avanzada en todos los ámbitos de la sociedad, y somos las personas más creativas, innovadoras, encantadoras y sabias de la tierra? ¿Por qué no sanamos compasivamente a los enfermos y liberamos a los cautivos? La razón por la que Pablo hizo esa oración es para que obtuviéramos una revelación del sorprendente poder que tenemos a nuestra disposición si sencillamente tenemos fe. Por eso declara además:

Y a Aquel que es poderoso para hacer todas las cosas *mucho más abundantemente* de lo que pedimos o entendemos, *según el poder que actúa en nosotros*, a él sea gloria en la iglesia en Cristo Jesús por todas las edades, por los siglos de los siglos. Amén.

—Efesios 3:20-21, énfasis añadido

¿Ha entendido esas palabras? Él "es *poderoso* para hacer todas las cosas *mucho más abundantemente* de lo que pedimos o entendemos". ¿Puede oír los adjetivos que Pablo utiliza para describir la magnitud de lo que Dios puede hacer por medio de nosotros y por nosotros? ¡Y más aún! Porque no es solo su poder, que nos da periódicamente desde el salón del trono o en raras ocasiones a través de los ángeles. Tampoco es el poder especial que estaba sobre los apóstoles cuando fueron enviados por Jesús a sanar enfermos y resucitar muertos. No, es *su poder* que obra *en nosotros*, que reside en nosotros. Ha sido impartido en nuestra naturaleza por medio de su Espíritu. Cuando tengamos esta revelación en nuestros corazones, entonces gobernaremos en vida, venciendo los poderes y la influencia del mundo. No seremos derrotados, condenados ni infructuosos; llevaremos mucho fruto y ciertamente seremos imitadores de Dios como sus hijos amados.

¡Qué asombrosas son las palabras de Pablo! No son solo *más abundantemente* de lo que pedimos o entendemos, ¡sino *mucho más abundantemente*! Deténgase y piense en todo esto por un momento. Esto está por encima de nuestra comprensión humana; ¡es extraordinario! Por tanto, ¿por qué no estamos viendo este poder operando fácilmente por medio de los cristianos?

DIOS ES PODEROSO

La respuesta se encuentra en una pequeña palabra que Pablo destaca: *poderoso*. Pensemos detenidamente en esto con una ilustración. Digamos que un huracán acaba de pasar por su ciudad. Hay una gran destrucción y se han quedado sin electricidad. Lo peor de todo es que no hay agua potable.

El ejército lleva unos inmensos tanques llenos de agua potable. Se anuncia que son *poderosos* para proporcionar tanta agua como la que usted pueda transportar. Lo único que usted tiene que hacer es llevar recipientes vacíos y ellos los llenarán.

Sería interesante ver cómo responden las personas. Un hombre llega a los tanques de agua con una taza grande que consiguió en una tienda antes de la tormenta. Se va con menos de un litro de agua. Llega otro con una jarra vacía de 3 litros y se va con 3 litros de agua. Entonces llega otro con un cubo de 19 litros de capacidad que se lleva 19 litros. Finalmente, llega otro hombre con una tina en la parte trasera de su auto; se va con 150 litros de agua potable.

El hombre que lleva la tina en su vehículo conduce hasta su casa, y resulta que es vecino del hombre que consiguió su agua en la taza. Cuando el hombre con la taza se da cuenta de que su vecino regresó con 150 veces más agua, se enfurece. Se queja a con los otros vecinos, con la ciudad y finalmente con el ejército: "¿Por qué yo no obtuve más agua? ¿Por qué mi vecino consiguió tanta agua?".

El general encargado de la operación le da una respuesta muy sencilla: "Le informamos que usted *podía* conseguir toda el agua que pudiera transportar. ¿Por qué no llevó un recipiente más grande?".

Esto es lo que Pablo está comunicando. Dios es *poderoso* para hacer, mediante el poder que ha puesto en nosotros, *mucho más abundantemente* de lo que podemos pensar o pedir. Por tanto, nuestro "recipiente" representa cuánto podemos pensar o pedir, y desde luego que eso estaría en armonía con lo que realmente creamos en nuestro corazón. Sin importar lo grande que usted pueda pensar o lo amplia que pueda ser su petición, el poder de él que está en nosotros *puede* hacer *más*. Por tanto, en esencia, es nuestro pensamiento el que limita el poder de Dios que yace en nosotros.

¡Oh, cómo nos hemos conformado con algo tan alejado de la capacidad de él! ¿Por qué no hemos pensado, imaginado, orado a mayor escala? La respuesta es sencilla: porque nuestra fe no ha sido desarrollada. No hemos estudiado sus promesas del pacto, solo las hemos creído. Influenciados por el mundo, hemos sido más conducidos por nuestros sentimientos, razonamiento y experiencias que inspirados por su Palabra.

¿Por qué tal predicación común, y hasta derrotista, se escucha desde nuestros púlpitos cuando Dios ha puesto a nuestra disposición tanta gracia mediante la fe? El enemigo ha luchado sin descanso para retener la verdad de la gracia; ha hecho todo lo posible para convencer a predicadores, ministros, autores, pastores, y otros cristianos de que hablen de su propio entendimiento, de experiencias personales o de ejemplos de otros que han vivido muy por debajo de su herencia. Esas personas han declarado y enseñado lo que tiene sentido para el razonamiento humano y lo que se ha visto en el pasado.

¡Eso es totalmente equivocado! Debemos crecer a la imagen de Dios de gloria en gloria. Si el enemigo puede mantenernos atados a nuestras anteriores experiencias en lugar de creer y mostrar lo que la Palabra de Dios dice verdaderamente, entonces Satanás puede evitar que crezcamos y nos convirtamos en personas poderosas y fructíferas. También puede evitar que la iglesia experimente la gloria que Dios quiere para ella.

La iglesia en la actualidad, y muy frecuentemente, en vez de tener mayor poder que el que se describe en el libro de Hechos, se parece más a un club social. Por eso, aunque deseemos verdaderamente ayudar a otros, seremos reducidos a hacerlo con nuestras propias fuerzas. ¿En qué difiere esto del caso de los diez espías? Ellos deseaban hacer la voluntad de Dios, pero solo se podían ver obteniéndola por su propia capacidad; consideraban eso imposible, por lo que influenciaron a cientos de miles de personas para que viesen con la perspectiva de ellos. Debido a su falta de fe, nunca entraron en la voluntad de Dios para sus vidas. Murieron creyendo en Dios, pero sin llegar al destino que él había planeado para ellos.

Muchas veces los discípulos quisieron participar en lo que Jesús estaba haciendo: alimentar a miles, ayudar a quienes sufrían, o sanar enfermos. Ellos no querían morir en la tormenta cuando el Maestro dormía en la popa de la barca, pero siguieron fracasando porque solo se podían ver ofreciendo ayuda mediante sus propias fuerzas. No alcanzaron lo que Jesús quería para ellos, sin embargo, después de tres años y medio con él, todo eso cambió.

EXCUSAS PARA NUESTRA FALTA DE PODER

Los miembros de la iglesia primitiva no batallaban con creer que tenían gran poder. Ya hemos hablado de creyentes comunes y corrientes como Esteban, que se movían sin obstáculo en la gracia de Dios. Se decía de él: "Y Esteban, lleno de gracia y de poder, hacía grandes prodigios y señales entre el pueblo" (Hechos 6:8). Esteban no era apóstol, ni siquiera pastor, era solo un miembro de iglesia común y corriente que tenía un empleo como camarero a jornada completa en un restaurante.

Si la iglesia primitiva vivía de ese modo, ¿por qué batallamos nosotros tanto en la actualidad? La respuesta no es compleja: ellos tenían a Jesús como ejemplo a seguir. Ellos habían visto lo que él podía hacer, así que Satanás no podía convencer al pueblo de Dios de que el poder se había desvanecido o había pasado. Ellos no tenían ideas ni experiencias incorrectas con personas que podían luchar contra su fe. Simplemente creían.

En la actualidad hemos permitido que aquello que la gente piensa y dice suplante la verdad. Ahora es común oír este tipo de cosas:

"El abuelo Joe era ministro y oró por alguien para que se sanara, pero la persona murió".

"La tía Rut pidió a Dios que salvara a su bebé, pero sufrió un aborto".

"Mi amigo Sam le pidió a Dios que sanara su espalda enferma y, veinte años después, sigue sufriendo".

Oímos esas historias y creamos conclusiones que no se encuentran en la Escritura para explicar por qué el poder de la gracia no es para todos los creyentes o ya no está a nuestra disposición. Esas explicaciones pueden, en realidad, consolarnos; pero son falsas. Por tanto, en vez de actuar con una fe valiente, simplemente no le pedimos mucho a Dios porque no queremos prepararnos para un desengaño. *¿Por qué molestarnos en pedir cuando, en realidad, no esperamos recibir?* Sin embargo, si surge una situación en que nos encontremos entre la espada y la pared, entonces finalmente pediremos, pero más por desesperación que por fe.

A los primeros discípulos no se les permitían esas excusas. Si fallaban en su fe, Jesús hacía una afirmación como esta: "Hombres de poca fe".

Después que Jesús ascendió al cielo, un discípulo como Pedro tenía muchos acontecimientos recientes que recordar. Solo un año o dos antes, había visto a Jesús caminar sobre el agua y había clamado:

"Señor, si eres tú, manda que yo vaya a ti sobre las aguas" (Mateo 14:28). Jesús había hecho eso y Pedro había caminado sobre el agua, pero cuando observó el fuerte viento y apartó sus ojos de Jesús, se asustó y comenzó a hundirse. Jesús entonces lo rescató y dijo: "¡Hombre de *poca fe*! ¿Por qué dudaste?" (v. 31, énfasis añadido).

Muchas personas dicen que Pedro fracasó totalmente, pero yo no estoy de acuerdo. Los otros discípulos fueron los que perdieron una gran oportunidad porque *no tuvieron fe* y se quedaron sentados en la barca observando. Al menos Pedro tuvo la valentía de caminar sobre el agua un rato con "poca fe". Aun así, fue corregido por el Maestro por no tener suficiente fe.

Para Pedro, esa lección de fe era un recuerdo reciente, como cuando nosotros recordamos lo que hicimos en vacaciones hace uno o dos años. ¿Qué sucedería hoy? ¿Cuántos siguen estando en la barca, temiendo decir: "Si esta empresa de ayudar a otros es tuya, Señor, ordena que yo vaya"?

Hubo otras veces en que Jesús corrigió fuertemente a sus discípulos por no tener fe. En una ocasión, descendió del monte cuando un padre lo detuvo y le preguntó por qué los discípulos no habían podido sanar la epilepsia de su hijo. Oigamos la respuesta de Jesús a sus discípulos: "¡Oh generación incrédula y perversa! ¿Hasta cuándo he de estar con vosotros? ¿Hasta cuándo os he de soportar? Traédmelo acá" (Mateo 17:17). Jesús hizo esas mordaces afirmaciones a su propio personal: los discípulos. ¿Puede imaginar a Jesús mirándolo a usted y diciendo: "Cuánto tiempo tengo que soportar tu incredulidad?". Jesús entonces se volteó, sanó al joven, y lo entregó a su padre.

Los discípulos quedaron confundidos, así que se acercaron a Jesús y le preguntaron por qué ellos no pudieron sanar al muchacho. Jesús, simplemente, les dijo: "Por vuestra poca fe" (v. 20). Como Jesús estaba físicamente en medio de ellos, los discípulos no podían plantear una explicación espiritual que luciera adecuada, como: "Bien, la gracia de Dios realmente no se aplica a esta situación porque hay algunas enfermedades con las que Dios quiere que vivamos para que él pueda enseñarnos algo". ¡Qué ridículo! Si realmente creyésemos que Dios quería enseñarnos algo con una horrible enfermedad, ¿entonces por qué seguimos acudiendo al doctor o tomando medicinas? ¿Por qué luchar contra Dios? Si él nos está enseñando algo, entonces no luchemos contra su lección intentando que un doctor nos sane. ¿Ve lo absurda que es esa forma de pensar?

Dios lo ha dejado claro: "Amado, yo deseo que tú seas prosperado en todas las cosas, *y que tengas salud*, así como prospera tu alma" (3 Juan 1:2, énfasis añadido). Insisto, se nos dice con toda claridad: "Bendice, alma mía, a Jehová, y no olvides ninguno de sus beneficios. Él es quien perdona todas tus iniquidades, el que *sana todas tus dolencias*" (Salmos 103:2-3, énfasis añadido). En la misma frase en que se nos dice que Dios perdona nuestros pecados, también se nos dice que él sana todas (no algunas) nuestras dolencias. ¿Por qué no decimos: "Bien, Dios quiere enseñarme algo al no perdonarme este pecado y por eso me mantiene atado a él"? ¡Qué absurdo! Si Jesús estuviera entre nosotros, como estuvo con sus discípulos, nos haría saber que es ridículo creer que Dios no quiere que tengamos salud.

Los discípulos fueron incapaces de sanar al muchacho y Jesús les dijo por qué. Ellos no pudieron decir: "Mira, me acordé de mi tío Federico, que era pastor; él me dijo que la sanidad no se aplica a nosotros físicamente sino solo emocionalmente". *¿Están bromeando?* Jesús los habría mirado después de una afirmación como esa y se habría lamentado: "¿Cuánto tiempo tengo que soportarlos?".

Basados en su experiencia, los discípulos no podían invalidar el poder de la gracia. Ellos tenían a Jesús para recordarles:

- "¿Dónde está vuestra fe?" (Lucas 8:25).
- "¿Cómo no tenéis fe?" (Marcos 4:40).
- "Hombres de poca fe" (Mateo 6:30).
- "¿Por qué teméis, hombres de poca fe?" (Mateo 8:26).
- "¡Hombre de poca fe! ¿Por qué dudaste?" (Mateo 14:31).

Después de otra situación que revelaba la falta de fe de ellos, Jesús les dijo: "¡Qué poco confían en Dios!" (Mateo 16:8, Biblia en Lenguaje Sencillo). Guau. Él no soportaba el tipo de excusas frágiles que hemos ideado en estos tiempos. Él amaba tanto a los discípulos que quería evitarles cualquier falso pensamiento que destruyera su fe.

Debemos entender que hemos creído muchas enseñanzas o teorías que nos han robado nuestra fe. ¿Qué diría Jesús si estuviera aquí en nuestras iglesias en esta época? Podría usted imaginar a Jesús mirando su falta de fe con tierna comprensión y bondad. Bien, lo cierto es que "Jesucristo es el mismo ayer, y hoy, y por los siglos" (Hebreos 13:8). Él no ha cambiado ni un ápice y hablaría con tanta valentía ahora sobre la falta de fe como lo hizo cuando estaba en la tierra.

El Espíritu Santo está aquí hoy, pero su voz puede ser ahogada fácilmente. Él está aquí para hablar no de él mismo sino para señalar lo que Jesús está diciendo. La parte difícil es que debido a que Jesús no está físicamente delante de nosotros, podemos pasar por alto sus valientes declaraciones de verdad, las que el Espíritu Santo nos ha hablado. Qué aterrador. Seamos sinceros. ¿Hemos hecho oídos sordos a él? ¿Estamos realmente ministrando con Jesús como lo hacía la iglesia primitiva? No podemos evitar responder estas difíciles preguntas.

FE EN SU NOMBRE

La iglesia primitiva no tenía la ventaja de idear excusas que les robasen a ellos mismos o a otros la fe. He mencionado esta historia anteriormente, pero vale la pena echarle otro vistazo. ¿Recuerda al hombre cojo que mendigaba dinero en la entrada del templo?

> Este, cuando vio a Pedro y a Juan que iban a entrar en el templo, les rogaba que le diesen limosna. Pedro, con Juan, fijando en él los ojos, le dijo: Míranos. Entonces él les estuvo atento, esperando recibir de ellos algo. Mas Pedro dijo: No tengo plata ni oro, pero lo que tengo te doy; en el nombre de Jesucristo de Nazaret, levántate y anda.
> —Hechos 3:3-6

Pedro no tenía una bolsa con dinero, pero tenía algo mucho mejor: la gracia de Dios. Observe lo que Pedro hace a continuación:

> En el nombre de Jesucristo de Nazaret, levántate y anda. Y tomándole por la mano derecha le levantó; y al momento se le afirmaron los pies y tobillos; y saltando, se puso en pie y anduvo; y entró con ellos en el templo, andando, y saltando, y alabando a Dios (vv. 6-8).

Jesús le había dicho a Pedro, y al resto de sus seguidores, que cuando el reino de Dios llegase, su voluntad se haría en la tierra como en el cielo. Pedro sabía que no hay personas cojas en el cielo, así que consideró en su interior para obtener la instrucción de Dios y sintió el deseo de este en cuanto a que el hombre se levantara. Escuchó al Espíritu Santo. ¿Cuántas veces ha intentado el Espíritu Santo dirigirnos a ministrar a alguien con necesidad y nosotros no hemos escuchado?

Cuando el hombre empezó a caminar y a saltar, se reunió una multitud. Pedro les dice cómo fue sanado ese hombre:

> Y por la *fe en su nombre* [Jesús], a este, que vosotros veis y conocéis, le ha confirmado su nombre; y la fe que es por él ha dado a este esta completa sanidad en presencia de todos vosotros (v. 16, énfasis añadido).

La gracia de Dios está a nuestra disposición en el nombre de Jesús. Piense en ello bajo esta perspectiva: por medio de su nombre somos salvos. "Y en ningún otro hay salvación; porque no hay otro nombre bajo el cielo, dado a los hombres, en que podamos ser salvos" (Hechos 4:12). La gracia de Dios está disponible mediante la autoridad de su nombre y lo mismo es cierto con otras áreas de la gracia. Sin embargo, no fue solo el nombre de Jesús el que sanó a ese hombre, sino concretamente la fe en el nombre de Jesús. Fue necesario que esa fe se conectara con el poder de la gracia. Insisto, la fe es la tubería que nos conecta con la gracia necesaria de Dios.

El problema fundamental es que nos hemos desconectado del fluir de la gracia. Puede que tengamos fe para creer que la gracia de Dios nos ha perdonado de todo pecado y nos ha salvado de un infierno eterno, pero hay otras áreas de la salvación, como el poder de nuestra nueva naturaleza, el poder para caminar en santidad y el poder para traer la voluntad del cielo a la tierra para satisfacer las necesidades de la humanidad.

La siguiente es una ilustración para aclarar lo que estoy diciendo. Digamos que hay un río que corre por varios campos administrados por distintos agricultores. El propietario de todas las tierras es también el gobernador de la región y arrienda las parcelas de terreno a esos agricultores. El clima es muy seco en esa región, así que es necesaria el agua del río para que pueda haber cualquier cosecha. Cada uno de los agricultores tiene diferentes cultivos, tal como se ilustra a continuación:

Como puede ver, un agricultor cultiva trigo, otro soja, otro cebada, etc. Sin embargo, solo uno de ellos ha sido lo bastante sabio como para conectar una tubería desde el río hasta su campo e instalar aspersores para regar sus cultivos. Los otros agricultores no se han conectado al río. ¿Cuál es el resultado? Solo el trigo del campo del agricultor se riega, y con el paso del tiempo su campo se desarrolla y produce cosechas. Sin embargo, los otros campos no se desarrollan, el terreno queda inactivo y, en definitiva, se agrieta.

El gobernador de toda la región finalmente llega para inspeccionar los terrenos. Elogia al agricultor que conectó su campo al río; sin embargo, reprende a los otros agricultores por desperdiciar el terreno que él les había confiado. "¿Por qué no conectaron sus campos al río? ¿Por qué desperdiciaron el terreno?".

Ahora cambiaremos un poco nuestra ilustración. En vez de campos de trigo, soja, cebada, maíz, etc., ahora nos referiremos a campos de "perdón de pecados", "vida santa", "sanidad", "recursos para satisfacer las necesidades de la humanidad" y "gobernar en vida". Hay también otros campos, pero ya se hace usted una idea. En vez de una región con varios agricultores, ahora es el corazón del creyente, tal como se ilustra a continuación.

En este escenario, una vez más una granja "Perdón de pecados", está conectada al río de la gracia mediante la *tubería de la fe*. Por tanto, es el único campo del corazón de este creyente que está regado. Insisto, solo este campo se desarrolla, los otros se secan y no producen cosechas. Tal como antes, ¿cuál es el factor determinante de los resultados diferentes? ¿Por qué un campo se desarrolla y el resto queda inactivo, aunque el río pasa al lado de cada uno de ellos? Eso se debe a la tubería de la fe. Todos los campos podrían haberse desarrollado por la misma agua de gracia desde el mismo río, pero solo un campo estableció acceso a él.

Cada uno de estos campos representa las áreas de la vida que la gracia afecta y transforma. Este creyente puede que haya abierto su corazón a la gracia en un área —"Perdón de pecados", por ejemplo—, pero la ha dejado fuera de otras áreas de la vida que necesitaban capacitación debido a la incredulidad. No ha habido conexión mediante la fe a la santidad, la sanidad, los recursos para satisfacer las necesidades de la humanidad, gobernar en vida y más.

¿Qué sucederá el día del juicio cuando Jesús llegue a examinar los campos de nuestras vidas? ¿Cómo le diremos que decidimos no creer la Palabra de Dios a favor de excusas que invalidaron el poder de su gracia? ¿Cómo le explicaremos que no proclamamos el completo poder de la gracia para que quienes nos escucharan pudieran ser más fructíferos? ¿Qué diremos a aquel que pregunta: "¡Hombre de poca fe! ¿Por qué dudaste?" (Mateo 14:31).

Jesús afirma con claridad: "Al que oye mis palabras, y no las guarda, yo no le juzgo...la palabra que he hablado, ella le juzgará en el día postrero" (Juan 12:47-48). ¿Por qué cree que el Espíritu Santo puso, en la Escritura, tantos ejemplos de Jesús reprendiendo a sus seguidores por no tener suficiente fe con respecto a la sanidad, a satisfacer las necesidades de las multitudes, a calmar tormentas y a muchos otros casos? Nuestras obras serán evaluadas en base a las palabras de él en el trono del juicio. Lo que tía María, tío Tomás, nuestro amigo Jaime o nuestras propias experiencias hayan dictado no será oído en el trono del juicio. Solamente las eternas palabras de gracia de Dios serán utilizadas para medir nuestra fe y nuestros actos delante del trono de juicio. Así está escrito:

> ¿Pues qué, si algunos de ellos han sido incrédulos? ¿Su incredulidad habrá hecho nula la fidelidad de Dios? De ninguna manera; antes bien sea Dios veraz, y todo hombre mentiroso.
>
> —Romanos 3:3-4

No seamos personas que duden, personas que no creen lo que Dios dice. Seamos personas de fe. Porque la Escritura dice: "todo lo que no proviene de fe, es pecado" (Romanos 14:23). Además, no es difícil creer la Palabra de Dios, ¡porque él nunca puede estar equivocado!

Reflexiones para un viaje extraordinario

¿Por qué la fe y el orgullo son opuestos?

¿Por qué cree que tantos cristianos viven sin poder?

¿Qué desafíos está afrontando en los que tiene que aferrarse a la verdad de que "Dios es poderoso"?

14

LA VERDADERA FE ES INCESANTE

Nunca olvidaré un transformador encuentro con el Señor. Era cristiano desde hacía solo unos años, aún estaba soltero y vivía en un apartamento en Carolina del Norte. Una noche, despertado de un profundo sueño, me encontré saltando de mi cama y gritando: "¡Solo estoy buscando a alguien que crea!".

Me sorprendí a mí mismo al verme totalmente despierto, miré mi despertador y descubrí que eran las 4:00 de la mañana. Necesité unos momentos para pensar dónde estaba y lo que acababa de suceder. Encendí la luz cercana a mi cama y observé que mis sábanas estaban empapadas de sudor, sin embargo, sabía que no tenía fiebre ni estaba enfermo. Me quedé anonadado y, a la vez, sorprendido: entendí que Dios acababa de hablar por mi boca. Una vez que llegué a esa conclusión, mi siguiente pensamiento fue: *¿Por qué no fue más profundo el mensaje? Sé que* él *busca personas que crean.* Aún muy somnoliento, apagué la luz, me acosté e inmediatamente volví a quedarme dormido.

Después de despertarme aquella mañana, las palabras seguían resonando en mi ser: *Solo estoy buscando a alguien que crea…Solo estoy buscando a alguien que crea…Solo estoy buscando a alguien que crea…*Casi al mediodía, mientras caminaba por un vacío aparcamiento, de repente entendí la revelación. Grité: "¡Guau, eso es profundo!".

Desde ese momento comencé a meditar en dos preguntas sobre la estancia de Jesús en la tierra: *¿Qué lo entristecía más?* y *¿qué lo agradaba más?*

Después de meditar en eso, comprendí que él se *agradaba* más cuando las personas simplemente creían, y se *entristecía* más cuando las personas no creían que él haría lo que decía. Dicho en términos sencillos, ¡la falta de fe de ellos le entristecía profundamente! La fe cree que Dios dice lo que quiere decir y quiere decir lo que dice. Dios no es hombre para que mienta, sin embargo, respalda su Palabra con la honra de su nombre. Él jura por sí mismo, ya que no hay otro mayor. Por tanto, cuando dudamos de él, insultamos su integridad.

DIOS RESPONDE A NUESTRA FE

Todo lo que recibimos del Señor es mediante la fe. Hay una verdad que he descubierto que muchos cristianos ignoran: *Dios no responde a nuestra necesidad; ¡responde a nuestra fe!* Podría dar muchos ejemplos bíblicos para ilustrar esto, pero permítame que dé solo unos cuantos. En un día en particular, Jesús salía de Jericó con sus discípulos y una gran multitud lo rodeaba. En pleno viaje por el camino, había un ciego llamado Bartimeo que estaba sentado a orillas del sendero. Cuando oyó que Jesús pasaba por allí, comenzó a gritar al Maestro. Numerosos espectadores riñeron con Bartimeo, instándole a que se callase, a que no molestara al Maestro. Pero Bartimeo gritó aún con más fuerza. Observe lo que sucede debido a su persistente fe:

Entonces Jesús, *deteniéndose...*
—Marcos 10:49, énfasis añadido

¡Qué asombroso! Jesús se había propuesto firmemente ir a Jerusalén para cumplir lo que se le había encomendado, así que estaba enfocado en su objetivo. Multitudes de personas lo rodeaban, estoy seguro de que la mayoría de ellas tenía necesidades. Sin embargo, sus necesidades no hicieron que él se detuviera y dejase temporalmente en espera su misión. No obstante, el hombre ciego persistía clamando a Jesús y no se quedaba callado, ninguna adversidad podía hacerlo callar. Fue su voz, y no el silencio de los demás, lo que hizo que el Maestro se detuviera.

Jesús entonces dio las instrucciones:

...deteniéndose, mandó llamarle; y llamaron al ciego, diciéndole: Ten confianza; levántate, te llama (v. 49).

Es obvio que las personas que rodeaban a Bartimeo no lo alentaban, es más, eran contrarias a su causa. Eso no lo desconcertó, porque nada iba a perturbar la fe de Bartimeo. Así que se quitó su capa de mendigo, se puso en pie, y se apresuró con ayuda de alguien a acercarse a Jesús. Leamos lo que el Señor le preguntó:

¿Qué quieres que te haga? (v. 51).

¿En serio? ¿Qué tipo de pregunta es esa? A un hombre ciego, que tiene que ser acompañado hasta donde está Jesús porque no puede ver, se le pregunta qué necesita. Es obvio; Entonces ¿por qué tuvo Jesús que preguntar eso? ¿Acaso Jesús ignoraba su necesidad? ¿Acaso estaba insultando o menospreciando a aquel hombre desvalido? Desde luego que no. Jesús deseaba ver evidencia de la fe de Bartimeo. Recordemos que la fe habla.

Si Bartimeo hubiera dicho: "Sé que es demasiado pedir por mi vista, pero ¿podrías, por favor, sanar la artritis de mis manos?", eso hubiese sido exactamente lo que habría recibido. Sé que eso es verdad por lo que Jesús afirma después de que los ojos de Bartimeo fueron abiertos:

Puedes irte —le dijo Jesús—; tu fe te ha sanado (v. 52 nvi).

Su fe es la que lo pone en contacto con la gracia de Dios. Había otras necesidades entre la multitud, pero la de él fue la única que se suplió. La fe de él habló, por lo que su fe recibió la respuesta de Dios.

Recuerdo que oré por varios jóvenes en un servicio en particular. Era una reunión de un viernes por la noche y muchos habían pasado al frente. Yo pregunté por qué cada uno de ellos había acudido a pedir oración y lo que oí lo seguí oyendo una y otra vez: "Quiero más de Dios". Así que oré individualmente por ellos durante un rato, pero había muy poco poder y presencia de Dios.

Sintiendo que algo no iba bien, hice una pausa y entonces sentí al Espíritu Santo corrigiendo mi manera de ministrar y guiándome a confrontar la generalidad de esas oraciones.

La siguiente persona, un joven, se me acercó e hizo la misma petición: "Quiero más de Dios". Él, como los demás, tenía una mirada de desesperación en su rostro, como si dijera: "Oraré toda la noche si es necesario". No era difícil discernir los motivos puros de ese joven. Sin embargo, *podemos tener un corazón sincero, pero no estar en fe.*

Así que le pregunté: "¿Qué buscas concretamente al pedir más de Dios? Hasta que identifiques con exactitud lo que deseas de él, no oraré contigo".

Hubo un cambio inmediato en su expresión. Ahora parecía un poco perplejo y se quedó sin habla. El comprender la generalidad o lo ambiguo de lo quería, delante de Dios, hizo que comenzara a abrir sus ojos.

Comparemos eso con lo que acabamos de ver en la historia de Bartimeo. Todas las personas que rodeaban a Jesús aquel día querían más de Dios. Por eso habían salido y lo estaban siguiendo, pero solamente el ciego obtuvo la vista.

Entonces le dije al joven: "Quédate aquí y piénsalo, y cuando tengas algo exacto que necesites de Dios, entonces oraré". Acto seguido, hice lo mismo con otros jóvenes.

Después de un rato, aquellos hombres y mujeres se volvieron a acercar a mí, pero con las peticiones específicas. De repente, la presencia y el poder de Dios se manifestaron de manera muy fuerte. Las necesidades se estaban supliendo y aquellos buscadores también obtuvieron una perspectiva más amplia de los caminos de Dios. La realidad que implicaba pedir "más de Dios" fue satisfecha.

Aunque aquellos buscadores eran sinceros y tenían hambre de agradar a Dios, habían tenido un tiempo de oración infructuoso porque su fe no estaba dirigida a una petición en concreto. Después de aquel ajuste, ellos se comportaron más como Bartimeo, que sabía exactamente lo que necesitaba y habló lo que creía. Tanto Bartimeo como aquellos jóvenes adultos se fueron de allí conociendo más de los caminos de Dios que el resto de la multitud.

HEMORRAGIAS POR DOCE AÑOS

Examinemos otro ejemplo bíblico. Se trata del caso de una mujer que seguía a Jesús, entre la multitud, que había padecido hemorragias por doce años. Muchos doctores la habían tratado a lo largo de los años pero, en vez de mejorar, solo empeoraba.

> Cuando oyó hablar de Jesús, vino por detrás entre la multitud, y tocó su manto. Porque decía: Si tocare tan solamente su manto, seré salva.
>
> —Marcos 5:27-28

Observemos que ella había oído de Jesús. Casi puedo asegurar que podría haberse escrito: "Ella oyó en su corazón acerca de Jesús", porque el corazón es donde yace el caldo de cultivo de la fe. Después que los doctores mostraron su incapacidad para ayudarla, lo que ella necesitaba era oír algo poderoso en lo profundo de su ser; y lo oyó, por lo que tuvo fe para ser sanada. Por tanto, se expresó de acuerdo a su creencia: "Si solo toco su ropa, me pondré bien". Contrariamente a lo que hicieron los jóvenes en la reunión de la noche que mencioné, las palabras de ella fueron muy exactas, concretas y específicas. Observe lo que sucedió:

> Y en seguida la fuente de su sangre se secó; y sintió en el cuerpo que estaba sana de aquel azote (v. 29).

Sucedió exactamente como lo habló su fe. Por eso los jóvenes aquella noche de viernes de repente comenzaron a recibir. Ellos creyeron, fueron precisos, hablaron su fe y recibieron. Ahora leamos el resto de la asombrosa historia de la mujer:

> Luego Jesús, conociendo en sí mismo el poder que había salido de él, volviéndose a la multitud, dijo: ¿Quién ha tocado mis vestidos? Sus discípulos le dijeron: Ves que la multitud te aprieta, y dices: ¿Quién me ha tocado? Pero él miraba alrededor para ver quién había hecho esto (vv. 30-32).

Jesús no supo que aquella mujer había llegado ahí para obtener sanidad hasta que sintió que el poder que tenía dentro salió de él. No fue la fe de él, su iniciativa ni su voluntad encontrar a esa mujer y sanarla. Todo ello fue iniciado y llevado a cabo por aquella mujer atribulada antes que él ni siquiera supiera nada. Por eso se voltea, la busca y, cuando la encuentra, le dice:

> Hija, tu fe te ha hecho salva; ve en paz, y queda sana de tu azote (v. 34).

UNA OPORTUNIDAD PERDIDA

Repetidas veces, en los evangelios, puede usted ver a Dios respondiendo a la fe. En otra ocasión, Jesús estaba enseñando a muchos líderes en una casa:

> Y el poder del Señor estaba con él para sanar.
>
> —Lucas 5:17

Me encanta la forma en que la Escritura nos dice concretamente que el poder de Dios estaba presente para sanar a aquellos líderes. Como nota al margen, sabemos que Dios nunca desperdicia nada. Un ejemplo de ello es el caso que muestra cómo recogió Jesús toda la comida sobrante en las dos alimentaciones de multitudes (los cuatro mil y los cinco mil), porque Dios utiliza todo. Por tanto, podemos —seguramente— suponer que si el poder del Señor estaba allí para sanar a los líderes, al menos uno (y es probable que varios) necesitaba sanidad en su cuerpo, sin embargo, nadie recibió su curación. ¿Por qué? Porque ninguno de ellos tenía fe para recibirla.

Sin embargo, no todo quedó perdido, porque más adelante un grupo de hombres llevó a un paralítico —en una camilla— a la casa donde Jesús estaba, pero no podían entrar debido a la gran multitud. Así que llevaron al paralítico a la azotea, hicieron un agujero en el techo y lo bajaron con cuerdas para dejarlo delante de Jesús:

> Al ver él *la fe de ellos*, le dijo…Levántate, toma tu lecho, y vete a tu casa. Al instante, levantándose en presencia de

ellos, y tomando el lecho en que estaba acostado, se fue a su casa, glorificando a Dios. Y todos, sobrecogidos de asombro, glorificaban a Dios; y llenos de temor, decían: Hoy hemos visto maravillas.

—Lucas 5:20, 24-26, énfasis añadido

Jesús vio la fe de ellos. Cuando ministramos la Palabra de Dios, es estupendo ver fe en las personas que lo buscan y es estimulante verlos recibir la gracia de Dios. Sin embargo, es triste decir que, con frecuencia, no he visto ninguna fe. La expresión de una persona muchas veces cuenta la historia, porque lo que se ve en sus ojos es un reflejo de lo que está sucediendo en su corazón. Como Jesús dice, la luz de un ser humano es su ojo.

El paralítico, junto con aquellos que lo llevaban, sabía que el Señor era bueno por su Palabra. Es más que probable que ellos supieran que el pacto de Dios afirma: "Y no olvides ninguno de sus beneficios. Él es quien perdona todas tus iniquidades, el que sana todas tus dolencias" (Salmos 103:2-3). La fe de ese paralítico y de sus amigos estaba edificada sobre la Palabra de Dios.

Los líderes, por otro lado, quedaron sorprendidos cuando vieron al paralítico sanado, y hasta glorificaron a Dios, pero ninguno de ellos recibió sanidad porque ninguno de ellos pudo adquirir ni siquiera lo que Dios desea que tengamos a menos que lo adquiramos por la fe. La voluntad del Padre era que aquellos líderes enfermos recibieran, sin embargo, ¡ellos no recibieron! Dios responde cuando creemos, lo cual se refleja por nuestros actos y nuestras palabras de fe.

RECIBIR LO QUE ORIGINALMENTE FUE NEGADO

Uno de los milagros más asombrosos de la gracia en los evangelios sucede con una mujer griega. Ella acudió a Jesús rogándole repetidamente que sanara a su hija; sin embargo, "Jesús no le respondió palabra" (Mateo 15:23).

Ah, ¿cuántos de nosotros nos habríamos rendido en ese momento frustrados, heridos o enojados? Ella estaba suplicando por la vida de su hija, sin embargo, parecía que la estaban ignorando.

Pero esa mujer no iba a recibir una negativa y por eso, en fe, continuó rogando a Jesús. Finalmente, debido a que ella no cedía, él se dirigió a ella y le dijo:

> Deja primero que se sacien los hijos, porque no está bien tomar el pan de los hijos y echarlo a los perrillos.
>
> —Marcos 7:27

Puede usted analizarlo como quiera, pero lo cierto es que él la llamó perrillo. Ella podría haberse sentido insultada, acusarlo de prejuicio racial y hasta haberse ido furiosa. Sin embargo, conocía el carácter de él y respondió de inmediato: "Sí, Señor; pero aun los perrillos comen de las migajas que caen de la mesa de sus amos" (Mateo 15:27).

Ella sabía que estaba en presencia del Hijo de Dios, conocía su bondad y creía que él no carecía de poder. Ella estaba decidida; sabía que lo único que tenía que hacer era insistir en su petición y que no recibiría una negativa. Ella permaneció en fe y por eso Jesús dice:

> Oh mujer, grande es tu fe; hágase contigo como quieres (v. 28).

Cuando ella regresó a su casa, encontró a su hija completamente sana. No debemos dejar de entender las implicaciones de lo que sucedió aquí. Lo que Jesucristo —Dios revelado en la carne, humanado— originalmente le negó porque ella no era una hija del pacto, le fue otorgado —entonces— debido a su persistencia. Por tanto, una vez más Jesús respondió a la fe y no a la necesidad, pues la primera petición de aquella mujer fue expresada por necesidad, pero su respuesta a esa negativa inicial de él fue alimentada por su fe.

LA FE ES LA CLAVE PARA RECIBIR TODO

¿Está claro por qué las personas no reciben lo que la gracia ya ha proporcionado? ¿Por qué no viven en lo extraordinario? Santiago dice claramente: "No tenéis lo que deseáis, porque no pedís"

(Santiago 4:2). No podría decirse con mayor claridad. No está hablando de pedir tímidamente, sino de pedir con una fe decidida, como hemos visto en los ejemplos anteriores.

Este principio de Dios respondiendo a nuestra fe más que a la necesidad se aplica a todas las áreas de la vida, ya sea la capacidad de andar en santidad, de vivir creativamente, de entender sabiduría o ideas inspiradas, o de recibir sanidad o liberación de conductas habituales; en resumen, a recibir todo lo que el cielo haya proporcionado para nuestras vidas o, más importante aún, a alcanzar nuestro mundo con el evangelio. No podemos ministrar con efectividad a menos que se haga con fe. De hecho, Santiago es bastante valiente al afirmar que cuando acudimos a Dios para algo, debemos hacerlo "con fe, no dudando nada; porque el que duda es semejante a la onda del mar, que es arrastrada por el viento y echada de una parte a otra. No piense, pues, quien tal haga, que recibirá cosa alguna del Señor" (1:6-7).

Esto es realmente importante, así que volvamos a leer estas palabras: "No piense, pues, quien tal haga, que recibirá cosa alguna del Señor". Medite en la frase *no recibirá cosa alguna*. Sin duda, ¡no hay áreas grises ni excepciones! Dios se está asegurando de que entendamos bien este punto: él responde a la fe, a nada más.

HABLAR A UN MONTE

En el año 2002, Colorado tuvo el peor incendio registrado en su historia. Denominado el incendio Hayman, comenzó por una mujer que quemó una carta de su ex esposo en una zona donde no se podía encender fuego. En un mes, más de 50.000 hectáreas ardieron en llamas. Fue una catástrofe de una enorme magnitud.

Durante la peor parte del incendio, cuando sofocarlo parecía inútil, yo estaba fuera del estado ministrando por una semana, y seguía oyendo en las noticias que la quema se acercaba cada vez más a nuestra oficina y a nuestra vivienda. No es necesario que diga que estaba ansioso por regresar a casa, porque nuestro municipio ya estaba bajo alerta de evacuación voluntaria. Al aterrizar, me dirigí directamente al edificio de nuestra oficina. La vista de la carretera que llevaba hasta nuestro ministerio me sorprendió.

Nuestro edificio está situado cerca del pie de las montañas Front Range, una cordillera de pequeños picos que va de norte a sur y que marca el comienzo de las famosas Montañas Rocosas. Justamente detrás de Front Range, que supone solo medio kilómetro al oeste de nuestro edificio, había una vista aterradora: masivas nubes de humo y hollín se elevaban al cielo, por lo que las cenizas caían sobre el cristal de mi auto. Era como conducir por una zona de guerra.

Cuando entré en las instalaciones, vi a la mayoría de los empleados llevando objetos del ministerio a una camioneta de mudanzas que estaba en la puerta trasera. Todos nuestros libros y materiales del almacén estaban apilados en montones en el aparcamiento trasero junto con los archivadores, las computadoras, los muebles y otros objetos.

Habíamos trasladado el ministerio a Colorado solo un año antes, por lo que muchos de los empleados habían sido contratados en esa ciudad. Yo sabía que todos ellos amaban a Dios apasionadamente y llevaban vidas piadosas, pero la mayoría de ellos no conocían mucho en cuanto a recibir de Dios. Durante nuestro primer año juntos, yo estuve enseñando al personal —cada semana— las verdades fundamentales del cristianismo, debido a las deficiencias que había en su fe.

Después de estacionar mi auto, me dispuse a encontrar a nuestro director de personal, al que también habíamos contratado en Colorado. Él había tomado la decisión de evacuar y, cuando lo localicé, le dije: "Deja de cargar la camioneta y llama a los empleados a nuestra sala de reuniones para que pueda hablar con ellos".

Mientras los empleados se reunían, recibí una actualización sobre el estado del incendio y qué política de evacuación se estaba aplicando. Supe que estábamos en evacuación voluntaria. El frente del incendio, que ardía sin control en las montañas al oeste de donde estábamos, estaba a diez kilómetros de la carretera de Rampant Range, y solo a doce kilómetros de nuestra oficina. Cuando el incendio cruzara esa carretera, las autoridades habían dicho que emitirían una evacuación obligatoria para nuestro municipio. El incendio, impulsado por un viento que soplaba de oeste a este, iba avanzando hacia nuestra oficina a un poco más de un kilómetro por hora. Debido a la dirección del viento, a menos que se produjera un milagro, todo nuestro municipio de Palmer Lake pronto sería consumido por las llamas, lo cual —según los cálculos de los expertos— sucedería más adelante ese mismo día. Dos ministerios que estaban cerca ya habían evacuado el día anterior.

Cuando nuestros empleados se reunieron en la sala de conferencias, yo abrí mi Biblia en el Evangelio de Marcos y escribí los siguientes tres versículos en la pizarra:

Tened fe en Dios. Porque de cierto os digo que cualquiera que dijere a este monte: Quítate y échate en el mar, y no dudare en su corazón, sino creyere que será hecho lo que dice, lo que diga le será hecho. Por tanto, os digo que todo lo que pidiereis orando, creed que lo recibiréis, y os vendrá (11:22-24).

Lo primero que dije fue: "Personal, estas palabras en nuestra Biblia están en letras rojas. Eso significa que Jesús las pronunció, no ningún maestro ni predicador de nuestra época, ni siquiera del pasado. Así que necesitamos tener presente que vienen directo de la boca de Dios".

Después de dejar que asimilaran eso por un momento, pregunté: "¿Dijo Jesús que debemos pedirle a Dios que quite el monte o debemos hablarle directamente a él?".

Ellos respondieron: "¡Tenemos que hablarle directamente a él!". Yo les recordé, en pocas palabras, que otros pasajes del Nuevo Testamento nos dicen que hagamos eso en el nombre de Jesús, pero que sigue siendo responsabilidad nuestra hablarle al problema.

Continué. "¿Qué llevó a Jesús a hacer esa declaración?". Y dirigí al personal a la historia de la Biblia del día anterior, cuando Jesús había buscado fruto en cierta higuera. No encontró ninguno, solamente hojas, y Jesús "dijo a la higuera: Nunca jamás coma nadie fruto de ti" (v. 14). Era obvio: Jesús había hablado *directamente* al árbol.

Al día siguiente, cuando Jesús y los demás pasaron al lado de aquel árbol, se había convertido en un tronco seco con varas desnudas como ramas. Pedro recordó lo que había sucedido y comentó:

"Maestro, mira, la higuera que maldijiste se ha secado" (v. 21). La respuesta de Jesús fue las palabras que yo había escrito en la pizarra.

El relato de este evento en el libro de Mateo muestra más concretamente cómo respondió Jesús a la curiosidad de Pedro:

> De cierto os digo, que si tuviereis fe, y no dudareis, no solo haréis esto de la higuera, sino que si a este monte dijereis: Quítate y échate en el mar, será hecho.
>
> —Mateo 21:21

Así que le pregunté al personal: "¿Entienden esto? Oigan sus palabras de nuevo: 'no solo haréis esto de la higuera, sino que...'. En esencia, Jesús está diciendo: 'Muchachos, al igual que yo me levanté y le hablé a la tormenta y le ordené que se calmara, y lo hizo; al igual que le hablé a la higuera y le mandé que muriera, y lo hizo; ¡así mis hijos han de hacer lo mismo!'".

Todos escuchaban con atención, aunque hasta podían oler el humo del incendio y ver cómo se amontonaban las cenizas en la ventana de nuestra sala de reuniones. Yo proseguí: "No solo hemos de pedir a Dios, sino también tenemos que hablar directamente a esta adversidad. Debemos hablar con la autoridad que nos da ser uno con él, coherederos con él, gobernando en esta vida mediante la abundancia de la gracia. Leamos el Salmo 8:

> Le has hecho poco menor que los ángeles, y lo coronaste de gloria y de honra. Le hiciste señorear sobre las obras de tus manos; todo lo pusiste debajo de sus pies (vv. 5-6).

"Como embajadores de él, hemos sido hechos solo un poco menores que Dios mismo, ¡y hemos de traer vida como en el cielo, así en la tierra! ¡Ningún edificio en el cielo es reducido a cenizas! Así que no es la voluntad de Dios para este edificio, que él nos dio, que arda en llamas. Jesús afirma claramente: 'El ladrón no viene sino para hurtar y matar y destruir; yo he venido para que tengan vida, y para que la tengan en abundancia' (Juan 10:10). Esta es la línea divisoria de todos los asuntos. Si tiene que ver con matar, robar o destruir, ese es el propósito de nuestro enemigo, sin embargo, si se relaciona con el estilo de vida del cielo —plenitud de vida—, entonces es de Dios.

"Este incendio no es de Dios —continué—. Su destrucción no es de Dios. Este incendio lo comenzó el ladrón, las tinieblas. No vamos a huir de él y dejar que nuestro municipio y nuestro edificio se conviertan en cenizas. ¡Vamos a levantarnos y ordenarle que se detenga!".

Vi cómo cambiaban las expresiones en los rostros de los empleados; el temor dio paso a la emoción. Podía ver que surgía la fe de ellos porque cada vez estaba más claro lo que Jesús había dicho sobre situaciones como esa.

De forma que dije: "Muy bien, vamos a hacer una lista de lo que sucederá y lo que no sucederá, y por eso es por lo que oraremos y lo que ordenaremos". Entonces comencé a escribir una lista en la pizarra. "Primero, estamos de acuerdo en que nuestro edificio no arderá, ni un centímetro de su estructura. Después, sería erróneo creer que Dios quiere salvar nuestro edificio y observar a todos nuestros vecinos sufrir pérdidas. Además, no pagamos más por este hermoso terreno con vistas a las hermosas montañas, la pintoresca ciudad y la bonita vegetación para que se convierta en un paisaje abrasado. Por tanto, este incendio no quemará ni un solo lugar de lo que podemos ver alrededor de nuestras oficinas". Esto se convirtió en el segundo punto de nuestra lista.

Entonces dije: "No vamos a perder todo el tiempo, energía y dinero que serían necesarios para sacar todo del edificio, especialmente cuando podríamos utilizarlo para ministrar a otras personas. ¿Pueden imaginarse lo difícil que será continuar de modo efectivo mientras operamos desde un lugar temporal debido a la evacuación? Así que lo tercero en nuestra lista es que el fuego no cruzará la carretera de Rampart Range. No tendremos que evacuar".

Delante de la pizarra, con el marcador en mi mano, continué: "También necesitamos que el viento cambie de dirección. Y que sople de este a oeste". Punto número cuatro en la lista.

El personal ya estaba participando de verdad. En lugar de ver a las personas abrumadas por el temor y la derrota, veía una nueva energía y determinación entre ellos. Uno sugirió que necesitábamos que surgiera una tormenta y extinguiese el incendio. Había estado ardiendo por tres semanas, y los bomberos no podían controlar la situación debido a la poca lluvia y los fuertes vientos. Todos estuvimos de acuerdo en que una tormenta sería el quinto punto en la lista.

El sexto y último punto fue que ese incendio se apagara. Le ordenaríamos que cesara, ya fuese por falta de oxígeno o combustible, o que se extinguiese por agua. ¡*Cesaría!*

Durante esa reunión, exhorté a mi personal de modo muy parecido a como un entrenador de fútbol motivaría a su equipo antes de un gran partido. A ese punto, ellos estaban tan emocionados que no podían esperar a salir al estacionamiento y hablarle al incendio. Fue divertido ver iluminarse sus ojos, ser testigo de una fe —cada vez mayor— que eliminaba el temor y la preocupación de sus caras.

Luego les dije: "Muy bien. Hay una cosa más que tenemos que hablar. ¿Cuándo recibiremos lo que estamos pidiendo?".

Nadie dijo ni una sola palabra. Parecía que la respuesta lógica era "cuando cese el incendio". Pero nuestro equipo es inteligente y, de alguna forma, sabían que esa no era la respuesta correcta. Se produjo un silencio repentino, pero de ninguna manera ellos estaban retrocediendo en su fe. Aun en la quietud se podía sentir su fortaleza renovada.

Después de unos momentos, interrumpí el silencio y dije entusiasmado: "Observen el versículo en la pizarra una vez más: 'Por tanto, os digo que todo lo que pidiereis orando, creed que lo recibiréis, y os vendrá'".

"Señoras y señores, Jesús lo afirma muy claro: cuando oramos y ordenamos que sea hecho, es cuando creemos y recibimos lo que hemos pedido. En cuanto a nosotros, será hecho en el momento en que proclamemos estos seis puntos. No importa lo que nuestros ojos vean o lo que nuestros sentidos nos digan; tenemos las palabras más seguras en las cuales creer: la Palabra de nuestro Dios."

Entonces los dirigí a lo que Pablo exhortó a los corintios: "no mirando nosotros las cosas que se ven, sino las que no se ven; pues las cosas que se ven son temporales, pero las que no se ven son eternas" (2 Corintios 4:18). El incendio que vemos no es en lo que fijaremos nuestra atención; al contrario, lo que hemos decidido en esta habitación y ordenaremos en ese estacionamiento es el objetivo en el que centraremos nuestra atención. Porque lo que se ve, el incendio, está sujeto a cambio.

Me dirigí al director de personal y le pedí que le dijera a la empresa de mudanzas que no necesitaríamos sus servicios. Después informé a los empleados que cuando terminásemos de hablarle al incendio, íbamos a reunir todos los objetos que había en el estacionamiento para meterlos otra vez al edificio.

Grité: "¿Están listos para hablarle al incendio?".

Todos respondieron con un entusiasta: "¡Sí!". Salimos todos al parqueadero. Después oramos de este modo: "Padre, gracias por darnos este hermoso edificio para ministrar a tu pueblo. Gracias por el hermoso paisaje con el que nos has bendecido. Te pedimos que ni una sola cosa se pierda, que el incendio no queme ni una sola parte de nuestro edificio ni de cualquier cosa que nuestra vista alcanza: otros edificios o vegetación. Oramos que no tengamos que evacuar y que el viento cambie de dirección y sople de este a oeste. Y finalmente pedimos que llegue una tormenta y apague el fuego. Te lo pedimos en el nombre de Jesús".

Había llegado el momento de hablarle al incendio: "Ahora, Espíritu Santo, gracias por respaldarnos mientras estamos en la autoridad del nombre de Jesús y hablamos a esta adversidad". Todos dirigimos nuestros dedos en dirección a las largas columnas de humo y de hollín que se elevaban por encima del monte justamente al oeste. Yo dirigí y el personal repetía al unísono. Gritamos: "Incendio, te hablamos en el nombre de Jesucristo. No quemarás nuestro edificio, no quemarás nuestra ciudad y no quemarás ninguna vegetación que estamos viendo. Te ordenamos que detengas tu avance y no pasarás la carretera Rampart Range. ¡Debes extinguirte! Te hablamos a ti, viento, en el nombre de Jesús: debes cambiar de dirección. Te ordenamos que soples de este a oeste. También llamamos a una tormenta que arroje agua sobre ti. ¡Declaramos todo esto en el nombre de Jesucristo!".

Todos oraban apasionadamente, porque había surgido fe en nuestros corazones. Estábamos allí en armonía, éramos de una sola mente, unidos en propósito y nada nos detendría. Sabíamos que el cielo nos estaba respaldando.

De repente, el viento cambió de rumbo. ¡Dios y mi personal fueron testigos! El viento había estado soplando fuertemente de oeste a este, cosa que había hecho por muchos días. En ese momento, de repente, el viento empezó a soplar firmemente de este a oeste. Algunos pensamos: *¿Estamos soñando? Teníamos fe para que eso sucediera pero, ¿precisamente, mientras estábamos hablándoles a los elementos?*

En forma repentina, justamente cuando terminamos de orar, la recepcionista, que se había quedado en el edificio para atender los teléfonos, salió corriendo al aparcamiento y gritó: "¡Los vientos han cambiado de rumbo!". Ella se acercó directamente a nuestro director de personal y yo, y nos dijo: "Los bomberos están muy emocionados, ¡están diciendo que los vientos han cambiado repentinamente y están soplando de este a oeste!". Ella tenía una radio al lado de la central que sintonizaba la frecuencia de los bomberos. Había estado comprobando todo el día con la radio y acababa de oír a los bomberos gritar emocionados por el dramático cambio que acababa de producirse con el viento. Ellos sabían que eso detendría el avance del incendio hacia la población.

Todos espontáneamente comenzamos a gritar: "¡Gracias, Padre! ¡Eres maravilloso! ¡Eres fiel!".

Aquella noche yo estaba en la parte posterior de mi casa y fui testigo de otro fenómeno. Nuestra casa estaba a unos cuantos kilómetros al este de la oficina del ministerio. El viento seguía soplando de este a oeste, y cuando miré hacia nuestras oficinas, vi que una tormenta se acercaba desde el oeste. Llamé a mi esposa para que saliera del interior de la casa y le dije: "Lisa, ¿cómo puede estar soplando el viento de este a oeste y aun así está llegando una tormenta de oeste a este?". La lluvia cayó con fuerza y unos días después el incendio estaba completamente extinguido. Fue verdaderamente un milagro.

Desde aquella semana en adelante, nuestro personal no volvió a ser el mismo. Ahora son muy valientes y específicos cuando van al salón del trono en oración. Saben en lo profundo de su ser que "la oración eficaz del justo puede mucho" (Santiago 5:16). Tenemos una pizarra muy grande en nuestra sala de conferencias que tiene las peticiones concretas de cada departamento del ministerio.

Numerosos visitantes han llegado a las oficinas durante el tiempo devocional matutino para el personal y son inspirados por la fe y la pasión con las que ora el equipo.

Mi pregunta es: "¿Cuánto no estamos recibiendo para nuestras vidas o, más importante, para ayudar a otros en nuestra esfera de influencia, debido a que no vivimos por fe?".

¿Cuánto está nuestro cristianismo impulsado por sentimientos, emociones o información procesada intelectualmente que mata nuestra capacidad de creer? ¿Somos como la mujer griega, que no aceptó un no por respuesta aunque inicialmente eso fue lo que obtuvo? ¿Somos como Bartimeo, que no se detuvo, aun cuando otras personas cercanas le decían que se callara, que aceptara su condición, que fuera razonable y que actuara como el resto de ellos? ¿Somos como los hombres que llegaron con el paralítico y no podían acercarse a Jesús, pero que debido a su determinación se subieron a la azotea y la abrieron para recibir de Dios? ¿Somos como la mujer que dijo: "Con solo tocarte", y se abrió paso entre la multitud, a la vez que se acercaba agachada en el polvo, entre los pies de la turba, para tocar el borde de su manto?

¿Bajo qué tipo de fe hemos estado operando? ¿Hemos estado decididos a recibir? ¿Somos determinados en nuestra búsqueda? ¿O nos sometemos, tolerando aquello por lo cual Jesús pagó un precio tan alto para librarnos de ello? ¿Somos la generación a la que Jesús preguntó: "Cuando venga el Hijo del Hombre, ¿hallará fe en la tierra?" (Lucas 18:8)?

LEVANTÁNDONOS, ¡NO DESCENDIENDO!

Isaías obtuvo un destello de la gloriosa Iglesia que Jesús volverá a buscar. Por eso escribió:

> Levántate, resplandece; porque ha venido tu luz, y la gloria de Jehová ha nacido sobre ti. Porque he aquí que tinieblas cubrirán la tierra, y oscuridad las naciones; mas sobre ti amanecerá Jehová, y sobre ti será vista su gloria. Y andarán las naciones a tu luz, y los reyes al resplandor de tu

nacimiento. Alza tus ojos alrededor y mira, todos estos se han juntado, vinieron a ti; tus hijos vendrán de lejos, y tus hijas serán llevadas en brazos. Entonces verás, y resplandecerás; se maravillará y ensanchará tu corazón, porque se haya vuelto a ti la multitud del mar, y las riquezas de las naciones hayan venido a ti (60:1-5).

Isaías describió la extraordinaria vida que Dios ha llamado a la iglesia a vivir. Sin embargo, he conocido a muchas personas en mis años de ministerio que tienen la actitud o la creencia de que Dios un día cercano caerá sobre la iglesia con un gran avivamiento. Es casi como si estuviéramos esperando que él, de repente, se despierte, se levante y traiga un importante derramamiento de su poder sobre la iglesia.

A medida que han pasado los años y he meditado cada vez más en esto, he llegado a la conclusión de que él nos está esperando a nosotros. *Él está buscando una generación que crea.* Isaías declara que la gloria de Dios será tan fuerte sobre nosotros que los perdidos vendrán a nuestra luz. Llegarán en tropel y una gran cosecha de almas entrará en su reino eterno.

Sin embargo, su gloria y su poder no descenderán. Al contrario, mire lo que dice Isaías: "La gloria de Jehová ha nacido sobre ti". No desciende del cielo sino, por el contrario, nace desde nuestro interior. ¿Podría ser que finalmente comencemos a creerle a Dios? ¿Podría ser que nuestra fe al fin se vuelva como la de la iglesia primitiva, pero incluso más fuerte? ¿Creeremos realmente lo que Jesús dice y lo buscaremos con una fe incesante? ¡Creo que Dios nos está esperando! Él vio de antemano que habría una generación que finalmente lo entendería, que "el justo por la fe vivirá", y al fin recibiría y manifestaría la gloria extraordinaria que estuvo a disposición de todas las generaciones anteriores, pero que debido simplemente a no creer, la perdieron.

¿Ve lo importante que es la fe? ¿Puede ver ahora por qué la Biblia nos dice que sin ella es imposible agradar a Dios (ver Hebreos 11:6)? Somos llamados a lo extraordinario, ¡pero no podemos obtenerlo sin una fe incesante! Quitémonos nuestras ropas de seriedad. No somos personas de este mundo; somos real sacerdocio, una generación santa, una estirpe diferente de personas. Tenemos la naturaleza divina, somos hijos e hijas de la Luz, con un poder muy grande en nuestro interior.

El diablo no es rival para la gloriosa Iglesia que Isaías profetizó. ¿Por qué no hemos perseguido lo que pertenece a Jesús con máxima persistencia? Él pagó el precio para liberar a las naciones, ellas son su herencia. Él nos dio su autoridad para ir a predicarles a los perdidos para que se salven y a enseñarles la manera de vivir como él. Jesús nos dice:

> Toda potestad me es dada en el cielo y en la tierra. Por tanto, id, y haced discípulos a todas las naciones, bautizándolos en el nombre del Padre, y del Hijo, y del Espíritu Santo; enseñándoles que guarden todas las cosas que os he mandado; y he aquí yo estoy con vosotros todos los días, hasta el fin del mundo.
>
> —Mateo 28:18-20

Esas son las palabras de él para usted y para mí. Toda autoridad en el cielo y en la tierra le es dada a él, pero inmediatamente dice: "Por tanto, id...". Él nos ha transferido su autoridad y espera que nosotros vayamos y establezcamos aquello por lo cual ya pagó. Ahora nosotros hemos de ir en su nombre, en su lugar, con su autoridad, porque somos uno con él, "pues como él es, así somos nosotros en este mundo" (1 Juan 4:17). ¿Entiende cuánto nos ha otorgado Dios? Hemos de avanzar incesantemente y traer el cielo a la tierra: en nuestra propia vida y en el mundo en el que influimos.

¿Se está levantando su fe? Por favor, entienda que no puede ser retenida, vencida ni derrotada por nada ni nadie. Usted es el único que puede rendirse. ¡Ninguna fortaleza de las tinieblas puede detener su fe! Jesús dice: "He aquí os doy potestad... y sobre toda fuerza del enemigo, y nada os dañará" (Lucas 10:19). Él nos ha dado su autoridad, una autoridad que ninguna otra cosa puede derrumbar. Él nos la ha confiado a nosotros y aclara: "Nada os dañará".

Es momento. Ahora es el momento, no dentro de diez años, ni siquiera dentro de un año. Ya es el momento de que la iglesia se levante y camine extraordinariamente en el poder de la gracia por medio de la fe incesante. Deje de mirar su capacidad y enfóquese en la autoridad de él, su poder que reside dentro de usted. ¡Él nos ha dado mucho! No hay límite a lo que podemos hacer para ayudar a las personas a entrar en la plenitud de vida.

Reflexiones para un viaje extraordinario

¿Responderá Dios a su necesidad o a su fe? Ofrezca razones para su respuesta.

¿Por qué cree que nuestra fe es tan importante para Dios?

¿Hay "montes" en su vida a los que necesita "hablar" en el nombre de Jesús? ¡Hágalo ahora en su poderoso Nombre!

15

¿QUÉ ESTÁ ESCUCHANDO?

RECAPITULEMOS PARTE DE LO que hemos hablado hasta ahora. Nuestro objetivo final en la vida, como creyentes, es agradar a Dios: emocionar a nuestro Padre celestial es la pasión de todo creyente verdadero. Por el contrario, no encontraremos tal motivo apasionado en un creyente "fingido", porque él o ella ven la piedad con los lentes del beneficio personal. Este tipo de intención retorcida no se encuentra en los que son extraordinarios porque ellos no están abrumados por la autopreservación ni el amor a sí mismos. A quienes tienen una vida capacitada por la gracia no los impulsa el beneficio personal, un estilo de vida opulento o la avaricia. Viven para aportar creatividad, candor, perspectiva, recursos y otras cualidades de vida y poder piadosos a quienes influencian. Al suplir las necesidades de una humanidad que sufre, ellos prosperan de forma natural en todos los aspectos de su vida personal.

Agradar a Dios por nuestro propio esfuerzo es una tarea imposible. Sin embargo, "su divino poder, al darnos el conocimiento de aquel que nos llamó por su propia gloria y potencia, nos ha concedido todas las cosas que necesitamos para vivir como Dios manda" (2 Pedro 1:3 NVI), y ese poder no es otro que su magnífica gracia. Hemos descubierto que la gracia es más que el perdón de pecados; es también la presencia capacitadora de Dios que nos da la habilidad para hacer lo que la verdad demanda de nosotros. Pablo afirmó esto cuando escribió: "Porque Dios es el que en vosotros produce así el querer como el hacer, por su buena voluntad" (Filipenses 2:13), y el hecho de que tengamos una vida extraordinaria es lo que más le agrada a él.

Dios hizo eso al darnos, primero, una nueva naturaleza. No solo somos perdonados, también somos hechos una creación absolutamente nueva, hijos de Dios creados a la imagen y semejanza del propio Jesús. Ahora, mediante el poder de esta nueva naturaleza y en unión con el Espíritu Santo, podemos vivir tal como Jesús: una vida santa, poderosa y extraordinaria, haciendo las obras que él hizo y dando un fruto aun mayor.

Tenemos acceso a esa maravillosa gracia mediante la fe, no hay ninguna otra manera de obtenerla. La fe es la tubería que transporta la gracia a nuestras vidas. Si tenemos fe solo para ser perdonados de nuestros pecados, entonces tendremos una vida en gran medida infructuosa y derrotada. Si tenemos fe solo para ser perdonados y alcanzar la piedad, entonces llevaremos una vida pura; pero nos perturbaran los obstáculos y la adversidad, que —a su vez— evitarán que alcancemos a quienes tienen necesidad del poder del reino. Sin embargo, si tenemos fe para ser perdonados, vivir piadosamente y recibir todas las bendiciones espirituales que Dios ha proporcionado para nosotros en Cristo, entonces podemos lograr lo que se nos ha encomendado: "El que dice que permanece en él, debe andar como él anduvo" (1 Juan 2:6), llevando esperanza y solución a quienes tienen necesidad.

Debemos recordar que Jesús vivió con una misión y enfocado en ella; él vino con un propósito y una causa. No solo llegó y anduvo por la vida ministrando de cualquier manera a las personas cuando se presentara la oportunidad. Capte sus palabras: "Vamos a los lugares vecinos, para que predique también allí; porque para esto he venido" (Marcos 1:38). Y una vez más: "Yo para esto he nacido, y para esto he venido al mundo, para dar testimonio a la verdad" (Juan 18:37). Juan dice de él: "Para esto apareció el Hijo de Dios, para deshacer las obras del diablo" (1 Juan 3:8).

Jesús entonces hace la afirmación más sorprendente, para cada uno de nosotros, antes de ascender al cielo:

Como me envió el Padre, así también yo os envío.

—Juan 20:21

Lo que nos está diciendo a cada uno es esto: "Como vine con un *propósito* y una *causa* —dar testimonio de la verdad, llevar fruto eterno y destruir las obras del diablo—, así los envío". Con eso presente, veamos cómo Bernabé exhortó con firmeza a cada miembro de la iglesia en Antioquía: "Este, cuando llegó, y vio la gracia de Dios, se regocijó, y exhortó a todos a que con propósito de corazón permaneciesen fieles al Señor" (Hechos 11:23).

Si no tenemos fe para entrar en la gracia de Dios y vivir en una forma extraordinaria, entonces no tendremos la capacidad de llevar fruto eterno, ni mucho menos para destruir las obras del diablo. No podremos lograr plenamente nuestro propósito. ¿Cómo entonces podemos agradar a Dios?

AUMENTA NUESTRA FE

Por esa razón se nos dice enfáticamente: "Pero sin fe es imposible agradar a Dios" (Hebreos 11:6). ¿Observó la palabra *imposible*? Eso es lo fundamental: no tener fe significa no tener acceso a la gracia ni capacidad para agradar a Dios; la poca fe otorga poco acceso a la gracia y escasa capacidad para agradar a Dios; una gran fe implica abundancia, gracia y gran capacidad para agradar a Dios. Todo se reduce a la fe. Los discípulos necesitaron bastante tiempo para comprender este hecho. Cuando al fin lo entendieron, se percataron de su deficiencia y tuvieron claridad en cuanto a por qué Jesús era tan intolerante con su fe tan pequeña. Y, al fin, pudieron exclamar:

> ¡Aumenta nuestra fe!
>
> —Lucas 17:5 NVI

Al final, los apóstoles tuvieron conciencia de su importancia. Solo puedo imaginarme el agrado que esa comprensión produjo a los oídos del Maestro. Aquellos hombres con quienes él había trabajado pacientemente por años, al fin estaban pidiendo lo que era necesario para vivir triunfantes en el reino. Esta es la respuesta de él:

Si tuvierais fe como un grano de mostaza, podríais decir a este sicómoro: Desarráigate, y plántate en el mar; y os obedecería (v. 6).

Notemos que Jesús habla sobre un grano de mostaza, que es tan pequeño que tiene un diámetro de solo dos milímetros. Eso es apenas el tamaño de una semilla de amapola o el punto de un marcador grueso en un papel. Jesús está comunicando que la fe se origina en lo que parece insignificante. Por eso tantos lo pasan por alto, buscan lo extraordinario en lugares lógicos, en lo sustancial. No entienden que lo extraordinario comienza con su Palabra, que es una semilla.

PLANTADA EN NUESTROS CORAZONES

La clave es pasar su Palabra a lo profundo de nuestro ser: "Porque con el corazón se cree para justicia" (Romanos 10:10). El corazón es el asiento de nuestra creencia, por eso es ahí donde debe plantarse la semilla. Jesús habla de esta verdad fundamental en la parábola del sembrador. De hecho, entender este principio es tan crucial que Jesús afirma:

¿No sabéis esta parábola? ¿Cómo, pues, entenderéis todas las parábolas?

—Marcos 4:13

Dicho en términos sencillos, esta parábola ilustra el principio fundamental de la fe; por tanto, si no entendían eso, los principios del reino seguirían siendo un misterio para ellos.

La parábola de la Biblia es así: un granjero salió a su campo a plantar su semilla. Mientras la esparcía, parte cayó en el camino, donde fue pisoteada y las aves se la comieron. Otra parte de la semilla cayó entre piedras y brotó, pero las plantas se secaron porque no tenían raíces fuertes. Otra parte cayó entre las malas hierbas, donde brotó y creció, pero la maleza creció con ella y finalmente la ahogó. Por último, el resto de la semilla cayó en buena tierra y produjo una gran cosecha.

Más adelante, cuando estaban a solas con Jesús, los discípulos le preguntaron qué significaba esa parábola. Jesús respondió: "La semilla es la palabra de Dios" (Lucas 8:11). Esto tiene una importancia crucial. Cuando Jesús dice: "Si tuviereis fe como un grano de mostaza", se está refiriendo a la palabra que el Espíritu Santo habla a nuestro corazón, ya sea por la Escritura o por fuentes que estén en armonía con la ella. Como dije, la semilla contiene todo lo necesario para cumplir su destino. Lo único que se necesita para que se desarrolle la vida y proceda el crecimiento es la tierra y, como estamos a punto de ver, la tierra representa nuestros corazones.

Dios desea manifestar su reino en esta tierra, para traer las bendiciones del cielo a un mundo en tinieblas. Sin embargo, lo que él pueda hacer —mediante el Cuerpo de Cristo— está limitado —en definitiva— por el estado del corazón de los creyentes. Cuando Jesús caminaba por esta tierra, creía —al pie de la letra— las palabras del Padre. No carecía de fe, por eso está escrito de él: "He aquí que vengo, oh Dios, para hacer tu voluntad, como en el rollo del libro está escrito de mí" (Hebreos 10:7). Jesús cumplió el deseo de Dios perfectamente. Sin embargo, regresó al Padre y nos dejó la tarea de completar la obra que comenzó. Ahora, la voluntad de Dios —dar testimonio de la verdad y destruir las obras del diablo— puede lograrse no solo a través de un Hombre, Jesucristo, sino mediante todo su cuerpo, el cual es una multitud de creyentes. La única condición es que debemos cooperar y todo comienza en el corazón.

Continuemos con la interpretación de Jesús en cuanto a esta parábola crucial:

> Y los de junto al camino son los que oyen, y luego viene el diablo y quita de su corazón la palabra, para que no crean y se salven.
>
> —Lucas 8:12

La palabra es oída, pero el diablo viene y la quita de los corazones con un propósito: él no quiere que la crean porque la fe destruirá sus obras malignas. Por tanto, la pregunta lógica que debemos hacer es: "¿Cómo quita el diablo la Palabra de Dios?". Sus principales maneras son mediante experiencias decepcionantes, tradiciones "cristianas" hechas por el hombre, razonamiento humano, creencias erróneas a las que nos aferramos y muchas más; la lista es larga. Debemos recordar que el diablo no se nos presenta vestido de rojo con un tridente, una larga cola y unos cuernos diciendo: "Soy el diablo y he venido para robar la Palabra de Dios". Si lo hiciera, la mayoría resistiría con firmeza y creería aún más en lo que oyó. No, la Escritura afirma que Satanás es sutil y astuto; sus estrategias parecen muy normales, lo cual impide que discernamos que es él quien se nos presenta; su objetivo es hacer que la Palabra de Dios parezca anormal y la sabiduría de él normal. ¡Esta es la estrategia más eficaz de Satanás!

Considere otra vez la afirmación de Jesús: "viene el diablo y quita de su *corazón* la palabra, para que no crean y se salven". Insisto, es el mensaje plantado en el corazón, no en la mente, el que es una amenaza para las tinieblas. Cuando Jesús dice: "Si tuviereis fe como una semilla de mostaza", no se refiere a tener la Palabra de Dios en nuestra mente sino en nuestro corazón. Permítame que reitere: "Porque con el corazón se cree" (Romanos 10:10). Por tanto, el verdadero enfoque de esta parábola no es en la semilla sino en el estado o condición de la tierra o del corazón. A medida que sigamos, esto se esclarecerá más.

Jesús continúa:

> Los de sobre la piedra son los que habiendo oído, reciben la palabra con gozo; pero estos no tienen raíces; creen por algún tiempo, y en el tiempo de la prueba se apartan.
>
> —Lucas 8:13

La afirmación clave aquí es "no tienen raíces". Ellos oyen con alegría el mensaje y lo aceptan intelectualmente, e incluso en sus corazones —hasta cierto grado—, pero no llega a echar raíces profundas ni a volverse más real que el mundo natural. Cuando llega la adversidad, cualquier condición contraria a lo que afirma la Palabra de Dios, hace que retrocedan, lo cual sencillamente revela su fe vana. Su creencia es fácilmente arrancada de raíz.

Ha habido numerosas personas que se acercan a mí y me dicen: "John, yo creí la Palabra de Dios, pero no funcionó. Mi oración no fue respondida". Lo que les sucedió es realmente bastante sencillo. A menudo, hay un lapso de tiempo que comienza cuando originalmente creemos a Dios en cuanto a algo específico y continúa hasta que la obra es completada o manifestada. A ese lapso lo llamo "el periodo crítico de la creencia". Y es cuando ponemos en la balanza aquello que uno "está creyendo", lo cual puede inclinarse hacia cualquiera de los dos lados con el que crea que está de acuerdo a su fe. Por eso les digo lo siguiente a las personas que cuestionan por qué Dios "no se mostró", en alguna situación, para ayudarles: "En algún punto del periodo crítico de su creencia, usted creyó más en la adversidad que en la Palabra de Dios".

Sé que pueden parecer fuertes estas palabras y que aparenten responsabilizar mucho la fe del individuo, pero creo que la abrumadora evidencia de la Escritura apoya mi punto.

Por ejemplo, recordemos la manera en que Pedro creyó, originalmente, el mandato de Jesús le extendió: "Ven y camina sobre el agua". Pedro creyó por un momento y, sí, caminó sobre el agua. Piénselo: si usted se mete en una barca, va hasta la mitad de un lago muy calmado y sale de la barca, sin duda alguna no caminará sobre el agua, ¡usted se hundirá! Sin embargo, Pedro caminó. Pero cuando Pedro comenzó a enfocarse en la adversidad, empezó a hundirse. Jesús, más adelante, dijo que Pedro tenía "poca fe". No dijo que su discípulo no tenía "fe alguna", sino que la fe de Pedro no estaba profundamente arraigada.

Muchos están en ese mismo lugar. Al inicio creen, pero cuando surge la adversidad, su fe vana sale a la luz. Debemos creer profundamente. Solo considere la descripción que hace Jesús del último terreno (y salto el tercer estado para enfocarme en el punto que estoy estableciendo):

> Mas la que cayó en buena tierra, estos son los que con corazón bueno y recto retienen la palabra oída, y dan fruto con *perseverancia*.
>
> —Lucas 8:15

Observemos sus palabras: "dan fruto con *perseverancia*". Cuando usted cree profundamente, aguantará, soportará la dificultad y perseverará frente a cualquier adversidad que se oponga a lo que Dios le haya revelado. Por eso es tan importante oír la voz de él en nuestro corazón a través de la Escritura. Cuando hagamos eso, deberíamos pensar en ello, meditarlo, enfocarnos en la imagen que ella dibuja, y luego pronunciarlo.

LAS PALABRAS PINTAN IMÁGENES

Es importante entender que las palabras pintan imágenes. Muchos no se han detenido lo suficiente a meditar en esto. Si digo "puesta de sol", al instante aparecerá en su mente una hermosa escena. Si le gusta el océano y tiene buenos recuerdos de algunas vacaciones cerca del mar, en su imaginación puede que vea el sol en medio de brillantes nubes justo encima del agua. O si vive en Arizona, puede que imagine una roja bola de fuego descendiendo sobre un desierto. Si vive en Colorado, podría imaginarse el sol desapareciendo detrás de los picos de las Montañas Rocosas con brillantes formaciones de nubes que reflejan un abanico de colores. La Palabra de Dios pinta imágenes en nuestra imaginación de modo similar puesto que él sabe cómo estamos hechos.

Tomemos lo que el Señor hizo con Abraham [Abram], por ejemplo. Dios se le apareció y le dijo: "No temas, Abram; yo soy tu escudo, y tu galardón será sobremanera grande" (Génesis 15:1). ¿Puede imaginar eso? Que Dios se le aparezca a usted y haga una afirmación como esa. ¡Asombroso!

Sin embargo, la respuesta de Abraham fue escéptica: "Señor Jehová, ¿qué me darás, siendo así que ando sin hijo …? Mira que no me has dado prole, y he aquí que será mi heredero un esclavo nacido en mi casa" (vv. 2-3). Abraham no tenía esperanza de acoger a un hijo, puesto que su esposa ya había pasado la edad de concebir. La única imagen que tenía en su corazón era la que la vida le había dibujado. Tanto la experiencia como el conocimiento pintaban que cuando una mujer pasaba de cierta edad, dejaba de tener ciclos menstruales y era imposible que tuviera hijos. Sara había pasado esa línea años antes, así que la respuesta de Abraham era sensata en el ámbito natural. Sin embargo, Dios puede alterar la esfera natural, porque todas las cosas son posibles para él. Abraham no estaba iluminado, así que aunque Dios se le apareció diciendo: "Tu recompensa será grande", no significó mucho a los ojos del hombre, ya que todo —como él lo planeaba— algún día recaería en su sirviente.

Por tanto, observemos lo que Dios hace: "Y lo llevó fuera, y le dijo: Mira ahora los cielos, y cuenta las estrellas, si las puedes contar. Y le dijo: Así será tu descendencia" (v. 5).

Estoy seguro de que esa comunicación se produjo al oscurecer. Los científicos dicen que hay aproximadamente ocho mil estrellas visibles al ojo humano bajo buenas condiciones atmosféricas. Sin embargo, en el antiguo Oriente Medio, donde no había contaminación, humedad ni alumbrado eléctrico en las ciudades con las que comparar, el número de estrellas visibles habría sido aun mayor. ¿Puede imaginarse esa tarea? Estoy seguro de que Abraham contó por horas hasta que al fin, por agotamiento, se quedó dormido. A la mañana siguiente, cuando Abraham despertó, estoy seguro de que Dios estaba allí. Casi puedo oírlo decir: "Bien, Abraham, ¿las contaste todas anoche?".

Es probable que Abraham respondiera: "¿Estás bromeando? De ninguna manera. Eso es imposible. ¡Son incontables!".

Entonces Dios respondió: "Así será tu descendencia: ¡demasiados para poder contarlos!". Dios pintó un cuadro en la pantalla de la imaginación de Abraham. De ahí en adelante, siempre que meditaba en la promesa de Dios sobre su descendencia, vería el cielo nocturno con innumerables estrellas. Y, en su imaginación, de repente esas estrellas se transformarían en sonrientes rostros de bebés que gritaban: "¡Papi Abraham!".

Dios también utilizó la imagen de la arena para comunicarle esta verdad a Abraham: "multiplicaré tu descendencia como las estrellas del cielo y como la arena que está a la orilla del mar" (Génesis 22:17). Gran parte del peregrinaje de Abraham lo realizó bordeando el mar, por lo que yo pensaría que a Abraham le gustaba eso. Probablemente tuviera estupendos recuerdos sintiendo la cálida arena bajo sus pies. ¿Acaso no sería posible que un día, antes que Dios le hablara, Abraham hubiera pensado algo como esto: *Hay mucha arena; me pregunto cuántos granos habrá. Deben ser innumerables?* En el mundo de Abraham, las estrellas y la arena representaban lo incalculable, por lo que Dios los utilizó como ejemplos.

Si Abraham estuviera vivo hoy y fuese biólogo, Dios podría haberle dicho: "Tus descendientes serán como el número de células que hay en el cuerpo humano".

Jesús hizo exactamente lo mismo al comunicar la Palabra de Dios. Les contaba historias de peces a los pescadores, relatos de agricultura a los agricultores, tradiciones relacionadas con los negocios y las finanzas a los empresarios, e historias de bodas, relaciones familiares y otros asuntos generales a las multitudes. Hacía eso para que todos pudieran relacionar la verdad con algo concreto en su experiencia cotidiana. Y, en la actualidad, Dios hace lo mismo con usted y conmigo: emplea palabras para pintar imágenes de lo que él desea en la pantalla de su imaginación. Ya que el enemigo y Dios contienden por la pantalla de su corazón, esta es la verdadera zona de guerra espiritual, porque cualquier cosa que ocupe la pantalla y se cree, eso es lo que se manifestará en nuestras vidas. Las palabras que oímos y a las que prestamos atención, día tras día, pintarán imágenes en la pantalla de nuestro corazón. Por eso Jesús dice: "Mirad lo que oís" (Marcos 4:24).

Satanás habla palabras a su mente de fracaso, derrota, pobreza, enfermedad, desesperanza, incapacidad para ayudar a otros y muchas otras; la lista es interminable. Él se deleita en que usted se vea a sí mismo como alguien común y corriente e incapaz de experimentar un cambio piadoso. La preocupación es su principal herramienta ya que es la antítesis de la fe. La preocupación pinta una imagen, y hasta pone una película, en la pantalla de su corazón antes de que suceda. Lo que usted teme domina su pantalla.

Dios hace lo contrario. Él habla palabras que producen imágenes de esperanza. Esto dice la Escritura acerca de Abraham:

> El creyó en esperanza contra esperanza, para llegar a ser padre de muchas gentes, conforme a lo que se le había dicho: Así será tu descendencia.
>
> —Romanos 4:18

Dios habló esas palabras precisamente después de que Abraham fracasara en su intento por contar las estrellas. Ahora había una imagen de esperanza en su corazón que reflejaba una multitud de descendientes. Esa imagen sustituyó la anterior que reflejaba a Abraham lidiando con la esterilidad de su esposa y con el hecho de que su sirviente fuese su único heredero.

¿Por qué escribió el apóstol Pablo acerca de Abraham diciendo: "Creyó en esperanza contra esperanza"? La primera esperanza es una expectativa natural. La experiencia de Abraham lo había dejado pensando que no había posibilidad de tener un bebé con Sara, sin embargo, hay otra esperanza: la divina o de Dios, que es la segunda que menciona Pablo. Desgraciadamente, hemos reducido la palabra *esperanza* a un término que significa "quizá sea eso". Cuando decimos "eso espero", realmente queremos decir: "Probablemente no suceda, pero quizá podría suceder". Esa no es una perspectiva bíblica. La palabra *esperanza* en la Biblia se define como "una confiada expectación". Abraham creyó en la esperanza, la visión, que Dios había pintado en la pantalla de su corazón. Debido a la fe, Abraham se llamó a sí mismo "padre de multitudes" antes que él y Sara tuvieran un hijo en el ámbito natural. Él creyó que eso estaba hecho porque Dios no podía mentir. Eso explica por qué el escritor de Hebreos afirma lo siguiente:

Es, pues, la fe la certeza de lo que se espera.

—Hebreos 11:1

La esperanza es la imagen que pinta la Palabra de Dios en la pantalla de nuestros corazones, y la fe le da sustancia o la trae a la realidad. La razón de que tantos batallen con la fe es que carecen de esperanza. Si usted no tiene esperanza, la fe no tiene nada a lo que darle sustancia.

Otra manera de verlo es describir la esperanza como el plano y la fe como los materiales de construcción. Usted puede tener toneladas de clavos, madera, baldosas, ventanas, placas, tuberías, etc. Sin embargo, si no tiene un plano, no puede construir nada. Cualquiera puede decir: "Ah, no necesito planos, con todo ese material yo podría hacerlo; construiría según lo vea en mi mente". Sí, es posible que pueda hacerlo pero, de todos modos, tendría que tener una imagen en su mente de cómo sería la construcción; y eso sería el plano.

Así que permítame que insista: si usted no tiene esperanza —la visión, el cuadro, la imagen, el plano— en su corazón, su fe no tiene nada a que darle sustancia. Por eso Pablo escribe a los cristianos romanos, que estaban sufriendo una gran persecución:

> Y el Dios de esperanza os llene de todo gozo y paz en el creer, para que abundéis en esperanza por el poder del Espíritu Santo (Romanos 15:13).

Este es un versículo magnífico, uno de mis favoritos. ¿Lo ve? ¡Él es llamado "el Dios de esperanza"! Pasar tiempo con él produce esperanza y visión. ¿Puede ver la forma en que la esperanza y la fe obran juntas para dar gozo, paz y felicidad? ¿Ve también de dónde viene la esperanza? Viene del poder del Espíritu Santo. Él es la persona de la Deidad que desea pintar las imágenes de la verdad en nuestros corazones y lo hace mediante las palabras que nos habla.

Vuelvo a insistir, aquí es donde se desarrolla el gran campo de batalla. El Espíritu Santo y el enemigo desean tener acceso a la pantalla de la imaginación de su corazón. Si el enemigo puede hacer que usted crea en fracasos, derrotas, lujuria, orgullo, enfermedades, muerte, ineficacia, destrucción y más —todo lo cual pinta imágenes de sus mentiras—, entonces usted le pertenece. La fe da sustancia a las cosas que se esperan, pero el temor da sustancia a nuestras preocupaciones. Job dijo: "Porque el temor que me espantaba me ha venido, y me ha acontecido lo que yo temía" (3:25).

Cuando tenía veintitantos años, precisamente después de haber sido salvo, algunas de las batallas por las que pasé eran enormes. En mi mente veía imágenes de perversión sexual y también tenía sueños con esas cosas. Aquellas imágenes eran reforzadas al oír hablar a otros, al ver películas o programas de televisión y por medio de anuncios. Pero muy a menudo esas horribles imágenes me llegaban de repente. Estaba atormentado por esos pensamientos y el temor me tenía sujeto. Me preguntaba: *¿Alguna vez tendré una* *sana relación sexual con la mujer con quien me case? ¿Será imposible mirar a una mujer con pensamientos rectos? ¿Cómo puedo ministrar a otros con este pecado en mi vida? ¿Acaso soy anormal?*

Entonces, un día descubrí lo que dice la Palabra de Dios: "Pues aunque vivimos en el mundo, no libramos batallas como lo hace el mundo. Las armas con que luchamos no son del mundo, sino que tienen el poder divino para derribar fortalezas" (2 Corintios 10:3-4 NVI). ¿De qué fortalezas estaba hablando Pablo? He aquí su respuesta:

> Derribando argumentos y toda altivez que se levanta contra el conocimiento de Dios, y llevando cautivo todo pensamiento a la obediencia a Cristo.
>
> —2 Corintios 10:5

La primera palabra que se menciona es argumentos o imágenes pintadas en la pantalla de nuestra imaginación. La siguiente en la frase es altivez y, finalmente, malos pensamientos (hablaré de esas dos más adelante en el capítulo). Pablo deja claro que las fortalezas son parte de una batalla espiritual, no una batalla natural. Es necesaria la poderosa arma de la espada del Espíritu —la Palabra de Dios— para derribar argumentos erróneos y sustituirlos por la esperanza divina.

Cuando aprendí eso, logré ventaja en la lucha. Sabía que mi futuro estaba asegurado. Comencé a luchar utilizando la Palabra de Dios. Hablaba *directamente* a las imágenes y les ordenaba que cayeran en el nombre de Jesús y expresaba lo que la Palabra de Dios declaraba sobre mi vida sexual. Fue una batalla ardua, pero estaba consciente de que esa fortaleza tenía que ser derribada y sustituida por imágenes sanas.

Cuando vencí en esa batalla, me enfrenté a otra. Al principio, la mayoría de las batallas tenían que ver con mi vida personal. A medida que maduré, las batallas llegaban en áreas de alcance. Esos son los campos de guerra más importantes que el enemigo quiere dominar, porque conciernen al modo en que usted afecta a otros. Jesús miró a Pedro y le dijo:

Simón, Simón, he aquí Satanás os ha pedido para zaran-
dearos como a trigo; pero yo he rogado por ti, que tu fe no
falte; y tú, una vez vuelto, confirma a tus hermanos.

—Lucas 22:31-32

En una ocasión, mientras estaba ministrando en el medio oeste, un pastor que era granjero me ayudó a entender lo que Jesús
le estaba diciendo a Simón (Pedro). Supe que si un grano de trigo
es zarandeado en el momento erróneo, puede resultar tan dañado
que no podrá reproducirse. Cuando oí esa explicación, comprendí
—sencillamente— que Jesús le estaba diciendo a Pedro: "Satanás
desea quitarte tu capacidad de reproducirte: de llevar fruto".

El enemigo realmente no está muy preocupado en cuanto a que
usted tenga una vida cristiana cómoda, gane mucho dinero, disfru-
te de sus ganancias y un día vaya al cielo. Lo que más teme es que
usted se reproduzca. Cuando usted entra en esta esfera, está en una
batalla más feroz.

Podría escribir un libro entero sobre las luchas espirituales
que Lisa y yo hemos pasado en el ministerio, y lo mismo podría
hacer cualquiera que esté en las primeras filas para rescatar almas.
Recuerdo que Lisa me miró una noche en 1988, tres meses después de que hubiéramos comenzado a predicar a tiempo completo,
y me dijo con exasperación: "¡Yo no sabía que había demonios así
de grandes!".

Las batallas que afrontamos unas veces son feroces y descara-
das, mientras que otras son más sutiles. Permítame que le cuente
una historia acerca de una batalla sutil que ilustra de modo hermoso lo que estoy diciendo con respecto a la pantalla de nuestra
imaginación.

UN SUTIL INTENTO POR ZARANDEAR

En 1992, Dios me habló una mañana y me dijo que escribiera un
libro. Fue uno de esos encuentros divinos que uno nunca olvida.

Yo aborrecía la clase de lenguaje en la escuela y reprobé el examen de entrada a la universidad nacional en la categoría verbal; esa
fue la razón por la que estudié ingeniería. Por tanto, cuando Dios me

dijo que escribiera, realmente sentí que él tenía a la persona equivocada. Durante diez meses fui desobediente y no escribí nada. Entonces, en un periodo de dos semanas, dos mujeres acudieron a mí con el mismo mensaje: "John Bevere, si no escribe lo que Dios le está diciendo que escriba, él le dará el mensaje a otra persona, y usted será juzgado por su desobediencia". Cuando la segunda mujer dijo eso, el temor de Dios cayó sobre mí; entonces me armé de papel y pluma.

Escribí mi primer libro, pero seguía batallando con el pensamiento: *¿Quién va a publicarlo?* Yo no era conocido, solo había predicado en iglesias de unos cien miembros y había sido un pastor de jóvenes que se había criado en una pequeña ciudad de tres mil personas en el medio oeste. No podía imaginar cómo llegaría mi mensaje, alguna vez, a publicarse y llegar a la población general. Pero Dios había hablado, por tanto, seguí adelante.

Envié el primer manuscrito a una editorial cristiana que resultó estar en la ciudad donde yo residía. Durante semanas no obtuve respuesta alguna. Finalmente llamé y un hombre de la gerencia me dijo: "No queremos publicar su libro porque predica demasiado". Por si eso no fuera lo bastante difícil de aceptar, unos días después un amigo mío lo leyó y dijo: "John, utilizas demasiados pasajes de la Biblia".

Luché con el desánimo. Las palabras de ambos hombres estaban pintando una imagen de fracaso en mi imaginación. Yo no lo entendía completamente entonces, pero ahora sé que era una estrategia del enemigo para evitar que me reprodujese. Satanás deseaba zarandearme. Sin embargo, Dios me había hablado y yo sentía que el libro tocaría a multitudes. Tenía una opción: ¿permitiría que las palabras de aquellas dos influyentes personas pintaran una visión de fracaso en mi corazón o me aferraría a la esperanza que se encontraba en las palabras que Dios me había hablado? Escogí creerle a Dios e hice guerra contra las "imágenes de fracaso" haciéndolas a un lado y proclamando la Palabra de Dios. La mayor parte de todo eso lo hice en mi cuarto de oración y con quienes apoyaban el propósito que Dios me dio, siendo mi esposa mi principal alentadora.

Me puse en contacto con otra editorial y otra vez me rechazaron. Como yo había decidido no darme por vencido y ninguna editorial quería el manuscrito, decidimos publicarlo nosotros mismos.

En el transcurso del siguiente año, vendía mi libro en las pequeñas iglesias donde ministraba, pero el mensaje no estaba alcanzando las multitudes. Sin embargo, escribí otro libro, volvimos a publicarlo nosotros mismos y se produjo la misma tendencia del año anterior.

Al siguiente año, tres después que Dios me habló, estaba planeando escribir otro libro. Sería sobre el tema de sobreponerse a las ofensas. Yo estaba decidido a comenzar el largo proceso de la escritura y los planes eran, insisto, publicarlo nosotros mismos. Estaba decidido a obedecer, sin enfocarme en el hecho de que se hubieran vendido muy pocos libros. Dios me había dicho que escribiera y que los libros llegarían a las masas. Así que me negué a permitir que mis esperanzas fuesen aplastadas.

Alrededor de ese momento me invitaron a comer con un amigo y uno de sus allegados resultó ser el nuevo líder de la editorial de mi ciudad, la que había rechazado mi primer libro. Hicimos las presentaciones y charlamos un poco, cuando el editor finalmente preguntó sobre nuestro ministerio. Yo le conté que Lisa y yo viajábamos y ministrábamos en las iglesias, y le dije que habíamos publicado dos libros por nuestra cuenta.

Su curiosidad surgió y me preguntó si tenía planes de escribir otro libro. Le dije que estaba trabajando en el tercero y él me preguntó cuál era el tema. Le dije parte del tema y él me hizo más preguntas. Finalmente me dijo:

—Nosotros solo publicamos veinticuatro libros por año y casi todos son de escritores ya establecidos o de ministros conocidos nacionalmente, así que en realidad no podría ocuparme de su libro. ¡Pero me encanta su mensaje!

—Me parece bien —le respondí y seguimos hablando sobre el tema.

Por último, él volvió al tema y me dijo muy entusiasmado:

—Quiero publicar ese libro, pero tengo que obtener el permiso del dueño de la empresa, porque esto está fuera de nuestros procedimientos normales.

En efecto, esa empresa publicó el libro, que se tituló *La trampa de Satanás*.

Durante los primeros seis meses, se vendió muy poco; parecía que iba a ser un fracaso. Yo luchaba contra los malos pensamientos que afloraban y me preguntaba por qué había empleado trescientas horas en cada uno de mis libros cuando solo un puñado de personas los estaban leyendo. Me consolaba a mí mismo diciendo: "Si solo una vida es eternamente cambiada, valió la pena". Sin embargo, seguía batallando contra el desánimo y las visiones de fracaso. Pero yo elegí creerle a Dios y esperar contra esperanza. Tenía una imagen de esos libros siendo leídos por personas en todo el mundo y fue Dios el que puso esa imagen en mi pantalla.

Durante ese periodo, un pastor se me acercó y me dijo: "John, Dios me ha mostrado que venderás cien mil libros". Podría usted pensar que sus palabras me emocionaron porque yo solo había vendido un par de miles, pero no sucedió así. Al contrario, me desanimé por sus palabras porque la imagen que yo tenía era de *millones* de libros vendidos. Sin embargo, no deseché la esperanza.

Un poco más adelante, me ofrecieron ser el invitado en un programa nacional cristiano de entrevistas. Yo tenía que conversar durante veinticinco minutos con el presentador y su esposa sobre mi vida, mi ministerio y *La trampa de Satanás*. Pero no hubo conversación. Yo comencé a hablar, mientras el presentador y su esposa se quedaron sin habla. Fue como si Dios hubiera invadido aquel estudio. Durante cuarenta minutos hablé sobre el tema de las "ofensas" y no fui interrumpido ni una sola vez.

Al día siguiente, todas las librerías en Estados Unidos habían agotado el libro y para el fin de semana la editorial se había quedado sin ninguno y, además, tenía pedidos de veinte mil ejemplares. Tuvieron que ir a la carrera. Ahora, cuando escribo este que tiene en sus manos, los libros que he vendido son millones y han sido traducidos a más de sesenta idiomas. Me quedo sorprendido, pero soy más consciente que nadie de quién fue el que escribió estos libros: el Espíritu Santo. ¡Mi nombre está en ellos porque yo fui el primero en llegar a leerlos!

Al reflexionar en el pasado, me sorprendo por lo coherentemente que el enemigo trató de zarandearme como a trigo, pero de modo muy sutil. Hubo muchos pensamientos y palabras desalentadoras que me dijeron y que podrían fácilmente haberme conducido a una imagen muy desalentadora que habría hecho que yo dejase a un lado el escribir. Dios me dio una imagen de las personas en todo el mundo que leerían, en masa, los mensajes que él me había confiado. ¡Él es el único que hizo que sucediese!

¿QUÉ ESTÁ ESCUCHANDO USTED?

Permítame que lo reitere: la clave es hacer que la Palabra de Dios llegue a lo profundo de nuestro ser: "Porque con el corazón se cree" (Romanos 10:10). Por eso Pablo nos dice, de manera enfática, que seamos proactivos "derribando argumentos y toda altivez que se levanta contra el conocimiento de Dios, y llevando cautivo todo pensamiento a la obediencia a Cristo" (2 Corintios 10:5). Observe que no solo dice "argumentos", sino también conocimiento y pensamientos, porque ambos pueden crear imágenes erróneas en nuestros corazones. Y debemos recordar que el corazón es el asiento de nuestra fe, donde deben plantarse las semillas. Por eso se nos dice: "Por sobre todas las cosas cuida tu corazón, porque de él mana la vida" (Proverbios 4:23 NVI).

Pablo nos dice que derribemos el conocimiento que se exalta a sí mismo por encima de la Palabra de Dios. Guardamos nuestros corazones atesorando lo que entra en nuestras mentes, porque nuestros corazones no pueden creer en forma correcta a menos que estemos alimentando un conocimiento adecuado a nuestra mente. Por esa razón, Jesús les dice a los rebeldes líderes de su época:

> ¡Ay de ustedes, expertos en la ley!, porque se han adueñado de *la llave del conocimiento*. Ustedes mismos no han entrado, y a los que querían entrar les han cerrado el paso.
> —Lucas 11:52 NVI, énfasis añadido

Observemos que el conocimiento es la clave para creer. Alimentarnos de conocimiento inadecuado produce una creencia inadecuada y, por tanto, no da los resultados deseados.

He conocido a muchos —y quiero decir grandes cantidades— de cristianos que son muy sinceros, pero que están lejos de la meta en lo que creen. Incontables números de ellos han basado su caminar con Dios en la lógica humana, el razonamiento grupal, lo que es racional para la mente natural, la experiencia del pasado, o las emociones, en vez de basarlo en el correcto conocimiento de la Palabra de Dios. Asusta conocer a personas que no cederán y hasta lucharán por lo que es contrario a todo el consejo de la Palabra de Dios. Lo hacen porque creen genuinamente una falsedad; se consuelan a ellos mismos con esta lógica: *Como soy sincero, no puedo estar equivocado*. Sin embargo, el hecho es que usted puede ser sincero en su corazón, pero estar gravemente equivocado en su cabeza. La verdad que da qué pensar es que *el error de sus pensamientos lo aleja de la verdad que su corazón desea*.

El pueblo judío hacía lo mismo. Pablo se lamentó por ellos diciendo:

Puedo declarar en favor de ellos que muestran celo por Dios, pero su celo no se basa en el *conocimiento*.

—Romanos 10:2 NVI, énfasis añadido

Considere sus palabras: "celo por Dios", no "celo por ellos mismos" o "celo por la humanidad", ni siquiera "celo por su religión". No, ellos mostraban celo por Dios, el Dios de nuestro Señor Jesús, que creó los cielos y la tierra. No hay duda al respecto: ellos amaban a Dios y tenían celo en su servicio a él, pero su sincero deseo no estaba basado "en el conocimiento".

Los judíos de quienes Pablo hablaba no tenían la llave del conocimiento en sus mentes y debido a eso no podían comprender las semillas que había en su corazón. Por tanto, no tenían fe salvadora y, sin ella, no podían tener acceso a la gracia salvadora.

Al aferrarse a su propio camino, ellos perdieron la fe verdadera. El conocimiento incorrecto los dejó fuera de la magnífica provisión de Cristo.

Lo mismo es válido para nosotros. Podemos ser dejados fuera de las provisiones de Cristo porque no tenemos la semilla de fe a la que Jesús se refiere, todo debido a un conocimiento incorrecto. Por esa razón, Pablo escribe apasionadamente: "No cesamos de orar por vosotros, y de pedir que seáis llenos del *conocimiento* de su voluntad en toda sabiduría e inteligencia espiritual, para que andéis como es digno del Señor, agradándole en todo, llevando fruto en toda buena obra" (Colosenses 1:9-10, énfasis añadido).

El conocimiento correcto en nuestra mente significará que la información correcta pasa a nuestro corazón. Por eso Jesús nos advierte: "Mirad lo que oís...Porque al que tiene, se le dará; y al que no tiene, aun lo que tiene se le quitará" (Marcos 4:24-25). ¿Cómo puede la semilla de fe ser depositada en nuestros corazones si estamos oyendo la lógica humana, el razonamiento o las experiencias contrarias a la infalible Palabra de Dios?

UNA ENTRADA INCORRECTA CONDUCE A RESULTADOS INDESEADOS

Utilicemos una ilustración para ayudarnos a entender cómo funciona esta conexión mente-corazón. Digamos que usted posee miles de hectáreas de tierra. Un día, usted decide construir un gran lago artificial en su propiedad para poder llenarlo de róbalos. Su sueño es dejar que los peces maduren y, cuando eso ocurra, abrir su lago cada año para que haya un importante torneo de pesca de róbalos.

Cuando el lago está listo para llenarlo, usted examina y escoge la mejor empresa de piscicultura que hay en su zona. Va a las oficinas de la empresa y emplea una buena cantidad de dinero para comprar su lote de róbalos. Sin embargo, hay un nuevo empleado en la empresa que comete un grave error: en vez de elegir róbalos, escoge y le entrega bagres, los cuales coloca en su lago.

Usted espera los cuatro años necesarios para que los róbalos maduren plenamente. Ha llegado el momento; mucho tiempo, esfuerzo y dinero se han empleado para ese sueño. Usted fija la fecha del torneo y emprende una gran campaña publicitaria. Su mayor argumento, lo que hará que su torneo sea altamente deseable, es que su lago está lleno solo de róbalos. No hay otros peces ahí porque usted, personalmente, ha supervisado todo el proceso. Y como es un lago artificial sin ríos que desemboquen en él, no hay manera posible de que ningún pez indeseable viva en sus aguas.

Llega el día del torneo. Debido a las excepcionales condiciones, llegan personas de todas partes, algunas desde cientos de kilómetros de distancia, para participar en el torneo de pesca. Usted observa entusiasmado a medida que todos los participantes lanzan sus botes al lago. Está usted muy emocionado esperando ver lo grandes que se habrán puesto los róbalos.

Pasa menos de una hora. Usted queda un poco perplejo al observar que los botes regresan rápido. No ve sonrisas en las caras de los hombres, más bien lo que observa es desengaño, enojo y hasta furia. ¿Qué pudo salir mal? Los primeros competidores que llegan disgustados a la orilla sostienen unos bagres en sus cañas de pescar. Gritan: "¡Usted hizo publicidad engañosa! Afirmó que había solamente róbalos en este lago. No solo no se encuentra ningún róbalo, ¡sino que lo único que pudimos atrapar fueron estos ridículos bagres!". De modo que demandan que se les devuelva su dinero. Usted ha desperdiciado varios años y ha perdido todo. Sus intenciones eran buenas, usted fue sincero, pero no vigiló con cuidado lo que había en su lago.

Lo mismo ocurre con relación a nuestra fe. Queremos vivir de una manera que sea agradable a Dios, tener una fe que alcance a nuestro mundo perdido y moribundo, sin embargo, lo único que hemos puesto en nuestra mente es lógica humana, falso razonamiento por experiencias del pasado, inspirados manuales de liderazgo o endebles conclusiones emocionales basadas en incredulidad más que en el correcto conocimiento de la Palabra de Dios. Nuestro lago —nuestra mente— está cargado de bagres. Por tanto, ¿de dónde va a sacar nuestro corazón?

Entonces las preguntas que tenemos que hacernos son: ¿Qué semillas están siendo almacenadas en nuestras vidas? ¿Qué tipo de conocimiento estamos colocando en nuestras mentes? ¿Qué clase de enseñanza estamos escuchando? ¿La del valioso róbalo o la del despreciable bagre? ¿En qué modo tiene algún sentido nuestro cristianismo cuando Jesús vivió de forma tan fructífera y extraordinaria, y los apóstoles hicieron lo mismo, y sin embargo nosotros como iglesia hemos vivido de modo tan normal, dando poco fruto eterno de lo que nos ha sido dado? Si somos sinceros, esta pregunta nos hará sentir incómodos. Aunque sigamos asistiendo a la iglesia, nos hemos apartado, nuestro corazón ha desechado la esperanza de vivir como Jesús y la iglesia primitiva. Tenemos la apariencia de piedad y somos sinceros, pero carecemos de poder. Y todo se debe a

que no escuchamos la verdad, a fin de tener semillas de fe deposita-
das en nuestros corazones.

La buena noticia es que no tenemos que quedarnos ahí.
Jesucristo es el mismo ayer (en su ministerio y en la iglesia primitiva), hoy (en nuestra época), y por los siglos (para todas las futu-
ras generaciones). Él espera pacientemente que la iglesia se levante
y sea el Cuerpo de Cristo en la tierra. Él no se ha dado por vencido.
Nunca lo ha hecho ni nunca lo hará. ¡La naturaleza divina nos ha
sido impartida! ¡Tenemos un potencial extraordinario! Pero tenemos que alimentar nuestra mente con el conocimiento correcto, el
cual —al final— será depositado en nuestro corazón. Entonces le
diremos a cualquier adversidad: "Desarráigate" y nos obedecerá.
Aunque no sea el resultado final, comienza con lo que metemos en
nuestra mente. Por esa razón, Pablo afirma enfáticamente:

> No os conforméis a este siglo, sino transformaos por medio
> de la renovación de vuestro entendimiento, para que com-
> probéis cuál sea la buena voluntad de Dios, agradable y
> perfecta.
>
> —Romanos 12:2

Considere las palabras: "transformaos" y "renueven vuestro entendimiento". La gente de este mundo opera con un conocimiento puesto en ellos por el príncipe de la potestad del aire, el que
"obra en los hijos de desobediencia" (Efesios 2:2). Satanás no quiere que usted sepa quién es en Cristo Jesús porque desea que se conforme con una existencia cristiana sin fruto; no quiere que usted
sea consciente de "el poder que actúa en nosotros" (Efesios 3:20).

Debemos recordar que las mismas fortalezas que influenciaron
a los judíos en tiempos de Pablo para alejar a la gente del conocimiento de todo lo que Cristo había provisto para ellos, están obran-
do en la actualidad para evitar que la iglesia crea certeramente.
Esas fortalezas de maldad temen a la semilla de fe, y por eso —si
pueden hacer que dulces pensamientos religiosos y enseñanzas cristianas sin poder llenen su mente—, evitarán que usted destruya sus
territorios.

Cuando nuestras mentes estén en consonancia con la Palabra de Dios, al fin nuestra creencia interior también se alineará. Pablo escribe con valentía a otra iglesia: "Ser renovados en la actitud de su mente; y ponerse el ropaje de la nueva naturaleza, creada a imagen de Dios" (Efesios 4:23-24 NVI). Usted y yo fuimos creados para ser semejantes a Dios. ¡Hemos de imitar a Dios (ver Efesios 5:1)! Todo comienza con el pensamiento correcto, aunque no es ahí donde culmina. El proceso se completa cuando pensamos en armonía con la Palabra de Dios, cuando ese proceso de pensamiento queda plantado como una semilla en nuestros corazones y cuando echa raíces firmemente.

Por tanto, ¡usted debe ser renovado "en la actitud de su mente" (Efesios 4:23)!

Reflexiones para un viaje extraordinario

¿Qué ha estado intentando pintar el enemigo en la pantalla de su imaginación?

¿En qué áreas de su vida necesita más ayuda?

¿Cómo puede poner más de la buena semilla de Dios (la Palabra) en su corazón?

16

LA CARNE

HASTA ESTE PUNTO HE hecho muy poca referencia a la carne. Y eso ha sido a propósito, puesto que muchos creyentes enseguida recurren a culpar a las debilidades de su carne por la falta de fe o la ausencia de piedad. Le atribuyen demasiado crédito al dominio de su carne. En este capítulo veremos lo perjudicial que es esa mentalidad incorrecta con respecto a la vida extraordinaria.

Para plantear esto, antes hablemos de la constitución de la persona. Los seres humanos fuimos hechos a imagen de Dios. Con respecto a la Deidad, lo primero y principal es que Dios es uno. Jesús dice: "El primer mandamiento de todos es: Oye, Israel; el Señor nuestro Dios, el Señor uno es" (Marcos 12:29). Y el apóstol Pablo lo confirma al escribir: "Porque Dios es uno" (Romanos 3:30).

Aunque Dios es uno, tres Personas únicas y distintas son los miembros de la Deidad. Al crear al hombre, Dios dijo: "*Hagamos* al hombre a *nuestra* imagen" (Génesis 1:26, énfasis añadido). Tomemos nota de las palabras *hagamos* y *nuestra*. Pedro testifica: "cómo *Dios* ungió con el *Espíritu Santo* y con poder a *Jesús* de Nazaret" (Hechos 10:38, énfasis añadido). Padre, Hijo y Espíritu Santo son identificados distintivamente. Esto queda aclarado de nuevo durante el bautismo del Señor: "Y *Jesús*, después que fue bautizado, subió luego del agua; y he aquí los cielos le fueron abiertos, y vio al *Espíritu de Dios* que descendía como paloma, y venía sobre él. Y hubo una voz de los cielos, que decía: Este es mi Hijo amado, en quien tengo complacencia" (Mateo 3:16-17, énfasis añadido). Insisto, Padre, Hijo y Espíritu Santo son reconocidos de modo único.

Con respecto a la deidad de cada uno de ellos, no hay duda de que Dios Padre es Dios. Él afirma: "Yo soy Jehová, y ninguno más hay; no hay Dios fuera de mí" (Isaías 45:5).

Sabemos que Jesucristo es Dios, porque Pablo escribe: "Dios fue manifestado en carne, justificado en el Espíritu, visto de los ángeles, predicado a los gentiles, creído en el mundo, recibido arriba en gloria" (1 Timoteo 3:16). Juan da otra confirmación más de su deidad: "En el principio era el Verbo, y el Verbo era con Dios, y *el Verbo era Dios*... Y *aquel Verbo fue hecho carne, y habitó entre nosotros*" (Juan 1:1, 14, énfasis añadido).

Por último, sabemos que el Espíritu Santo es Dios porque él es "el Espíritu de Dios" (1 Corintios 2:14 y numerosas referencias más). La Escritura afirma: "El espíritu de Dios me hizo, y el soplo del Omnipotente me dio vida" (Job 33:4).

De manera parecida, pero no exacta, los seres humanos son trinos. Aunque nosotros no somos tres personas distintas en una, somos espíritu, poseemos un alma y vivimos en un cuerpo físico. Esto lo vemos con claridad en las palabras de Pablo:

> Y el mismo Dios de paz os santifique por completo; y todo vuestro ser, espíritu, alma y cuerpo, sea guardado irreprensible para la venida de nuestro Señor Jesucristo.
>
> —1 Tesalonicenses 5:23

Este apóstol identifica nuestra constitución como espíritu, alma y cuerpo. Para simplificar y ayudar a entender esto, podríamos ver al ser humano como tres círculos, uno dentro del otro, que crean uno: uno externo, otro medio y otro como núcleo. La capa más externa representaría nuestro cuerpo, la central nuestra alma y el círculo interior nuestro espíritu (ver ilustración 1).

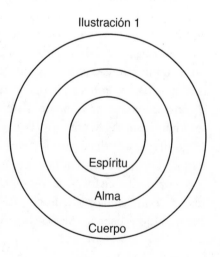

Ilustración 1

Espíritu

Alma

Cuerpo

La exterior, nuestra carne, es la parte de nuestro ser que tiene contacto con el mundo natural a través de los cinco sentidos. La capa del medio representa nuestra alma. Algunos han intentado simplificar en exceso el alma afirmando que es todo lo que tiene que ver con la mente, la voluntad y las emociones. Aunque el alma está compuesta de esos atributos, es mucho más compleja. El alma del ser humano es lo que le hace ser único, es su esencia distintiva.

El círculo interno representa nuestro espíritu, que es la fuente de vida de nuestro ser. Si se quita el espíritu de la persona a su cuerpo, este se desploma. Cuando Dios creó al hombre, tomó los elementos de la tierra, los cuales ya había creado, y formó un cuerpo. Una vez que lo hubo terminado, Dios "sopló en su nariz *aliento de vida*, y fue el hombre un ser viviente" (Génesis 2:7, énfasis añadido). Nuestro espíritu, ilustrado por el círculo interno, es nuestro asiento de vida.

El punto crucial ilustrado por los tres círculos es que nuestra carne (exterior) o nuestro espíritu (interior) pueden influenciar nuestra alma (medio). Entender esta realidad es vital para una vida extraordinaria, porque nuestra alma decide la dirección que seguiremos. Hablaré de esto en profundidad enseguida.

Con respecto a la persona no salva, su espíritu está muerto. Eso no significa que no exista, sino más bien que las luces están apagadas y no hay contacto con Dios, porque está en un estado caído. Por tanto, los incrédulos son completamente influenciados por su carne y controlados a plenitud por una mente alejada de Dios. Los caminos de Dios les son ajenos, están —en realidad— morando en tinieblas.

Sin embargo, cuando una persona nace de nuevo, su espíritu se vuelve totalmente nuevo y vivo para Dios. La comunicación divina ahora discurre mediante el espíritu. La Escritura afirma: "Lámpara de Jehová es el espíritu del hombre" (Proverbios 20:27). Una vez más se nos dice: "Pero el hombre natural no percibe las cosas que son del Espíritu de Dios, porque para él son locura, y no las puede entender, porque se han de discernir espiritualmente" (1 Corintios 2:14). Los cristianos tienen contacto directo con Dios en su espíritu, pero es su alma la que decide a qué fuente prestará atención: su carne o su espíritu.

Al volver a meditar en el capítulo anterior, la pregunta lógica que ahora surge es: *¿Y el corazón? ¿Dónde aparece en nuestra ilustración de los tres círculos?* Responder a eso también hará más real nuestra ilustración, porque los círculos simplifican en exceso las fronteras de nuestro espíritu y nuestra alma. Leamos con atención las siguientes palabras:

> Porque la palabra de Dios *es* viva y eficaz, y más cortante que toda espada de dos filos; y penetra hasta *partir* el alma y el espíritu... y discierne los pensamientos y las intenciones del corazón.
>
> —Hebreos 4:12, énfasis añadido

El escritor se refiere al área donde alma y espíritu se encuentran como *corazón*. El espíritu y el alma están tan estrechamente entrecruzados que es necesaria la Palabra de Dios para partir esa línea divisoria.

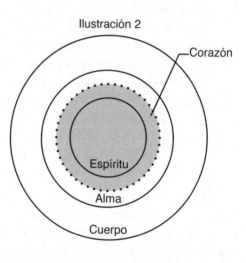

Ilustración 2

Después de horas de estudio y de meditar en las Escrituras, yo creo particularmente que la región donde espíritu y alma se integran es el corazón; por tanto, ambos están incluidos. Con respecto al alma, consiste de nuestros más profundos *pensamientos, creencias, propósitos* y *motivos*; en cuanto a nuestro espíritu, en algunos aspectos es a lo que podríamos referirnos como *intuición* y *subconsciente*. Por tanto, si tuviéramos que ilustrar la situación del corazón en nuestro diagrama de los círculos, creo que aparecería como sigue.

Como se ilustra aquí, el espíritu y el alma están incluidos en la región que he denominado *corazón*. Es aquí donde se entrelazan y solo la Palabra de Dios puede separarlos. Otro pensamiento de apoyo con respecto a su cercanía es la realidad de la muerte. Cuando el cuerpo muere, el espíritu —junto con el alma— sale y va a su hogar eterno. De modo similar, cuando Pablo visitó el cielo, su espíritu y su alma hicieron el viaje. Pero con respecto a su cuerpo, Pablo no estaba seguro. Veámoslo en sus propias palabras: "Si en el cuerpo, no lo sé; si fuera del cuerpo, no lo sé" (2 Corintios 12:2). Su alma estaba entretejida con su espíritu en esta experiencia, pero no su cuerpo.

SALVACIÓN DE LOS TRES

Antes de hablar sobre cómo se relacionan la carne, el alma y el espíritu, sería bueno mostrar el plan de salvación de Dios para cada uno de ellos. Comencemos con el espíritu, después pasemos al alma y, por último, nos referiremos al cuerpo.

Como hemos hablado extensamente en este libro, el espíritu de la persona se convierte en una creación totalmente nueva en el momento en que Jesús es recibido como Señor. El espíritu de la persona es hecho instantáneamente a semejanza de él. Esto queda confirmado por la declaración de Juan, que dice así: "Como él es, así somos nosotros *en este mundo*" (1 Juan 4:17). Él se dirige exclusivamente a los creyentes que están aquí en esta tierra, no a los que ya han pasado a recibir su recompensa. Una persona que verdaderamente es nacida de nuevo por el Espíritu de Dios es hecha perfecta en espíritu, aquí y ahora.

En el instante en que nos convertimos en hijos de Dios, comienza el proceso de salvación de nuestra alma. Nuestra alma es salvada, o transformada, por la Palabra de Dios y nuestra obediencia a ella. El apóstol Santiago escribe:

> Por esto, mis amados hermanos…desechando toda inmundicia y abundancia de malicia, recibid con mansedumbre la *palabra implantada*, la cual puede salvar vuestras almas. Pero sed *hacedores* de la palabra, y no tan solamente oidores, engañándoos a vosotros mismos.
> —Santiago 1:19, 21-22, énfasis añadido

Es importante observar que Santiago les está hablando a los *hermanos* con respecto a la salvación de su alma, no a los incrédulos. Sus palabras muestran que el alma de los creyentes no es hecha perfecta en la conversión, como lo es su espíritu. No se necesita a un científico para entender eso, porque si nuestra alma fuera hecha perfecta, no tendríamos dificultades en la iglesia. ¡Aún seguimos trabajando en este punto!

Santiago hace hincapié en la plantación y la obediencia a la Palabra de Dios para el proceso de la salvación del alma. El alma es la única parte de nuestro ser en la que decidimos el ritmo de la salvación. Cooperamos al oír, creer y obedecer, lo cual a su vez acelera el proceso o, contrariamente, lo retarda. La transformación de nuestra alma es crucial para vivir de modo extraordinario en la tierra, junto con terminar bien como creyentes. En cuanto al espíritu, hemos hablado extensamente de esta faceta de la salvación anteriormente, así que seguiremos adelante.

El aspecto final de la salvación es nuestro cuerpo. Lea con atención la descripción que hace Pablo de esto:

> Porque sabemos que si nuestra morada terrestre, este tabernáculo, se deshiciere, tenemos de Dios un edificio, una casa no hecha de manos, eterna, en los cielos. Y por esto también gemimos, deseando ser revestidos de aquella nuestra habitación celestial; pues así seremos hallados vestidos, y no desnudos.
>
> —2 Corintios 5:1-3

Estas palabras dan fortaleza y una tremenda esperanza. Notemos que él no solo menciona sino persiste en el hecho de que tendremos cuerpos eternos. En otro lugar, Pablo afirma: "Porque lo corruptible tiene que revestirse de lo incorruptible, y lo mortal, de inmortalidad" (1 Corintios 15:53 NVI). Nuestro cuerpo no será diferente al cuerpo de Jesús, porque la Escritura dice: "Si fuimos plantados juntamente con él en la semejanza de su muerte, así también lo seremos en la de su resurrección" (Romanos 6:5). Y otra vez: "Amados, ahora somos hijos de Dios, y aún no se ha manifestado lo que hemos de ser; pero sabemos que cuando él se manifieste, seremos semejantes a él, porque le veremos tal como él es" (1 Juan 3:2).

Un destello de cómo será este cuerpo lo obtenemos al observar el cuerpo de Jesús después de su resurrección: toda característica física que él posee, también la disfrutaremos en nuestro nuevo cuerpo. Por tanto, echemos un vistazo. Cuando resucitó de la tumba, se les apareció a los discípulos y les dijo:

¿Por qué estáis turbados, y vienen a vuestro corazón estos pensamientos? Mirad mis manos y mis pies, que yo mismo soy; palpad, y ved; porque un espíritu no tiene *carne* ni *huesos*, como veis que yo tengo.

—Lucas 24:38-39, énfasis añadido

¡Él tiene carne y huesos! Sin embargo, observemos que no dice nada sobre la sangre. Eso se debe a que su sangre fue rociada sobre el propiciatorio de Dios. Ahora, lo que fluye por sus venas es la gloria de Dios. También nosotros tendremos carne y huesos pero, como Jesús, creo que la vida de nuestra carne no estará en su sangre, ¡sino en la gloria de Dios!

El aspecto de Jesús no era diferente al de un hombre normal. Él no parecía un extraterrestre de una película de ciencia ficción. María creyó que era el jardinero (ver Juan 20:14-15), y los discípulos en el camino de Emaús lo confundieron con un viajero normal y corriente (ver Lucas 24:13-35). Él tenía un cuerpo muy parecido al de nosotros, pero era incorruptible y perfecto.

Jesús también podía ingerir alimento físico, pues les preguntó a los discípulos: "¿Tenéis aquí algo de comer? Entonces le dieron parte de un pez asado, y un panal de miel. Y él lo tomó, y comió delante de ellos" (Lucas 24:41-43). Él no comió con ellos una sola vez, lo hizo en otras dos ocasiones: una en la casa de los hombres que se encontró en el camino de Emaús y la otra cuando él hizo el desayuno para los once en la orilla del mar (ver Juan 21:1-14). ¡Me alegra comunicarle que con nuestros cuerpos eternos también podremos comer!

Jesús podía hablar, cantar, caminar, sujetar objetos, etc., como un hombre normal en su cuerpo glorificado, ¡pero también podía atravesar paredes y desaparecer en un instante!

Cuando llegó la noche de aquel mismo día, el primero de la semana, estando las puertas cerradas en el lugar donde los discípulos estaban reunidos por miedo de los judíos, vino Jesús, y puesto en medio, les dijo: Paz a vosotros.

—Juan 20:19

En ese encuentro, Jesús le pidió a Tomás que metiera sus dedos en las manos de él y su mano en su costado. Por tanto, una vez más, queda confirmado que él tenía carne y huesos. Y tan rápidamente como Jesús podía aparecer, también podía desaparecer. Después de partir el pan con los hombres con los que se encontró en el camino de Emaús, leemos:

Entonces les fueron abiertos los ojos, y le reconocieron; mas él se desapareció de su vista.

—Lucas 24:31

En nuestro cuerpo resucitado, también nosotros tendremos la capacidad de desvanecernos en un lugar y reaparecer repentinamente en otro muy diferente. Eso explica cómo podremos viajar grandes distancias en los nuevos cielos y la nueva tierra. Piénselo: la Nueva Jerusalén, nuestra ciudad eterna en el cielo, tendrá unos dos mil doscientos kilómetros de longitud y de anchura. ¿Cómo nos moveremos? No en monorraíl o en avión. ¿Participaremos en viajes intergalácticos en naves espaciales? No lo creo. Nuestro cuerpo no estará limitado por el tiempo y la distancia. ¡Qué divertido!

Cuando abandonemos nuestro cuerpo mortal, todo nuestro ser —espíritu, alma y cuerpo— será completamente redimido y perfecto. De modo que, cuando adoremos a Dios en el trono, nuestro cuerpo no se cansará, no necesitará descanso, ni tendrá que comer, reposar ni dormir a menos que lo deseemos. Tendremos una energía ilimitada y asombrosas capacidades físicas.

Lo mejor de todo es que podremos contemplar a Dios. Oh sí, lo que se le negó a Moisés debido a la fragilidad del cuerpo humano caído, lo experimentaremos fácilmente en nuestro nuevo cuerpo. Está escrito que "veremos su rostro" (Apocalipsis 22:4). Su gloria no nos hará caer, como le pasó a Juan en la isla de Patmos o a Pablo en el camino de Damasco. ¡Qué emocionante!

QUIEN TOMA LA DECISIÓN

Sin embargo, ¿qué sucede con nuestro cuerpo aquí y ahora? Es obvio que nuestro cuerpo actual no está redimido sino que sigue siendo corruptible. No obstante, ya no somos esclavos de los apetitos, deseos, orgullo, egoísmo y otras características de la carne caída, a menos que escojamos serlo. Ahora podemos echar mano a la fortaleza de nuestra nueva naturaleza y vivir por ella en más que por la carne. El factor determinante es nuestra alma, porque es la que decide. Esta es la pieza del rompecabezas que muchos no entienden.

Veámoslo de este modo: imagine que es usted un prisionero de guerra y, por años, ha estado atado en la celda de una cárcel, cautivo por el enemigo. El nombre de su celda es "deseos impíos de la carne". Pasa el tiempo y un día su rey gana la batalla para liberarlo. Llega uno de sus sirvientes y abre la puerta de su celda. Ahora usted tiene una elección: ¿saldrá a la libertad que su gran líder le proporcionó o se quedará en el lugar con el que está familiarizado tras todos aquellos años? Su rey es un caballero y no lo obligará a abandonar la celda. La decisión es de usted.

Antes de abrir la puerta de su celda, usted no tenía elección y no podía ser libre. Ahora puede alejarse de la celda de los "deseos impíos de la carne". Si escogiera quedarse en ella, aunque la guerra por su libertad se ganó, usted seguiría estando en ese mismo lugar de cautividad. El alma es la parte de nosotros que toma esta decisión: ¿saldremos de la cárcel o nos quedaremos atados? Esta ilustración nos ayuda a comprender la tristeza de un hombre o mujer redimidos y que siguen viviendo para los apetitos de la carne.

A la luz de eso, regresemos a nuestra ilustración del círculo. Como dijimos anteriormente, el exterior (carne) es la parte de nosotros que tiene contacto con el mundo natural; el interior (espíritu) es influenciado por el Espíritu Santo. Pablo escribe: "Pero el que se une al Señor, un espíritu es con él" (1 Corintios 6:17). Haga una pausa y medite en estas palabras: somos literalmente uno con el Espíritu de Dios. Por eso se nos dice: "Nadie puede llamar a Jesús

Señor, sino por el Espíritu Santo" (1 Corintios 12:3). No podemos vivir de modo extraordinario apartados del Espíritu Santo, pero eso no es un problema porque no estamos separados de él, sino que somos hechos uno. De aquí viene nuestra naturaleza divina impartida, ¡de nuestra unión con él! Espero que esté usted captando la magnitud de esta realidad. Jesús dijo: "Mas no ruego solamente por estos, sino también por los que han de creer en mí por la palabra de ellos... que también ellos sean *uno en nosotros*" (Juan 17:20-21, énfasis añadido). ¡El "nosotros" nos incluye a usted y a mí!

Jesús no fue diferente. Escuche las afirmaciones que él hace con respecto a su unidad con el Espíritu Santo: "No puede el Hijo hacer nada por sí mismo" (Juan 5:19). Una vez más testifica: "Para que conozcáis y creáis que el Padre está en mí, y yo en el Padre" (10:38). Y de nuevo:

El Padre que mora en mí, él hace las obras (14:10).

Ahora preguntemos: ¿Quién es el Padre que mora en Jesús? No es Dios Padre, porque Jesús mismo oró: "Padre nuestro que estás en los cielos, santificado sea tu nombre" (Mateo 6:9). Claramente, Dios Padre está en el cielo, así que Jesús se está refiriendo a aquel que lo concibió: el Espíritu Santo. Él es la Persona de la Trinidad que implantó el esperma divino en el vientre de María. Recordemos las palabras del ángel a José: "Porque lo que en ella es engendrado, del Espíritu Santo es" (1:20). Dios Padre "envió" a Jesús, y el Espíritu de Dios es el Padre que "moraba" en Jesús. Jesús declara: "Yo y el Padre uno somos" (Juan 10:30). Tal como Jesús es uno con el Espíritu Santo, así lo somos nosotros, porque "el que se une al Señor, un espíritu es con él" (1 Corintios 6:17).

LA LEY DE NUESTRO NUEVO SER

Es momento de hacer un rápido repaso. Con respecto a los círculos, nuestra alma está situada en el medio porque puede escoger seguir a la carne o al espíritu. Considere que la aportación de la carne viene del mundo natural, pero el Espíritu Santo influencia nuestro espíritu. Con esta verdad establecida, volvamos ahora la atención al fundamental capítulo de Pablo a los Romanos. Él escribe:

Ahora, pues, ninguna condenación hay para los que están en Cristo Jesús, los que no andan conforme a la carne, sino conforme al Espíritu. Porque la ley del Espíritu de vida en Cristo Jesús me ha librado de la ley del pecado y de la muerte.

—Romanos 8:1-2

La "ley de nuestro nuevo ser" (nuestra nueva naturaleza) nos ha hecho libres de la ley de la naturaleza pecaminosa que llegó a la humanidad como resultado de la transgresión de Adán. Observemos que Pablo habla de dos leyes diferentes. Permítame que lo ilustre.

Tenemos una ley natural que conocemos como la gravedad de la tierra. En términos profanos, es la fuerza de atracción que la tierra ejerce sobre cualquier objeto que esté sobre ella o cerca de su superficie. Para simplificarlo aún más, si usted sube a lo alto de un rascacielos de sesenta pisos e imprudentemente cae desde el tejado, descenderá a una velocidad muy rápida hasta llegar al piso de abajo, es decir, la planta baja o el suelo. Esto es cierto en cuanto a cualquier objeto físico. Todos los seres humanos estamos bajo esta ley.

Sin embargo, hay otra ley, descubierta por Daniel Bernoulli en el siglo dieciocho, que conocemos como ley de la elevación. En términos sencillos, esta ley le da a un avión la capacidad de volar. Por tanto, si usted se sube a un avión y aplica empuje a los motores, al exceder la velocidad de despegue, se liberará de la ley de la gravedad y se elevará a los aires. Así, ¡la ley de la elevación lo liberará de la ley de la gravedad!

Esto ilustra lo que la ley del Espíritu de vida (la ley de nuestro nuevo ser) hizo por nosotros con respecto a la ley del pecado y de la muerte. Antes de recibir nuestra nueva naturaleza, no teníamos avión para elevarnos a los amistosos cielos y liberarnos de la ley del pecado y de la muerte. Sin embargo, una vez que entramos en el conocimiento de Dios, ingresamos a nuestro avión de la gracia y, mediante el empuje de la fe, volamos hacia la libertad. Ahora ya no estamos atados a vivir como lo hacíamos antes, atrapados por deseos de la carne descontrolados e impíos. Ahora somos libres para permanecer en el avión de nuestra naturaleza renacida y vivir de modo extraordinario. Permítame decirlo de nuevo: ya no tenemos por qué vivir según la carne. ¡Somos libres!

Sin embargo, supongamos que yo decido apagar los motores del avión a una altura de doce mil metros y de algún modo detengo el ímpetu del avión hacia delante. ¿Sabe qué? La gravedad sigue existiendo. Una vez más estoy bajo su control y cayendo hacia tierra rápidamente. La gravedad no cesó mientras yo era libre de ella. El principio de Bernoulli no eliminó la gravedad, solamente eliminó su influencia.

No es muy distinto con respecto a nuestra carne. Si el alma del creyente decide escuchar repetidas veces a la carne más que a la nueva naturaleza que está influenciada por el Espíritu Santo, no pasará mucho tiempo hasta que la carne tenga el control y el creyente ya no pueda agradar a Dios. Veamos las palabras de Pablo a los cristianos romanos:

> Porque los que son de la carne *piensan* en las cosas de la carne; pero los que son del Espíritu, en las cosas del Espíritu. Porque el *ocuparse* de la carne es muerte, pero el *ocuparse* del Espíritu es vida y paz.
>
> —Romanos 8:5-6, énfasis añadido

A la luz de este pasaje, volvamos a pensar en nuestra ilustración del círculo. Quienes ocupan su mente —su alma— en las cosas de la carne vivirán en consecuencia. Estarán sujetos a los apetitos, deseos y pasiones de este mundo caído porque su alma está extrayendo de la fuente errónea. Sin embargo, quienes ocupan su mente para recibir de su espíritu vivirán en vida y paz.

> Por cuanto los designios de la carne son enemistad contra Dios; porque no se sujetan a la ley de Dios, ni tampoco pueden; y los que viven según la carne *no pueden agradar a Dios* (vv. 7-8, énfasis añadido).

Si nuestras mentes están alimentando a nuestra carne más que a nuestro espíritu, entonces no podemos vivir en la esfera de la ley del Espíritu de vida porque seguimos estando atados a la ley del pecado y de la muerte. Aunque *puede* que un día muramos y vayamos al cielo, seguimos estando bajo la ley que nos ata cuando somos incrédulos; nos hemos quedado, o hemos regresado, a nuestra celda en la cárcel.

Esto explica por qué muchos en la iglesia no viven de forma diferente a quienes están en el mundo: nuestro índice de divorcio es alto; nos peleamos, discutimos, y vivimos en lucha y amarga falta de perdón; gravitamos hacia ciertas facciones; somos adictos a la pornografía o a sustancias; hacemos oídos sordos a los clamores de los pobres, las viudas y los huérfanos. La lista es interminable. ¿No es interesante que Pablo diga que quienes reciben su alimento de la carne no pueden agradar a Dios y siguen estando bajo "la ley del pecado"? Por ese motivo, Pablo pasa a decir:

> Así que, *hermanos*, deudores somos, no a la carne, para que vivamos conforme a la carne; porque si vivís conforme a la carne, moriréis (vv. 12-13, énfasis añadido).

Está claro como el agua que Pablo no está hablando a incrédulos, sino a cristianos, porque utiliza la palabra *hermanos*. Por tanto, mi pregunta es cómo pueden los creyentes decir con tanta ligereza: "Oh, ¡estaba en la carne!". Eso no es insignificante, porque Pablo dice que si permanecemos en la carne, ¡moriremos! Como dije anteriormente, le dejaré la investigación a usted para que decida lo que significa la palabra *morir*. Sin embargo, en ningún lugar en las Escrituras era un final feliz o deseable cuando Dios decía que alguien moriría. Él le dijo estas palabras a Adán: "Porque *el día* que de él comieres, ciertamente morirás" (Génesis 2:17, énfasis añadido). Adán murió físicamente, pero fue muchos años después de su rebelión; sin embargo, Dios dijo que Adán moriría *el día* en que comiese del fruto. ¿Qué sucedió? ¿Qué tipo de muerte le llegó el día en que se rebeló?

VIDA RESTAURADA A NUESTROS CUERPOS MORTALES

Ahora surge la pregunta: ¿Cómo evitamos gravitar hacia una mente carnal? ¿Cómo vencemos el deseo de seguir la influencia de la carne? Pablo nos da la respuesta y es doble. En primer lugar, y sobre todo, resistimos la carnalidad con el poder que el Espíritu Santo ha impartido a nuestro espíritu; en segundo lugar, aprovechamos el asombroso efecto del Espíritu Santo en nuestro cuerpo físico. Pablo afirma:

> Pero si Cristo está en vosotros, el cuerpo en verdad está muerto a causa del pecado, mas el espíritu vive a causa de la justicia. Y si el Espíritu de aquel que levantó de los muertos a Jesús mora en vosotros, el que levantó de los muertos a Cristo *Jesús vivificará* también vuestros cuerpos mortales por su Espíritu que mora en vosotros.
>
> —Romanos 8:10-11, énfasis añadido

Esta tiene que ser una de las afirmaciones más liberadoras que Pablo hace en esta epístola. El Espíritu Santo no solo recrea y capacita nuestro espíritu humano, ¡sino que también infunde vida a nuestro cuerpo físico mortal! ¿Por qué no hemos proclamado esto más?

Cuando yo fui salvo, descubrí que los deseos impíos de mi carne menguaban debido a la naturaleza de Cristo impartida en mi espíritu, pero también debido al efecto que el Espíritu Santo tenía en mi cuerpo físico. El pecado perdió su atractivo. Yo usaba mucho malas palabras, sin embargo, poco después de mi conversión me di cuenta de que ya no maldecía. Antes de conocer a Cristo, me encantaban las fiestas y las borracheras; vivía para los festines previos al fin de semana y los del fin de semana en mi fraternidad o en el campus. Después, el deseo de celebrar y participar en fiestas y de emborracharme se fue. Iba a la sala social de mi fraternidad o a alguna festividad en la noche y observaba a los chicos acercándose a las chicas, bebiendo hasta emborracharse y ponerse en ridículo a sí mismos. Hasta llegué a pensar: *¿Cómo me podía gustar esto, y menos disfrutarlo y vivir para ello?*

Se hizo realidad después de haberme hecho uno con el Espíritu de Dios que si yo pecaba, no me gustaba, mientras que antes de mi salvación disfrutaba del pecado. Ese fue el efecto de la capacitación del Espíritu Santo en mi nuevo espíritu, junto con su infusión de vida a mi cuerpo mortal. Mi hombre interior ahora estaba vivo.

Antes de la salvación, los apetitos carnales de mi ser eran fortale-
cidos por la naturaleza de pecado de mi espíritu. Ahora mi nueva
naturaleza no estaba en absoluto a favor del pecado; detestaba lo
que antes anhelaba. Mi espíritu deseaba seguir la guía del Espíritu
Santo. Anhelaba tener comunión con él, con sus caminos y con su
sabiduría. Por esta razón Pablo continúa:

> Porque todos los que son guiados por el Espíritu de Dios,
> estos son hijos de Dios. Pues no habéis recibido el espíritu
> de esclavitud para estar otra vez en temor, sino que habéis
> recibido el espíritu de adopción, por el cual clamamos:
> ¡Abba, Padre!
>
> —Romanos 8:14-15

La vida en Cristo es aventurera, emocionante y expectante. En
una sola palabra: ¡Extraordinaria! Ahora somos libres de la ley del
pecado y de la muerte que antes nos tenía esclavos. Ya no tenemos
por qué seguir los deseos de nuestra carne caída. Nuestro espíritu,
junto con nuestro cuerpo, ha sido afectado por nuestra nueva vida
en Cristo. ¡Qué salvación tan extraordinaria!

LLAMADOS A SER LIBRES

Pablo también habla de esta maravillosa libertad de la carne en su
carta a los Gálatas. Escribe: "Estad, pues, firmes en la libertad con
que Cristo nos hizo libres" (5:1). Somos liberados de la ley del pecado y de la muerte porque nuestro espíritu es nuevo y nuestra carne es vigorizada por el poder del Espíritu de Dios. Estemos firmes
y arraigados a lo que se nos ha proporcionado, disfrutando la vida
superior en nuestro avión de la gracia, propulsados por nuestra fe,
libres de las ataduras que esclavizan a los hijos de la oscuridad.
Pablo advierte:

> Porque vosotros, hermanos, a libertad fuisteis llamados;
> solamente que no uséis la libertad como ocasión para la
> carne (v. 13).

Esta información tiene que ser proclamada apasionadamente en nuestras iglesias. La advertencia de Pablo podría compararse al caso de un hombre que es un criminal reincidente. Ha vivido en pobreza y ha tenido que recurrir a robar para poder vivir. Debido a sus persistentes robos, ha pasado años en la cárcel. Ha sido encarcelado cinco veces en un periodo de veinte años, cada vez por robo a mano armada en algunos almacenes. Una vez liberado de la cárcel, siempre se encuentra regresando de nuevo a las pocas semanas, a causa de su adicción al robo. Ahora, debido a sus repetidos delitos, ha sido sentenciado a cadena perpetua.

Entonces, un día llega un doctor con una medicina revolucionaria que libera a ese prisionero del habitual deseo de robar. Al mismo tiempo, un oficial del gobierno de alto rango perdona a ese hombre y obtiene asilo para él en otro país para que pueda comenzar de nuevo. En ese nuevo país, un comerciante le da un buen empleo, donde ganará lo suficiente para pagar su vivienda y comprar alimentos, ropa y otras necesidades. Este exprisionero tendrá suficiente dinero hasta para comprar algunos artículos de lujo. Ahora es totalmente libre, no solo de su sentencia, sino también de la necesidad compulsiva de robar.

Las cosas van bien durante un par de años. Sin embargo, algunos de sus antiguos amigos expresidiarios se enteran de su paradero, viajan hasta el nuevo país y lo tientan. El líder de la banda dice: "Mis compañeros y yo hemos descubierto un modo de entrar en un banco importante de tu nueva ciudad para llevarnos todo. Lo hemos de lograr, ¡viviremos en lujos y placeres hasta que muramos! ¿Estás con nosotros?".

A él le encanta la idea de una vida de lujos sin tener que trabajar por ello. Así que piensa: *Qué manera tan asombrosa de pasar el resto de mi vida.* Entonces decide unirse a los delincuentes.

Unas semanas después hacen el trabajo, pero al día siguiente todos son arrestados y se les condena a cadena perpetua. Nuestro hombre era totalmente libre, pero usó eso para regresar a su conducta anterior, costándole así su libertad. Oigamos de nuevo las palabras de Pablo: "Solamente que no uséis la libertad como ocasión para la carne". Esto describe exactamente lo que hizo ese hombre; también representa lo que hacen algunos creyentes y por qué no viven extraordinariamente. Ellos, insisto, están atados a su propia carne. Por ese motivo, Pablo nos dice firmemente: "Servíos por amor los unos a los otros" (v. 13).

Cuando vivimos por amor, no podemos ser tentados a apartarnos de la piedad. Estamos en el ámbito de Dios, que es amor. Estamos cooperando con su Espíritu y nuestra libertad crece. Sin la influencia del Espíritu Santo, nuestra carne girará hacia el egoísmo, la autopreservación, el amor a uno mismo y otros vicios. Por eso Pablo sigue diciendo:

Digo, pues: Andad en el Espíritu, y no satisfagáis los deseos de la carne. Porque el deseo de la carne es contra el Espíritu, y el del Espíritu es contra la carne; y estos se oponen entre sí, para que no hagáis lo que quisiereis (vv. 16-17).

Cuando estemos recibiendo de nuestro espíritu, inspirado por el Espíritu Santo, entonces no satisfaremos los anhelos y deseos de la carne. Pero veamos con más detalle el pasaje anterior: "La carne" también se denomina "naturaleza humana sin Dios", sin embargo, *¡nosotros no estamos sin Dios, porque él vive en nosotros!* Permítame que reitere la declaración de Pablo a los romanos: cuando tenemos una mentalidad espiritual, recibiendo de nuestro espíritu, entonces el Espíritu Santo dará vida a nuestro cuerpo mortal. ¡Nuestro cuerpo ahora recibe una infusión de vida! Es un escenario que difiere del que está "sin Dios" y dominado por su carne.

En este punto, permítame regresar a la afirmación que dio comienzo a este capítulo: Un buen número de creyentes atribuyen demasiado crédito al dominio de su carne. La razón solo puede ser que no han estudiado con atención la Escritura para descubrir e implantar profundamente en su vida estas verdades que los escritores del Nuevo Testamento sacaron a la luz. No han entendido que el Espíritu de Dios ha infundido vida a su cuerpo mortal, dándoles la capacidad de caminar en completa libertad.

De nuevo vuelve a la fe. Si creemos que nuestra carne es dominante, autoritaria, poderosa y que estamos a merced de ella, entonces cosecharemos en consecuencia. Sin embargo, si creemos la Palabra de Dios, que su Espíritu infunde vida a nuestra carne y que ya no estamos sujetos a ella, ¡entonces se hará según nuestra fe! Una vez más vemos por qué la Escritura declara: "Sin fe es imposible agradar a Dios" (Hebreos 11:6). Debemos recordar siempre que *una creencia correcta produce una vida correcta.* Lo contrario es también cierto: *Una creencia errónea produce una vida errónea.* Pablo concluye:

> Si el Espíritu nos da vida, andemos guiados por el Espíritu.
> —Gálatas 5:25 NVI

No podría expresarse mejor; esto resume totalmente lo que hemos estado hablando en los dos últimos capítulos. No podemos tener una vida extraordinaria solo considerando la Palabra de Dios como un ideal o llevándola de modo sentimental en nuestros corazones. Solo es inalcanzable si no creemos. Ese es el obstáculo con el que muchos batallan, pero es muy sencillo, tanto como para que un niño lo practique.

En el versículo anterior, Pablo escribe: "Pero los que son de Cristo han crucificado la carne con sus pasiones y deseos" (v. 24). Con el poder del Espíritu Santo crucificamos los apetitos impíos. Ahora bien, la gloria le pertenece a Dios, no a nosotros. Esto arroja más luz a las palabras de Pablo cuando afirma: "Con Cristo estoy juntamente crucificado, y ya no vivo yo, mas vive Cristo en mí; y lo que ahora vivo en la carne, lo vivo *en la fe* del Hijo de Dios" (2:20, énfasis añadido). Observemos las palabras: "lo vivo *en la fe* del Hijo de Dios". Es la fe en el Espíritu de Cristo que vive en nosotros lo que nos da *acceso* a la gracia para vigorizar nuestro cuerpo. Ya no estamos bajo la atadura de la *carne apartada de la vida de Dios.* Ahora vivimos *por fe en el poder de aquel que vive en nosotros.* ¡Somos libres y podemos vivir de modo extraordinario!

ANDAR EN EL ESPÍRITU

Debemos vivir en forma proactiva, no pasiva. La vida extraordinaria fluye de una mentalidad ofensiva, no defensiva. Oigamos otra vez las palabras de Pablo: "Mas si por el Espíritu hacéis morir las obras de la carne, viviréis" (Romanos 8:13). Sus palabras son proactivas. Si tomamos de nuestro espíritu, inspirado por el Espíritu Santo, los deseos impíos de la carne automáticamente perderán su atractivo. Estaremos tan enamorados de la vida verdadera que la muerte perderá su seducción.

Una buena ilustración sería la de un hombre que protege proactivamente sus pensamientos, su actitud y el amor hacia su esposa. No permite que ningún pensamiento negativo o crítico entre en su mente. El resultado: cree firmemente que está casado con la mujer más atractiva, sabia, amorosa y hermosa de toda la tierra. Si está enamorado de su esposa de esa manera, cuando otra mujer intente seducirlo, él se reirá en su interior y pensará: *No tengo ningún interés en cometer adulterio contigo; estoy casado con la mejor.* Esta es una vida a la ofensiva.

La religión o el legalismo es justamente lo contrario. Se enfoca en lo que uno no puede tener en vez de hacerlo en la asombrosa realidad de lo que sí tiene. La mejor vida ha sido proporcionada gratuitamente, sin embargo, el legalismo pone su enfoque en la suciedad de la que usted salió. Continuamente le dice a la persona: "Mejor que no peques; debes permanecer lejos de todas las cosas impías que hacías antes de ser salvo".

Por desdicha, estaremos gobernados por los "no hagas" bajo la ley de un cristianismo legalista que no es verdadero cristianismo en absoluto. Si regresamos a las leyes restrictivas, entonces fortalecemos la carne, ¡porque la ley despierta el deseo en nuestra carne de vivir otra vez contrariamente a Dios! Pablo advierte: "el poder del pecado es la ley" (1 Corintios 15:56 NVI).

Permítame poner una ilustración. Por tres años trabajé como entrenador profesional de tenis en un club privado. Pasaba veinticinco horas por semana en las canchas enseñando tanto a jóvenes como a adultos. Descubrí algo interesante mientras enseñaba a cientos de jugadores: si repetidamente le decía a un alumno que *no* hiciera algo, eso solo fortalecía su inclinación a seguir haciéndolo. Por ejemplo, un jugador principiante normalmente tiene la tendencia natural a inclinarse hacia atrás y poner el peso sobre el pie trasero, especialmente cuando recibe la bola golpeada con fuerza. La inexperiencia razona que esta táctica da más tiempo para ajustarse, sin embargo, este enfoque siempre producirá un golpe débil, lo cual, con toda probabilidad, causará un punto perdido, especialmente en el tenis de nivel medio y avanzado. Descubrí que si les repetía a mis alumnos: "No te apoyes en tu pie trasero" después de dar un golpe débil, ellos inevitablemente seguían haciéndolo.

Sin embargo, si les decía: "Muy bien, quiero que en tu mente imagines que atacas a la bola. Muévete agresivamente hacia ella, no dejes que venga a ti, ve tú a ella". Después de decirles eso unas cuantas veces, entonces yo simplificaba mi instrucción y solo decía: "Muévete hacia ella" o "¡Atácala!". De modo sorprendente, ellos dejaban de apoyarse sobre su pie de atrás y comenzaban a avanzar hacia la bola, atacando el golpe.

A la luz de este ejemplo, leamos de nuevo las palabras de Pablo:

Vivan por el Espíritu, y no seguirán los deseos de la naturaleza pecaminosa.

—Gálatas 5:16 NVI

Usted puede ver que sus palabras son proactivas. Damos muerte a los deseos del pecado recibiendo continuamente nuestro alimento de nuestro espíritu, influenciado por el Espíritu Santo, permaneciendo así en la ley de la vida. Esto nos mueve y nos mantiene en la esfera de lo extraordinario.

Después de decir esto, permítame destacar un punto importante. Como instructor de tenis, les decía a mis alumnos por qué no era sabio apoyarse sobre el pie de atrás. Les advertía que produciría un golpe débil que podría costarles el punto. Lo hacía para que lo entendieran. Usualmente decía eso solo una o dos veces, sin embargo, en repetidas ocasiones enfatizaba la respuesta proactiva: "Muévete hacia la bola y atácala". Esa es la imagen que yo quería que tuvieran en sus mentes.

Pablo y otros escritores del Nuevo Testamento advierten sobre las consecuencias de regresar a la carne. Lo hacen para que lo entendamos, porque el temor piadoso es el principio de la sabiduría y el entendimiento. Sin embargo, los mismos escritores ponen su énfasis principal en vivir proactivamente en el Espíritu. Una vez más, oiga sus palabras proactivas de Pablo: "Porque todos los que son guiados por el Espíritu de Dios, estos son hijos de Dios" (Romanos 8:14).

LA CONCLUSIÓN DE PABLO

Después que el apóstol Pablo cubrió ampliamente las diferentes facetas de salvación, espíritu, alma y cuerpo, entonces lo englobó todo de la manera siguiente:

> Así que, hermanos, os ruego por las misericordias de Dios, que *presentéis vuestros cuerpos en sacrificio vivo*, santo, agradable a Dios, que es vuestro culto racional. No os conforméis a este siglo, sino transformaos por medio de la *renovación de vuestro entendimiento*, para que comprobéis cuál sea la buena voluntad de Dios, agradable y perfecta.
>
> —Romanos 12:1-2, énfasis añadido

He destacado dos frases: *"presentéis vuestros cuerpos en sacrificio vivo"* y *"renovación de vuestro entendimiento"*. En esencia, cada frase cubre lo que hemos estado hablando en los dos últimos capítulos. Jesús lo ha hecho todo, la obra completa, el precio fue pagado completo por nuestra libertad. Por tanto, ¿cuál es ahora nuestra parte? Realmente se reduce a estas dos frases.

En primer lugar, ¿cómo presentamos nuestros cuerpos en sacrificio vivo de manera práctica? Cuando se hace un sacrificio a Dios, es dedicado enteramente a él. En otras palabras, una vez entregado, no lo tomamos otra vez porque ya no es nuestro para poder tomarlo. Si yo hago un donativo económico a Dios en forma de ofrenda, no me atrevería a pensar en llamar a la iglesia o al ministerio y pedir que me devolvieran el dinero, porque ya no me pertenece. Eso es lo que hemos de hacer con nuestro cuerpo: entregarlo como sacrificio. Pero nuestro sacrificio no es un sacrificio muerto, como el dinero; por el contrario, está vivo y ya que se pagó tan alto precio por nuestra libertad, ¿es demasiado pedir? El cuerpo en el que vivimos ya no debería ser considerado como nuestro, sino como de él. Esto significa que ahora *administramos* lo que pertenece a otro y utilizamos lo que le pertenece a él para lograr sus deseos. Pero ¿cómo sabemos lo que él desea? La respuesta es: "No os conforméis a este siglo, sino transformaos por medio de la *renovación de vuestro entendimiento*, para que comprobéis cuál sea la buena voluntad de Dios, agradable y perfecta" (énfasis añadido). ¿Cómo podemos hacer lo que le agrada a él si no escuchamos o creemos lo que dice su Palabra? ¿Cómo podemos permanecer en la esfera espiritual si nuestra mente sigue estando entregada a la manera natural en que los hombres piensan? ¿Cómo podemos tener una mente espiritual si seguimos pensando como lo hacíamos antes de ser salvos?

Debe haber una transformación total de la manera en que pensamos y vemos la vida. Debemos estudiar la Palabra de Dios para obtener la perspectiva de él, pues de otro modo seguiremos en la corriente de este mundo.

Yo he aprendido por experiencia que cuando leo la Biblia con una mente y un corazón claros, eso abre el canal de la influencia de mi espíritu a mi alma. Es como si el pasaje desde mi espíritu hasta mi alma estuviese limpio, de modo que puedo oír la instrucción del Espíritu Santo. He descubierto que veo con más claridad, pienso mejor y mi cuerpo parece tener más vida y capacitación. Si no oigo la Palabra de Dios, ya sea simplemente mediante la lectura de la Biblia, la oración, escuchando mensajes inspirados, leyendo libros ungidos, etc., entonces parece como si la influencia del mundo se infiltrara y me encuentro conformándome más a las costumbres y los caminos de este mundo.

Para ser muy sincero, subestimamos lo importante que es oír la Palabra de Dios y asegurarnos de no considerarla solo como una idea en nuestra cabeza o un sentimiento en nuestro corazón, sino ser guiados por ella en cada detalle de nuestra vida (ver Gálatas 5:25). Al descuidar esto, entonces nos hemos preguntado: *¿Por qué no puedo tener una vida cristiana exitosa? ¿Por qué es inalcanzable lo extraordinario? ¿Por qué es mi carne tan dominante? ¿Por qué no puedo realizar las cosas que anhelo hacer? ¿Por qué los creyentes en el Libro de Hechos viven de modo tan diferente a mí?* La Escritura nos dice por qué: "Porque cual es su pensamiento en su corazón, tal es él" (Proverbios 23:7). Pablo nos exhorta con firmeza:

En cuanto a la pasada manera de vivir, despojaos del viejo hombre, que está viciado conforme a los deseos engañosos, y renovaos en el espíritu de vuestra mente, y vestíos del nuevo hombre, creado según Dios en la justicia y santidad de la verdad.

—Efesios 4:22-24

Nos despojamos de los viejos caminos cambiando nuestra mentalidad: el espíritu de nuestra mente. El Ser más creativo, innovador, poderoso y sabio del universo está ahora unido a nosotros. Este hecho debe hacerse más real para nosotros que el piso sobre el que caminamos y el agua que bebemos. Esto no es solo asentimiento mental de lo que él declara acerca de nosotros, significa que entramos literalmente en el modo en que Dios piensa. Nos vemos a nosotros mismos como él nos ve. Ya no vivimos en nuestra propia capacidad, sino sabemos con seguridad que el Espíritu de Cristo vive por medio de nosotros. Esto lo creemos en lo profundo de nuestro ser. Nos hemos "vestido del nuevo hombre".

Habiendo hecho eso, no importa lo que le comuniquen las circunstancias, el mundo, amigos con buenas intenciones, o personas no salvas. Usted sabe sin ninguna duda que ahora es una persona extraordinaria y que Dios es glorificado en su vida.

Reflexiones para un viaje extraordinario

El alma —influenciada por nuestro espíritu o nuestra carne— es "la que decide" en cuanto a cómo vivimos. ¿Cuál es el estado actual de quien decide en usted? ¿Se inclina a las cosas de Dios o a los caminos del mundo?

¿En qué áreas de su vida batalla usted para escapar de la esclavitud al pecado y experimentar la libertad de Dios?

¿Cuáles son algunas maneras en que puede pasar a la ofensiva y ser proactivo en el Espíritu?

17

EL GOBIERNO IMPERIAL DE DIOS

EN ESTE ÚLTIMO CAPÍTULO enfoquemos nuestra atención una vez más a las conocidas palabras del Padrenuestro:

Padre nuestro que estás en los cielos, santificado sea tu nombre. Venga tu reino. Hágase tu voluntad, como en el cielo, así también en la tierra.

—Mateo 6:9-10

Un día lo entendí: *Jesús hablaba frecuentemente del reino.* A medida que leía los evangelios pensando en esto, se hizo abrumadora la cantidad de veces que él sacaba a relucir el tema del reino. En efecto, la frase aparece en más de cien versículos en los evangelios.

Como mencioné en el capítulo 10, cuando Jesús habla del reino de Dios, en realidad se está refiriendo al "gobierno de Dios". Las palabras griegas que se utilizan con más frecuencia en los evangelios para reino de Dios son *basileia tou Theos. Theos* se refiere a Dios, mientras que *basileia* se define como "realeza, gobierno, reino". *Basileia* se deriva del vocablo griego empleado para "base" o "fundamento". Algunos eruditos prefieren esta raíz porque elimina la confusión con el significado de "monarquía", y creen que la mejor traducción es "gobierno imperial de Dios" o "dominio de Dios".

Me encanta la palabra *imperial.* Una de sus definiciones es "supremamente poderoso". Entre sus sinónimos se incluyen: *real, majestuoso, imponente, grandioso* y *magnífico.* Piense en estas expresiones mientras sigue viendo la palabra imperial.

Jesús literalmente comunica: "Padre nuestro que estás en los cielos, Dios todopoderoso, venga tu gobierno imperial, hágase tu voluntad, como en el cielo, así también en la tierra". ¡El reino de Dios ha venido! No físicamente sobre la tierra aún, como Isaías profetizó: Que en el futuro, Jesús gobernará para siempre y la influencia de Satanás será eliminada por completo. En cambio, el reino está dentro de nosotros, su pueblo, y debemos extender su dominio dondequiera que estemos. A la luz de esto, leamos una vez más las palabras de Pablo a los romanos:

> *Reinarán en vida* por uno solo, Jesucristo, los que reciben la *abundancia de la gracia* y del don de la justicia.
> —Romanos 5:17, énfasis añadido

Entender mejor lo que se comunica en el Padrenuestro con respecto al "gobierno imperial de Dios" lleva a otro nivel las palabras de Pablo que dicen: "reinarán en vida". ¡Como reyes o reinas!

¿Cómo se relacionan estos dos pasajes clave? Debemos considerar que "de Jehová es la tierra" (Salmos 24:1), pero él ha delegado la autoridad de gobernarla a los hombres. El salmista escribe: "Los cielos son los cielos de Jehová; y ha dado la tierra a los hijos de los hombres" (115:16). Adán lo fastidió; entregó su dominio a Satanás. Sin embargo, Jesús, como hombre, lo recuperó. Ahora, la autoridad final vuelve a estar donde Dios quiso originalmente: en manos de sus hombres y mujeres. Pero nos corresponde a nosotros ejercer esa autoridad. Si no lo hacemos, permanece bajo la influencia del maligno.

Esta es la realidad que da qué pensar: ¡Los hombres y mujeres piadosos deciden si se hace o no la voluntad de Dios en la tierra! Todas las historias en los evangelios ilustran esta verdad. Permítame citar solo una: fue necesario que Jesús, hombre, se pusiera de pie en la barca y reprendiera a una peligrosa tormenta en el lago de Galilea. Dios no quería que Jesús y los demás murieran, sin embargo, no calmó la tormenta de modo sobrenatural mientras Jesús dormía. Él necesitaba que Jesús, el hombre, se pusiera de pie y ejerciera dominio sobre ella.

Ejemplos de este principio se producen hasta en el Antiguo Testamento. Por ejemplo, Eliseo le dijo al rey de Israel que golpease la tierra con flechas para significar la liberación del Señor de Siria. El rey solo golpeó la tierra tres veces. Eliseo se puso furioso y confrontó al rey: "Al dar cinco o seis golpes, hubieras derrotado a Siria hasta no quedar ninguno; pero ahora solo tres veces derrotarás a Siria" (2 Reyes 13:19). Dios quería que Israel destruyera a Siria, pero su deseo no se logró porque un hombre lo limitó.

Otra vez leemos cómo Israel limitaba al Santo (ver Salmos 78:41). Es asombroso pensarlo pero, debido a su integridad, Dios ha limitado lo que él hará porque no retirará la autoridad que él ha delegado. Esta lista de ejemplos es interminable.

Porque no hará nada Jehová el Señor, sin que revele su secreto a sus siervos los profetas.

—Amós 3:7

Observemos las palabras "no hará nada Jehová". En tiempos del Antiguo Testamento, cuando Dios revelaba su plan, ¿qué ocurría después? O bien el profeta, o alguien a quien este había delegado responsabilidad, hablaba para ejecutar la voluntad de Dios. Considere que en esos tiempos los profetas eran aquellos a quienes Dios había revelado su voluntad. Sin embargo, en la era del Nuevo Testamento, Jesús dijo que Juan el Bautista era el mayor profeta hasta ese momento. Después dijo, de modo sorprendente, ¡que *el menor en el reino de los cielos* es mayor que Juan (ver Mateo 11:11)! ¿Cómo puede ser eso? ¡Porque ahora tenemos el reino en nuestro interior! Como hijos e hijas de Dios, cada uno de nosotros ahora puede oír los planes de Dios para ejecutar su voluntad en la tierra. Nosotros somos las personas extraordinarias que gobernamos en esta vida en Cristo Jesús.

Asimilando todas estas cosas, el Padrenuestro podría leerse ahora: "Padre nuestro que estás en los cielos, Dios todopoderoso, venga tu gobierno imperial, hágase tu soberana voluntad en la tierra; el dominio de tu reino es establecido por tus santos reinando por medio de tu abundante gracia". Ahora bien, ¡eso es verdaderamente *extraordinario*!

MANIFESTAR EL DOMINIO DEL CIELO

Repasemos brevemente nuestro viaje. Nuestro mayor objetivo es agradar a Dios, sin embargo, no tenemos la capacidad de hacerlo con nuestras propias fuerzas. Pero como hemos hablado en detalles, los cristianos no han de confiar en su propia capacidad porque nos ha sido dada la abundante gracia de Dios. La gracia no es solo perdón de pecado, sino que engloba mucho más. Nos ha librado de la cautividad a nuestra naturaleza de pecado muerta y nos ha hecho renacer, poseyendo la naturaleza exacta de Jesucristo. El resultado: no solo podemos tener vidas puras y piadosas, sino que también podemos producir el mismo fruto que él produjo: traer el gobierno imperial del cielo a este mundo oscuro.

Jesús reinó en vida. ¡Nosotros hemos de hacer lo mismo!

¿Le está abrumando ya el pleno impacto de esta verdad? Como hombre, Jesucristo recuperó lo que Adán había entregado a Satanás en el huerto. Esto finalmente culminará cuando la tierra y todo lo que en ella habita sea restaurado a la perfección. Sin embargo, antes de que eso suceda, el reino ya está en pleno vigor en los corazones y las vidas del pueblo de Dios. Lo único que tenemos que hacer es oír, creer y operar en la gracia de Dios, estableciendo así su dominio.

Al igual que Jesús llevó el gobierno imperial del cielo a todos los ámbitos de la vida, nosotros hemos de hacer lo mismo. Los siguientes son algunos ejemplos:

- Simón batallaba en su negocio de pesca comercial, sin embargo, un encuentro con Jesús y un día de fracaso se convirtieron en la mayor pesca de su carrera.
- La boda en Caná estaba a punto de ser un fiasco; Jesús no solo la salvó sino que la elevó.
- El estado no tuvo que ocuparse de una mujer indefensa en Naín después de que Jesús resucitara a su hijo de la muerte. La dignidad de ella se mantuvo intacta y su legado continuaría.
- Después que Zaqueo tuvo un encuentro con Jesús, la sociedad se volvió más segura y más próspera; se evitó el robo y la pobreza a la comunidad porque un ladrón que acababa de ser

dignificado ya no robaría a sus paisanos. Sin embargo, todo no quedó ahí, se devolvió el 400 por ciento a quienes habían sido defraudados, estimulando así la economía.

* En otra ocasión, un loco no se consumiría en el aislamiento, sino que ahora proclamaría gloriosas noticias, extendería el dominio del reino a diez ciudades y llevaría una vida productiva.

Podríamos continuar, hasta más allá de lo que está escrito en los evangelios, porque Juan dice que los libros del mundo no podrían contener todas las obras extraordinarias que Jesús hizo. Que reveló el plan de Dios para traer el dominio del cielo a esta tierra. Y nos mostró cómo reinar en vida.

Este no es solo nuestro modelo sino también nuestro mandato. No todos somos pastores o maestros, porque tenemos diferentes dones y llamados, pero dondequiera que estemos en cualquier ámbito de la vida, deberíamos manifestar lo extraordinario. Nuestro negocio debería prosperar, aun cuando otros batallen. Nuestras comunidades deberían ser más seguras, más agradables y prósperas. Nuestros lugares de empleo deberían estar en expansión. Nuestra música debería ser fresca y original, emulada por los músicos seculares. Lo mismo debería ser cierto con nuestros diseños gráficos y arquitectónicos. Nuestra creatividad debería inspirar y ser solicitada a todos los niveles. Nuestro rendimiento, ya sea en los deportes, en el entretenimiento, en las artes, en los medios de comunicación, o en cualquier otro campo, debería destacarse. Nuestras ciudades, estados y naciones deberían prosperar cuando gobiernan los justos. Nuestras escuelas deberían sobresalir cuando enseñan los santos. Lo fundamental: cuando los extraordinarios están implicados, debería haber una abundancia de creatividad, productividad, tranquilidad, sensibilidad e ingenuidad. Todo lo que se encuentra en el cielo debería manifestarse en la tierra. Verdaderamente tenemos que ser luz en este mundo oscuro.

Vemos destellos de esto en el Antiguo Testamento, desde luego a escala mucho menor. José soportó una gran confusión debido al odio de sus hermanos, sin embargo, aprendemos mucho sobre él aun siendo un esclavo:

Mas Jehová estaba con José, y fue varón próspero; y estaba en la casa de su amo el egipcio. Y vio su amo que Jehová estaba con él, y que todo lo que él hacía, Jehová lo hacía prosperar en su mano...y él le hizo mayordomo de su casa y entregó en su poder todo lo que tenía. Y aconteció que desde cuando le dio el encargo de su casa y de todo lo que tenía, *Jehová bendijo la casa del egipcio* a causa de José, y la bendición de Jehová estaba sobre todo lo que tenía, así en casa como en el campo.

—Génesis 39:2-5

Potifar aumentó su patrimonio de manera magnífica simplemente porque José trabajaba para él, no como un empleado muy bien considerado, ¡sino como un esclavo!

Incluso después de ser acusado falsamente y llevado a la cárcel, José no solo siguió siendo bendecido, sino que otra vez su ambiente prosperó. Finalmente fue encargado de los demás prisioneros y leemos que: "No necesitaba atender el jefe de la cárcel cosa alguna de las que estaban al cuidado de José, porque Jehová estaba con José, *y lo que él hacía, Jehová lo prosperaba*" (v. 23). La vida extraordinaria acompañaba a José dondequiera que lo ponían, ¡hasta en una celda en la cárcel!

Otro ejemplo del Antiguo Testamento sería Daniel y sus tres amigos, que fueron contratados para trabajar para el gobierno de Babilonia, la nación más poderosa del mundo. Eran muchachos extranjeros sin una educación formal, sin embargo, al entrevistarlos a cada uno de ellos, los reclutadores se dieron cuenta de que ellos eran "diez veces mejores" que todos los demás consejeros del rey (ver Daniel 1:20). Ellos idearon nuevos métodos y procedimientos operativos que enseguida fueron adaptados. Ellos eran extraordinarios.

Podría citar otros ejemplos, como David, Jacob, Rut, Ester, Jeremías, etc. Si esto sucedió a escala limitada en el Antiguo Testamento con aquellos que solo estaban cerca del reino, ¿cuánto más debería ser esta la norma para quienes tienen el reino en su interior? Nosotros somos la esperanza del mundo, la sal de la tierra. Hemos de reinar en vida mediante la abundancia de la gracia. ¡Hemos de vivir de modo extraordinario!

LA FUERZA QUE DETIENE

Puede que usted pregunte: "¿Espera Dios que nosotros tomemos literalmente el mundo —los sistemas de gobierno, educación, entretenimiento, finanzas, medios de comunicación y comercio— para que Jesús regrese y entre en lo que nosotros hemos preparado para él?". No, no es eso lo que enseña la Escritura. El Nuevo Testamento dice claramente que antes del regreso de Jesús, los sistemas del mundo estarán en tinieblas, impregnados de impiedad. Esto es lo que Pablo escribió a la iglesia en Tesalónica con respecto a la segunda venida de Jesús:

> Nadie os engañe en ninguna manera; porque no vendrá sin que antes venga la apostasía, y se manifieste el hombre de pecado, el hijo de perdición, el cual se opone y se levanta contra todo lo que se llama Dios o es objeto de culto; tanto que se sienta en el templo de Dios como Dios, haciéndose pasar por Dios. ¿No os acordáis que cuando yo estaba todavía con vosotros, os decía esto? Y ahora vosotros sabéis lo que lo *detiene*, a fin de que a su debido tiempo se manifieste.
>
> —2 Tesalonicenses 2:3-6

Este pasaje, al igual que otros, muestra que el sistema del mundo estará en decadencia justamente antes del regreso de Jesús, después del cual él matará a los enemigos de Dios e iniciará su reinado físico en la tierra (ver Apocalipsis 19:11—20:6). Sin embargo, observamos que algo está "deteniendo" al hombre que personifica la plenitud de la rebelión hacia Dios. De hecho, si seguimos leyendo, no es solo el anticristo quien es *detenido*, la impiedad general también es retenida:

> Porque ya está en acción el misterio de la iniquidad; solo que hay quien al presente lo detiene, hasta que él a su vez sea quitado de en medio (v. 7).

Las palabras de Pablo no solo indican el tiempo del anticristo, sino que engloban toda la época del Nuevo Testamento, la cual ciertamente incluye el presente. Por tanto, aparezca el anticristo este año o dentro de cinco décadas, estas palabras sin duda se aplican al presente. Alguien está deteniendo la impiedad, pero ¿quién es?

La primera suposición lógica sería que es el Espíritu Santo, sin embargo, no puede ser él, porque durante el reinado del "hombre de pecado", habrá muchos que entreguen sus vidas a Jesucristo y la Escritura muestra que nadie puede acudir a Jesús sin que el Espíritu Santo lo atraiga, ni "nadie puede llamar a Jesús Señor, sino por el Espíritu Santo" (1 Corintios 12:3). Por tanto, "quien al presente lo detiene" no puede ser el Espíritu Santo.

Hay solamente otra posibilidad y no es otra que el cuerpo de Cristo. Cuando el Señor venga para llevarse a sus verdaderos creyentes —la Iglesia (ver 1 Tesalonicenses 4:16-17 y 1 Corintios 15:51-52)—, "él" habrá sido eliminado. Jesucristo nunca se ha referido a "ella" y por eso es claramente un hombre. Si estuviéramos hablando de su "cuerpo" gobernante, entonces deberíamos referirnos a él en género masculino. Por otro lado, con respecto a nuestra relación con Jesús, nosotros somos "la Esposa de Cristo" (ver Efesios 5:25-32), considerándolo así como femenino. Sin embargo, con respecto a la autoridad, el "Cuerpo de Cristo" se considera en género masculino.

El cuerpo gobernante de Cristo ("él") puede detener la impiedad como Jesús mismo hizo al reinar en vida. Nuestro Señor dijo: "Entre tanto que estoy en el mundo, luz soy del mundo" (Juan 9:5). ¿Sigue estando Jesucristo en el mundo? La respuesta es sí, pero no es su cabeza sino su cuerpo: somos *nosotros*. En ningún lugar en la Escritura se nos dice que el Espíritu Santo sea la luz del mundo. Jesús dice: "Yo soy la luz del mundo" (Juan 8:12), pero también nos dice a nosotros: "Vosotros sois la luz del mundo" (Mateo 5:14). Somos uno: él es la cabeza y nosotros somos su cuerpo. Tal como Jesús es, así nosotros somos la luz del mundo.

La luz refrena la oscuridad, no lo contrario. La oscuridad no puede vencer a la luz, sino que la luz refrena la oscuridad. Si tengo un auditorio lleno de personas y les doy a cada una de ellas una lámpara que tiene una bombilla de sesenta vatios, el auditorio quedaría brillantemente iluminado. Por otro lado, si solo algunas personas tienen bombillas de sesenta vatios, el auditorio estaría poco iluminado. Aunque la oscuridad *nunca* podría refrenar la luz, esta sería escasa debido a una presencia reducida.

De la misma manera, si solo una pequeña parte del cuerpo de Cristo entiende quiénes son en Cristo Jesús y camina en el poder de la gracia, entonces el mundo está poco iluminado. Esta ha sido la situación por demasiado tiempo: Hemos iluminado escasamente al mundo. ¡Pero no tiene que seguir siendo así! ¡Yo tengo un sueño! Sueño con un cuerpo de Cristo lleno de luz compuesto por personas de todas las edades, hombres y mujeres, que despiertan lo que Dios ha escondido en el interior y se levantan en la gloria y el poder de él. Esos creyentes vivirán de manera tan extraordinaria que multitudes serán atraídas al reino de Dios, no meramente por lo que predican, sino por la convincente demostración de cómo viven y de sus notables hazañas. Creo que este sueño lo ha dado Dios, porque Isaías profetizó:

Levántate, resplandece; porque ha venido tu luz, y la gloria de Jehová ha nacido sobre ti. Porque he aquí que tinieblas cubrirán la tierra, y oscuridad las naciones; mas sobre ti amanecerá Jehová, y sobre ti será vista su gloria. Y andarán las naciones a tu luz, y los reyes al resplandor de tu nacimiento.

—Isaías 60:1-3

Observe que el mundo estará en oscuridad, y las personas en profundas tinieblas, sin embargo, ¡la luz vendrá! Piense en ese auditorio que pasa de estar escasamente iluminado…a estar brillantemente iluminado, a medida que cada vez más personas encienden sus linternas de sesenta vatios.

Veamos que Isaías profetiza que la gloria del Señor *nacerá*, no *descenderá*, sobre nosotros. Muchos cristianos están buscando un espectacular derramamiento del Espíritu de Dios sobre la iglesia, iniciando así un gran avivamiento. No, yo creo que Dios está esperando que nosotros despertemos, entendamos qué ha hecho él que seamos, y que activemos el poder depositado en nosotros. Cuando hagamos esas cosas y creamos verdaderamente, nos volveremos muy brillantes e iluminaremos el oscuro auditorio del mundo. Los incrédulos serán atraídos a nuestras vidas extraordinarias. ¡En qué tiempos tan emocionantes vivimos!

¿Y LAS PRUEBAS?

¿Cómo encajan las pruebas y las tribulaciones en el escenario que he descrito? Sabemos que encontraremos oposición, pues la Biblia lo afirma. ¿Es la oposición una fuerza restrictiva en potencia para una vida extraordinaria? No, no es así como una persona extraordinaria ha de ver la tribulación. Al contrario, hay que verla como una oportunidad. La adversidad de José fue el camino hacia su gran llamado. La experiencia de Moisés cuidando ovejas en el desierto lo preparó para pastorear a la nación de Israel. Aprendió fuertes capacidades de liderazgo como hijo de Faraón, pero también sería necesario el corazón de un pastor para ocuparse de una nación de esclavos golpeados como la suya. La adversidad de David lo preparó a él junto con sus líderes para gobernar. Podría continuar con muchos otros.

Pablo le dijo a la iglesia primitiva: "Es necesario que a través de muchas tribulaciones entremos en el reino de Dios" (Hechos 14:22). Leamos de nuevo estas palabras, incorporando las definiciones aprendidas en este capítulo: "Es necesario que a través de muchas tribulaciones nos levantemos y entremos en el gobierno imperial de Dios". En otras palabras, no entraremos en el gobierno en esta vida —la vida extraordinaria— sin que haya resistencia.

Si no hay batalla, no hay victoria. Si no hay oposición, no hay nuevo terreno que conquistar. Durante un tiempo Pablo tuvo una visión incorrecta de esta área de la vida. Un mensajero de Satanás fue enviado para abofetearlo y Pablo rogó al Señor tres veces que le quitara ese problema. La respuesta de Dios fue: "Te basta con mi gracia, pues mi poder se perfecciona en la debilidad" (2 Corintios 12:9 NVI). La debilidad de Pablo era la incapacidad de su carne para vencer la oposición de Satanás. Dios simplemente dice: "¿No entiendes que lo extraordinario comienza cuando la capacidad humana no puede realizar la tarea? Es entonces cuando mi gracia [poder] rellena la brecha. Entonces ¿por qué debería quitar la resistencia? Has de vencerla y destruirla, ¡con mi gracia!".

Cuando esto se convirtió en una realidad para él, Pablo dijo:

> Por lo tanto, gustosamente haré más bien alarde de mis debilidades, para que permanezca sobre mí el poder de

Cristo. Por eso me regocijo en debilidades, insultos, priva-
ciones, persecuciones y dificultades que sufro por Cristo;
porque cuando soy débil, entonces soy fuerte.
—2 Corintios 12:9-10 nvi

Qué cambio de actitud. Pasó de decir: "por favor, quítalo" a
expresar "ahora me deleito en esta oposición". ¡Pablo descubrió el
poder de la gracia!

Por eso unos años después, el apóstol escribió: "¿Quién nos
separará del amor de Cristo? ¿Tribulación, o angustia, o persecución, o hambre, o desnudez, o peligro, o espada?...Antes, en todas
estas cosas somos más que vencedores por medio de aquel que nos
amó" (Romanos 8:35, 37). No somos solo vencedores, ¡sino *más*
que vencedores! En otras palabras, toda oposición se convierte en
una oportunidad a los ojos de aquel que reina en vida.

UNAS PALABRAS FINALES

Lo dejo con unas palabras finales de cautela, una exhortación.
Pablo escribió a los corintios: "Y si tuviese profecía, y entendie-
se todos los misterios y toda ciencia, y si tuviese toda la fe, de tal
manera que trasladase los montes, y no tengo amor, nada soy"
(1 Corintios 13:2). Si descubrimos quiénes somos en la gracia de
Dios y la abundante grandeza del poder que reside en nuestro interior, pero no estamos motivados por la compasión y un sincero
amor, entonces no somos buenos, no solo para nosotros mismos
sino también para aquellos a quienes influenciamos.

Jesús fue movido con compasión. Era la fuerza impulsora detrás
de su fe y su gracia. Lo desafío a realizar una búsqueda por palabra en los evangelios con respecto a la compasión y la frecuencia
con que Jesús era movido por ella. Se nos dice en términos claros:
"Porque en Cristo Jesús ni la circuncisión vale algo, ni la incircuncisión, sino *la fe que obra por el amor*" (Gálatas 5:6, énfasis añadido). Pablo estaba hablando de circuncisión contra incircuncisión, o
vivir bajo la ley contra vivir en el Espíritu, en esta carta. Para nuestros propósitos, podríamos citarlo así:

Porque en Cristo Jesús, ni una vida común ni una vida extraordinaria valen algo sin amor, pero lo que es muy beneficioso es la fe que obra mediante el amor.

Que nosotros intentemos realizar la obra de Dios por nuestra propia capacidad es una necedad, lo cual la Escritura ha dejado muy claro. Sin embargo, ¿cuántas personas intentan agradar a Dios meramente mediante el esfuerzo humano, y no por la fe? Por otro lado, si usted entiende plenamente la revelación establecida durante nuestro viaje y trata de vivir extraordinariamente aparte del amor, bien, eso también es necio. Sin embargo, vivir en la capacidad de la gracia, mediante la fe, motivado por la compasión y el amor sincero, valdrá mucho a los ojos de Dios y de los hombres. Deseo que usted sea una de esas personas extraordinarias de nuestra generación. Se requiere que usted se levante, resplandezca y revele el gobierno imperial de él y su glorioso reino.

Y a aquel que es poderoso para guardaros sin caída, y presentaros sin mancha delante de su gloria con gran alegría, al único y sabio Dios, nuestro Salvador, sea gloria y majestad, imperio y potencia, ahora y por todos los siglos. Amén.

—Judas 1:24-25

Reflexiones para un viaje extraordinario

Considere la frase: "¡Los hombres y las mujeres piadosos deciden si la voluntad de Dios se hace o no en esta tierra!". Enumere ejemplos de cómo usted ha observado que esto se realiza.

¿En qué áreas quiere "reinar en vida por medio de Cristo"?

¿Qué está evitando que usted sea extraordinario?

¿De qué maneras va a entrar usted en una vida extraordinaria?

APÉNDICE

ORACIÓN PARA INICIAR UNA VIDA EXTRAORDINARIA

¿Cómo comienza una vida extraordinaria? En primer lugar, y sobre todo, no tiene nada que ver con usted sino con lo que Jesucristo hizo *por usted*. Él dio su vida real, en perfecta inocencia, para que usted fuese llevado de nuevo a su Creador: Dios Padre. Su muerte en la cruz es el único precio capaz de comprar su vida eterna.

No importa cuál sea su género, edad, clase social, raza, origen, religión o cualquier otra cosa favorable o desfavorable a los ojos de los hombres, usted tiene derecho a convertirse en hijo de Dios. Él desea y anhela que usted entre en su familia. Esto ocurre sencillamente al renunciar a su pecado de vivir independientemente de él y entregar su vida al señorío de Jesucristo. Cuando haga eso, literalmente será renacido y ya no será esclavo de la oscuridad. Usted es nacido de nuevo, es hijo o hija de Dios, es una persona totalmente nueva. La Escritura declara:

> Que si confesares con tu boca que Jesús es el Señor, y creyeres en tu corazón que Dios le levantó de los muertos, serás salvo. Porque con el corazón se cree para justicia, pero con la boca se confiesa para salvación.
>
> —Romanos 10:9-10

Por tanto, si cree que Jesucristo murió por usted y está dispuesto a entregarle a él su vida —a no vivir ya para usted mismo—, diga esta oración con un corazón sincero y se convertirá en un hijo de Dios:

Dios del cielo, reconozco que soy pecador y que no he llegado a tu estándar de rectitud. Me merezco ser juzgado por la eternidad a causa de mi pecado. Gracias por no dejarme en ese estado, porque creo que enviaste a Jesucristo, tu Hijo unigénito, que nació de la virgen María, para morir por mí y llevar mi juicio en la cruz. Creo que él resucitó de la muerte al tercer día y ahora está sentado a tu diestra como mi Señor y Salvador. Por tanto, en esta fecha de ___ de_____, de 2 _____, entrego mi vida por completo al señorío de Cristo.

Jesús, te confieso como mi Señor, Salvador y Rey. Entra en mi vida mediante tu Espíritu y transfórmame en hijo de Dios. Renuncio a las cosas de la oscuridad a las que antes me aferré y desde este día en adelante ya no viviré para mí sino para ti, que te entregaste por mí para que yo pueda vivir para siempre.

Gracias, Señor; mi vida ahora está completamente en tus manos. Y, según tu Palabra, nunca seré avergonzado. Oro en el nombre de Jesús. Amén.

Ahora usted es salvo; ¡es un hijo de Dios! Todo el cielo se está regocijando con usted en este preciso momento. ¡Bienvenido a la familia! Me gustaría sugerirle tres pasos beneficiosos a dar de inmediato:

1. Comparta lo que ha hecho con alguien que ya sea creyente. La Escritura dice que una de las maneras en que derrotamos las tinieblas es por nuestro testimonio (ver Apocalipsis 12:11). Le invito a que se ponga en contacto con nuestro ministerio, Messenger International, visítenos en messengerinternational.org. Nos encantaría saber de usted.

2. Únase a una buena iglesia que enseñe la Palabra de Dios. Hágase miembro de ella y participe. Los padres no dejan a sus bebés en la calle el día en que nacen ni les dicen: "¡Sobrevive!". Ahora, usted es un bebé en Cristo; Dios Padre le ha proporcionado una familia para ayudarlo a

crecer, familia que se llama la Iglesia del Nuevo Testamento en su localidad.

3. Bautícese. Aunque ya usted es hijo de Dios, el bautismo es una profesión pública ante el mundo espiritual y también el mundo natural de que usted ha entregado su vida a Dios por medio de Jesucristo. También es un acto de obediencia, porque Jesús dice que debemos bautizar a los nuevos creyentes "en el nombre del Padre, y del Hijo, y del Espíritu Santo" (Mateo 28:19).

Le deseo lo mejor en su nueva vida en Cristo. Nuestro ministerio orará por usted. ¡Bienvenido al comienzo de una vida extraordinaria!

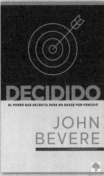

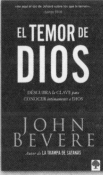

Te invitamos a que visites nuestra página web, donde podrás apreciar la pasión por la publicación de libros y Biblias:

www.casacreacion.com

f @CASACREACION

🐦 @CASACREACION

📷 @CASACREACION

Para vivir la Palabra